국외한인사회와 여성독립운동가

국외한인사회와 여성독립운동가

이은숙 허은 정현숙 윤용자 정정화 손응교

독립기념관 한국독립운동사연구소
한국역사연구회 · 역사공장 공동기획

일제 강점기 한국독립운동의 공간은 한반도를 넘어 국외로까지 확장되었다. 거기에는 낯선 곳에서 먹고 사는 문제, 언어, 풍토병, 현지 적응 등 일상을 살아가는 새로운 공동체 생활이 병행되었다. 공동체 생활을 기반으로 독립운동 단체도 조직하고, 독립군도 양성할 수 있었다. 공동체 생활을 꾸리고 유지하는 데에는 알려지지 않은 많은 사람들의 헌신과 희생이 있었다. 알려지지 않은 많은 사람들 속에 여성들이 있었다. 겉으로 드러나는 공식적 직함은 없었지만, 독립운동이 존립할 수 있는 공동체 생활을 이끈 중요한 역할을 했다. 최근 독립운동의 일상 현실에 대한 관심과 젠더평등 인식이 확장되면서 이러한 여성들의 활동이 새롭게 주목되고 있다. 여성독립운동가 4차년도의 연구는 이러한 문제의식에서 국외 한인사회의 독립운동을 함께 지켜냈던 여성들의 삶과 활동을 다루었다.

이은숙과 허은은 1910년 국망 이후 서간도로 이주하여 신흥무관학교와 서로군정서를 이끈 남성들의 가족이다. 이은숙은 남편 이회영의 6형제가 전 재산을 처분하고 서간도로 이주함으로써 디아스포라의 삶을 살기 시작했다. 자신의 살림집이 신흥무관학교 학생들의 기숙사이기도 한 곳에서 마적들의 습격을 당하면서, 양반대 마님의 삶이 아닌 새로운 독립운동의 일상을 개척해야 했다. 삶의 현장이자 독립운동의 현장에 살면서 이은숙은 국내로 들어와 돈을 벌어 남편에게 보내기도 했다. 그가 보낸 돈은 남편과 자식들의 생활비가 아닌 독립운동 자금이었다. 허은은 의병장 허위 집안의 딸로 태어나 일제의 감시와 압박을 피해 가족들과 함께 서간도로 이주했다. 그는 서간도 한인들의 자치공동체에서 성장하여 석주 이상룡의 손자 이병화와 결혼했다. 이상룡은 신흥무관학교 운영과 서로군정서 독판을 지내며 대한민국임시정부 초대 국무령이 된 독립운동의 지도자였다. 남편은 신흥무관학교를 졸업하고 독립운동을 한 인물이다. 허은이 결혼 후 살게 된 살림집은 서로군정서의 회의실이었다. 매일 열리는 회의 속에서 등사판으로 찍어내는 독립운동 문건, 독립운동가들의 식사와 옷을 마련하는 것은 허은의 일상생활이었다. 서로군정서의 활동과 허은의 일상은 분리되지 않았다. 또한 남성들이 부재한 독립운동 공동체의 노동에서 남성의 역할, 여성의 역할이 따로 없었다. 단순한 가사노동을 넘어서는, 전근대적인 젠더규범이 적용되지 않는 노동과 돌봄이 병행된 새로운 일상 활동이었다.

손응교는 경주의 독립운동가 가문에서 태어나 성장하여 심산 김창숙의 며느리가 되었다. 그는 다이어리 형식의 수첩 11권에 일기를 남겼다. 그는 어린 시절 1925~1926년 제2차 유림단 의거로 할아버지와 아버지, 외삼촌, 김창숙이 연루되어 체포되는 것을 보고 울분을 느끼며 성장했다. 김창숙은 내몽골 미간지 3만평을 개간하여 새로운 독립운동기지를 만들기 위해 사업비 20만원을 모금할 목적으로 국내에 들어왔었는데, 손응교는 훗날 김창숙의 차남 찬기와 17살에 집안의 소개로 결혼을 했다. 그리고 성주의 의성 김씨 집성촌 종부로 독립운동을 하는 남편과 형무소에 수감 중 병보석으로 풀려난 병든 시아버지 김창숙을 돌보아야 했다. 남편은 출옥 후 중국으로 망명, 임시정부에서 활동하다 1945년 충칭에서 생을 마감하였다. 해방 이후 손응교의 삶은 녹록치 않았다. 해방과 분단 그리고 전쟁으로 이어지는 한국현대사의 혼란 속에서 시아버지 김창숙의 정치활동을 후원하고 집안을 다시 일으키는 것도 오로지 손응교의 몫이었다.

정정화는 3·1운동 이후 독립운동을 위해 상하이로 간 시아버지와 남편 뒤를 따라 혼자 중국으로 떠난 여성이다. 그는 상하이 독립운동가들과 공동체 생활을 하면서 시아버지와 남편 뿐만 아니라 많은 독립운동가들을 도왔다. 또한 독립운동의 일상을 꾸리는데 필요한 돈=독립운동 자금을 마련하기 위해 한국에 들어와서 체포되기도 했다. 일제의 침략전쟁 확대로 중국 내 독립운동 상황이 변화하고 임시정부가 충칭으로 옮겨갈 때까지 정정화는 계속 임시정부 독립운동가 가족의 일원이자 임시정부의 구성원으로 활동하였다. 정정화는 피난을 거듭하는 생활 속에서도 가족을 앞세우기 보다 전체의 이익과 대의를 쫓았다. 임시정부에서 맡은 공식 직함은 없었지만, 공과 사의 영역으로 분리될 수 없는 독립운동의 재생산에 기여하는 활동을 하였다. 1940년에 한국혁명여성동맹, 한국애국부인회 등 '공적영역'의 직함을 갖게 되었지만, 이전의 활동과 크게 달라진 것은 없었다. 그는 해방 후 귀국하여 결코 순탄치 않은 삶을 살았다. 해외 독립운동가이자 임시정부 독립운동의 산증인이었지만, 분단된 조국에서 남편은 납북되었고 자신은 부역죄라는 누명을 쓰고 감옥살이까지 하였다.

정현숙과 윤용자는 만주에서 만나 충칭까지 함께 가면서 독립운동가의 아내로 살았다. 정현숙은 경기도 용인에서 태어나 오광선과 결혼했다. 결혼 후 1915년에 오광선은 신흥무관학교로 떠났고, 정현숙도 1919년 시댁 식구와 함께 신흥무관학교가 있는 합니하로 이주했다. 윤용자는 서울에서 지청천과 결혼했는데, 지청천은 일본군 장교로 있다가 탈출하여 홀연히 사라져 신흥무관학교의 교관이 되었다. 그 후 1924년 윤용자는 남편을 찾아 길림으로 갔다. 윤용자와 정현숙은 그렇게 남편 따라 중국으로 갔다가, 서간도에서 한인들이 많이 사는 길림성 액목현에서 처음 만났다. 그들은 같은 건물에 살면서 자매처럼 친하게 지냈고, 아이들은 형제와 다름없이 컸다. 그들은 농사를 지으며 아이들을 키우고 도적떼, 중국 관군의 약탈, 풍토병 등에 시달리며 서간도 한인 독립운동 공동체의 일원으로 살았다. 정현숙은 10 여개의 가마솥에 밥을 해서 배고픔에 허덕이던 독립군들에게 따뜻한 밥과 영양가 있는 음식을 제공했다. 그러한 일상이 반복되면서 정현숙은 어느덧 '만주의 어머니'가 되어갔다. 만주사변이 일어나자 윤용자와 정현숙 가족은 베이징으로 옮겼다가 1932년 윤봉길 의사의 홍커우 공원 의거 이후 난징에서 살게 되었다. 그리고 임시정부의 마지막 정착지인 충칭에서도 함께 했다. 정현숙과 윤용현은 1940년 6월 17일 충칭에서 한국혁명여성동맹에 함께 가입하였다. 여성들이 독립운동의 당당한 주체로서 남녀평등의 실현을 독립운동 참여로 표명했던 것이다. 그리고 그들의 딸 지복영과 오희영도 한국광복군의 여성대원이 되었다.

국외 한인사회를 기반으로 전개된 독립운동에서 여성들은 공식적인 직함은 없었으나, 독립운동의 현장에서 독립운동 공동체의 일상을 꾸리고 돌보며 살았다. 독립운동가의 아내라는 가족으로서의 역할 만이 아니라 목전의 시대를 인식하고 독립운동 역사의 중심에서 살아간 여성들이다. 독립운동을 존재하게 한 인간 여성으로서 그들의 삶과 활동을 새롭게 이해할 필요가 있다. 그것은 식민지를 겪은 한국 근대사에서 항일과 독립을 자신들의 생애 한가운데에서 받아들이고 살아낸 여성들을 보다 주체적인 삶의 주인공으로 이해하고 공감하는 것이 될 것이다. 남들이 알아주지 않았지만 매 순간 역동적으로 살았던 그들의 삶에 삼가 고개 숙인다.

2022. 12.

필자를 대표하여 이지원 씀

차례

임시정부가 내게 할 일을 주었고, 내가 맡은 일을 했을 뿐이다
- 임시정부의 '안주인' 정정화 -

|문미라|

누구의 아내·어머니가 아닌
독립운동가 윤용자와 정현숙 이야기

|한승훈|

서간도 디아스포라 독립운동과 함께 한

이은숙과 허은

이지원

이은숙,
서간도 시종로 길을 열다

2021년 6월 서울 남산 초입에 문을 연 이회영기념관의 전시는 '서간도시종로'에서 시작한다. 서간도의 시작과 끝을 알리는 길, '서간도시종로'. 서간도시종로는 이회영의 부인 이은숙의 회고록 『서간도시종기』에서 따온 말이다.

이회영기념관 서간도시종로

서간도시종로의 첫걸음은 이회영 집안 6형제가 전 재산을 팔고 만주로 떠나는 준비과정에서 시작한다.

이때 조선은 한일합방 당시라 공기가 흉흉하여 친일파는 기세가 등등 살기가 험악하고 배일자는 한심 처량하지마는 어찌하리오… 8월 회초간晦初間에 회환하여 여러 형제분이 일시에 협력하여 만주로 갈 준비를 하였다. 비밀리에 전답과 가옥, 부동산을 방매하는데, 여러 집이 일시에 방매를 하느라 이 얼마나 극난하리요.

이회영기념관의 이은숙 사진

서간도 디아스포라 독립운동과 함께 한 이은숙과 허은

강제병합으로 나라가 없어진 현실에서 나라를 찾는 독립운동을 하기 위해 서간도로 떠나며 디아스포라 삶을 살게 되는 사람들의 이야기는 이렇게 시작된다. 이은숙은 그 사람들의 이야기를 1966년 한글 궁서체로 써내려간 『서간도시종기』라는 글을 완성하였다. 『서간도시종기』(이하, 이은숙 앞의 책으로 표기함)는 그후 1975년 정음사에서 간행되었다.

이영구의 과거나 현재는 모두 몽환이다.

『서간도시종기』의 첫 구절은 이렇게 시작된다. 영구는 이은숙의 남편 이회영이 지어준 이름이다. 몽환은 꿈이라는 뜻이다. '몽환'은 금강경의 한 구절인 '일체 모든 행함이 있는 것은 꿈과 같고, 물거품, 그림자, 이슬, 번개와도 같으니, 모든 것을 응당 그렇게 보라(一切有爲法 如夢幻泡影 如露亦如電 應作如是觀)'에 나온다. 모든 겉으로 드러나는 행함有爲은 그 순간이 지나면 사라진다. 시간이 한 순간도 멈추지 않고, 삶의 조건과 환경도 계속 변화한다. 그러니 인간은 그 순간 벌어지는 일들을 충실히 살고 또 새로운 현재를 살아갈 뿐이라는 삶의 이치를 표현한 유명한 금강경 사구계 가운데 한 구절이다. 힘든 상황에서 불교의 가르침에 힘입어 마음을 다잡고 딸의 불명을 지어줄 정도였던 이은숙은 금강경 사구계의 안목으로 독립운동과 자신의 삶을 씨줄과 날줄로 엮어 글을 써내려 가고 있다. 지금 벌어지는 눈앞의

고난을 살아낸 삶. 어쩔수 없이 놓아버리는 삶. 서간도 디아스
포라 독립운동의 한 가운데서 매 순간 벌어지는 현실을 치열하
게 살아간 한 여성의 기록이고 역사이다. 꿈과 같았던 독립운동
과 그 주변인물들의 역사가 꿈 밖의 시선으로 되살려지고 있다.
그 꿈에는 자신도 등장하고 남편 이회영과 가족들, 독립운동가
들, 그 시대를 살았던 많은 보통 사람들이 등장한다. 그래서 서
간도시종기는 일제 강점기 고국을 떠나 디아스포라가 되어 독립
운동을 했던 사람들의 의지와 일상, 희망과 투지가 고스란히 담
겨있는 파노라마와 같다. 독립운동의 역사 흐름을 세밀하게 기
록하면서, 자신의 삶을 반조하고 있다. 앞을 알 수 없기에 목전

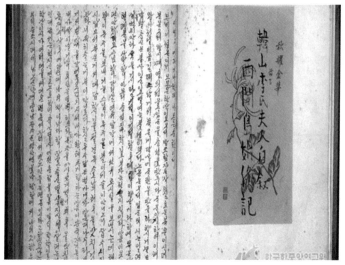

서간도시종기 원본

서간도 디아스포라 독립운동과 함께 한 이은숙과 허은

의 현실을 맞닦드려 살아낸 사람들의 일상과 의지와 실천에 대한 기록이다.

국외 독립운동가 가족의 일원으로 서간도에서 시작된 이은숙의 디아스포라 이야기는 국외 독립운동과 한인들의 삶과 애환을 '서간도시종로'로 이끌고 있다. 이은숙은 겉으로 드러난 독립운동이 실제로 일상 속에서 어떻게 이루어졌는지를 적고 있다. 일제의 첩보 자료나 취조 기록으로는 알 수 없는 독립운동을 한 주체들의 관점에서 적고 있다. 여성의 시선으로 쓴 여성의 기록이 젠더적 입장만이 아니라 독립운동 주체들의 의도와 일상을 적고 있다는 점에서 그의 기록은 독립운동을 특별한 영웅들이 한 것이 아니라 일상 속에서 살아가는 보통 사람들의 모습이라는 것을 이해하는데 좋은 길잡이가 되고 있다. 뿐만 아니라 역사 책에서 간단하게 표시되는 사건이 가능하기 위해 실제로 삶의 현장에서 어떻게 애쓰고 노력하면서 살았는지를 생생하게 보여준다. 그래서 독립을 위해 살았던 사람들의 고난과 헌신에 대한 일상 속 이야기와 그러한 삶을 살아낸 사람들에 대한 공감과 고마움이 더 크게 다가온다.

이은숙은 1886년 충남 공주에서 한산이씨 이덕규李悳珪와 남양 홍씨의 외동딸로 태어났다. 그의 집안은 1882년 임오군란이 일어나 충남 공주군 정안면 사현으로 낙향하였다. 이후 청일전쟁과 러일전쟁을 겪으며 조선은 일본, 중국, 러시아, 구미 각국 제국주의 세력의 충돌 속에서 한편으로는 근대 국가를 만들기 위한 개혁을 하였지만, 다른 한편으로는 국권 상실의 위기감이 높아지고 있었다. 이러한 시기 이은숙의 종조부인 이관직李觀稙은 당시 계몽운동의 중심지 가운데 하나였던 서울 남대문의 상동교회를 드나 들었다. 이때 상동교회에는 상동학교를 세우고 전덕기, 김진호, 이용태, 이동녕 등 신민회 중심세력들이 교사를 하고 있었다. 이회영은 이 학교의 학감이었다. 이회영은 첫 번째 부인과 상처했는데, 이관직이 이은숙을 이회영의 새 베필로 삼을 것을 제안하였다. 이은숙은 이렇게 이회영의 동지인 이관직의 중매로 1908년 10월 20일 상동교회에서 결혼식을 올렸다.

이은숙과 이회영의 혼인을 중매한 이관직은 1900년 육군무관학교 보병과에 입학하여 1903년 9월 졸업한 뒤 육군 보병 참위參尉에 임관되었다. 1905년 육군연성학교陸軍研成學校에서, 1906년 진위대鎭衛隊 제7대대에서 근무하였다. 그리고 1907년에는 육군 보병 부위로 승진해 진위대 제2대대에서 근무하였으나 군대가 해산되자 이상설李相卨과 이회영의 교육운동에 뜻을 같이하며 신민회 회원으로 활동하였다. 1908년~1909년에 경상북도 안동에 있는 협동학교 교사가 되어 김동삼金東三·하중환河中煥·유인식柳寅植 등과 함께 일하였다. 1910년 9월 신민회의 계획에 따라 이회영·이동녕李東寧·장유순張裕淳 등과 함께 백지白紙 장사를 가장해 독립운동기지의 선정을 위해 남만주=서간도를 시찰하였다. 1912년 봄 봉천성奉天省 통화현에 재만한인 자치기구인 경학사耕

學社가 조직되자 이에 참여하고 신흥무관학교 발기인이 되어 군사학을 담당하였다. 1912년 가을에는 군자금을 모금하기 위해 장유순의 동생 장도순張道淳과 함께 국내로 파견되었다가 국내에 머무르면서 1913년 이회영이 귀국하자 이회영을 도와 독립운동을 전개하였다. 1919년 3·1운동이 전개되자 배재학당培材學堂의 학생동원 책임자로 활동 중 붙잡혀 옥고를 치렀다. 독립운동가이자 이은숙의 종조부인 이관직은 이러한 당시 독립운동의 네트워크 안에서 이회영과 이은숙의 혼인을 중매했던 것이다. 이은숙의 결혼은 집안 어른의 선택이었으나, 그것은 국망의 위기 상황에서 독립운동을 선택한 독립운동가 집안의 혼사였고, 그의 결혼생활은 만주로 독립운동 근거지를 찾아 디아스포라가 되기를 선택한 국외 독립운동 개척의 큰 물결 속에서 이루어졌다.

그리고 마침내 결혼 2년 후, 1910년 12월 이은숙과 이회영 집안 6형제 가족들은 압록강을 넘어 서간도로 이주했다. 그 후 이은숙은 개인의 삶이 곧 디아스포라 독립운동공동체 생활인 일상을 살면서 신흥무관학교를 세우고 운영하는 것을 도왔고, 이회영이 국경을 넘나들며 독립운동을 하는 내내 살림살이와 그의 활동자금을 마련하기 위한 일상을 꾸려갔다. 디아스포라의 삶이 앞을 알 수 없는, 결코 잘 먹고 잘사는 안락한 길이 아니라는 것을 알고도 그 길을 선택한 사람들의 삶의 현장에서 이은숙은 여성으로서 자신의 위치에서 주어진 역할에 최선을 다하였다. 국외 디아스포라 독립운동가의 부인으로 살아온 그의 삶은 사적인 가정생활, 남성 독립운동가의 보조자로만 볼 수 없다. 남편을, 아들을 뒷바라지한 삶의 무게는 밖으로 독립운동의 사건으로 이름을 날린 남성들의 무게와 다르지 않았다.

허은,
서간도 바람소리와 함께 살다

1907년 경북 구미 임은동에서 의병장 왕산 허위의 종질從姪 허발許潑의 외동딸로 태어난 허은은 1995년 회고록 『아직도 내 귀엔 서간도 바람소리가』를 세상에 내 보였다. 독립운동가 집안에서 태어나 독립운동가 집안으로 결혼하여 겪은 개인사와 서간도 디아스포라 독립운동사를 담고 있다. 『아직도 내 귀엔 서간도 바람소리가』는 2010년 민족문제연구소에서 여성독립운동가 시리즈 1로 개정판을 냈다(이하, 허은 앞의 책으로 표기함). 국망의 위기에서 의병운동을 했던 허씨 일가의 딸로 태어나 어린 시절부터 항일의 집안 분위기에서 성장하고 서간도로 이주하여 낯선 땅에서 겪게 되는 개척의 노동, 독립운동가를 먹여 살리는 일상의 역경이 주마등처럼 적혀있다.

허은의 재종부 의병장 왕산 허위許蔿는 일제가 1908년 서대문 형무소를 세워 항일 독립운동가들을 처단할 때, 서대문형무소에서 사형 집행 1호로 순국한 분이다. 이러한 집안분위기에서 허은은 어려서부터 일제의 감시 속에서 살았고 항일 분위기를 체험하며 성장했다. 당시 뜻있는 많은 사람이 항일운동을 했듯이 그의 집안은 왕산 허위 뿐만 아니라 많은 사람이 의병운동과 독

허은회고록 초판본 　　　　　노년의 허은

립운동에 참여하였다. 할아버지 허형은 의병활동으로 유명한 방산 허훈, 성산 허겸, 왕산 허위 삼형제와 사촌지간으로, 을사조약 이후 오적 척살 사건에 연루되어 체포되기도 하였다(『대한매일신보』1909.2.25.). 그의 아버지 허발은 허씨 집안 친지들과 독립운동에 관여하였고, 나중에 그의 시조부가 되는 석주 이상룡이나 안동 출신으로 신흥무관학교의 백서농장을 운영했던 김동삼과도 친교가 있었다. 유명 항일시인 이육사는 허은의 고종사촌이다. 이육사의 조카인 이동영이 쓴 『임은 허씨의 항일운동』에는 허씨 집안의 여러 항일 독립운동가들의 이야기가 적혀있다.

　의병장 허위가 순국한 이후 임은동의 허씨 일가는 일본 순사들에게 시달리며 독립운동에 참여하여 처형되거나 도망다니는 상황이었다. 번쩍거리는 긴 칼을 찬 일본 순사들이 조선사람 보조원을 데리고 동네를 휘저으며 들어서면 어른 아이 할 것 없이 벌벌 떨고 숨기 바빴다고 한다. 이러한 감시와 압박의 상황에서 왕산 허위의 직계가족들은 일본 순사들의 감시와 탄압에 견딜 수 없어서 서간도로 이주하기 시작했다. 남아있던 허씨 일가들에 대한 감시는 더욱 심해졌다. 이주하지 않고 남아있던 허씨 일가들은 일본 순사를 속이기 위해 서로 집을 바꿔가며 사는 꾀를 내기도 했다. 왕산댁 바로 뒤 언덕바지에 살았던 허은네는 서간도로 떠나 빈집이 된 왕산댁에 가서 한 달간 살기도 했다. 동네가 다 허씨 일가친척이었던 마을에서 "순사가 와서 아무개 아무개를 찾거든 모른다고 해라"라는 숙부 허규許珪의 말을 들으며 인기척이 나면 대밭에 숨는 어린 시절을 보냈다. 아버지도 일본 순사에게 잡혀가서 고초를 당하기도 했다.

이러한 상황에서 허은 가족은 1915년 음력 3월 서간도로 떠났다. 허위의 형인 성산 허로許魯가 인솔하여 떠난 길이었다. 그는 먼저 서간도 통화현 다황거우에 자리를 잡고 경학사 등 한인동포의 집단 정착 사업과 사회 운동을 하고 있었는데, 그가 직접 임은동으로 와서 허은 가족과 일가들을 인솔하여 서간도로 떠나게 되었다. 집안 어른들이 서간도로 이주를 준비하는 과정에서 허은은 강만 건너면 광활한 신천지인데, 거기에는 빼앗긴 조국을 찾으려는 조선의 젊은이들이 홍길동처럼 신출귀몰한 활약이 대단하다는 말을 들었다고 한다. 허은 가족은 기차를 타고 신의주까지 와서 중국인 사공이 운행하는 돛단배를 보름간 타고 환인현에 도착하였다. 다시 환인현에서 말 20필을 빌려 타고 통화현 다취원에 도착했다. 이곳은 먼저 건너온 애국지사들이 대략 열집 정도 있었다. 다취원에서 동포들의 환대를 받으며 간만에 입에 맞는 음식을 먹고, 허위의 집안 식구들이 사는 다황거우로 이동하여 살게 되었다. 첩첩산중에서 땅을 개간하고 풍토병을 이겨내며 서간도에서 디아스포라로 성장한 허은은 서간도에서 식민지민의 삶과 현실에 대한 인식을 보고 느끼며 성장하였다.

서간도에서의 성장 과정은 이민 생활의 고단함과 독립운동의 현장을 경험하는 과정이었다. 집안이 의병운동과 독립운동으로 일제의 탄압을 받았기에 항일의식은 가정의 분위기에 늘 일상문화였다. 그러나 디아스포라가 되면서 그는 역사의 현장에서 독립운동의 시대 의식을 갖게 되었다. 허은은 1918년부터 1920년 만주 독립운동과 일제의 탄압을 직접 경험하였다. 허은은 이 시기 하동 다두자에서 살았는데, 3·1운동 이후 청산리전투의 승전 소식으로 떠들썩했던 것을 경험하였다. 그러나 청산리전투에 대한 보복으로 대대적인 토벌이 일어나고 일본 토벌대 때문에 한인 디아스포라들은 참담한 고통을 당하였다. 허은은 자신의 동리 사람 가운데 곽무 등 독립운동을 하던 무수히 많은 사람들이 일본군에게 붙잡혀 죽었다는 것을 듣기도 하였다. 곽무(1889~1920)는 1915년 이후 중국 봉천성 유하현에서 부민단 순회원, 교섭원 겸 선거위원, 지방조직위원 등을 역임하였고

1918년에는 판리수보, 1919년 한족회 설립에 주도적으로 참여하여 상하이 임시정부와의 연락을 담당하고 육영소학교 교장으로 활동 중 1920년 11월 일본군에 의해 피살되어 순국하였다. 허은의 큰 오빠도 경신참변을 피해 하얼빈까지 도망가기도 했다. 디아스포라 한인들이 독립운동을 하고 일제의 탄압으로 풍비박산이 난 상황을 겪으며 허은은 동포애와 독립에 대한 민족의식을 키워갔다.

1922년에 허은은 신흥무관학교 운영에 참여했던 석주 이상룡의 손자 이병화와 결혼했다. 남편 이병화는 신흥무관학교를 다니고 이상룡과 김동삼이 중심이 되어 활동하던 무장투쟁단체인 대한통의부 위원으로 활동하고 있었다. 1924년에는 평북 청성진 일본주재소를 습격하여 일본경찰을 사살한 후 일본 경찰의 수배를 당하여 집에 없는 것이 대부분이었다. 이병화는 1928년 고려공산청년회 남만 1구 선전부 간부로 활동하고, 요동지방 농민봉기를 주도하기도 하였다. 이 시기는 남편이 몇 년 만에 집에 들어오는 시절이었다. 허은의 삶은 독립운동가 집안의 아내이자 며느리로서 독립운동을 계속할수 있게 하는 살림살이의 한 가운데 놓이게 되었다. 시할아버지, 시아버지, 남편 3대가 독립운동을 직업으로 하는 집안에서 독립운동을 할 수 있는 일상의 의식주를 책임지고, 살림집이 서로군정서 회의실이 되는 상황에서 많은 독립운동가들을 먹이고 돌보며 살아야 했다. 단순 가사노동이라 하기에는 너무도 공동체적인 소임이었고 노동이었다. 독립운동 공동체의 일상 살림이었다.

1925년 10월에는 시할아버지 석주 이상룡이 대한민국 임시 정부 초대 국무령이 되어 상하이로 떠났다가 다음 해 3월 국무 령을 사임하고 서간도로 돌아왔다. 허은은 이상룡의 사임을 임 정의 내분이 심하여 임정으로 독립운동하는 것은 실패라고 생각 했기 때문이라고 회고록에서 쓰고 있다. 서간도 독립운동의 현 장에서 살면서 독립운동 전체 돌아가는 형세를 이해하는 인식 을 갖고 있었다. 이상룡이 낙담하고 돌아와 서란현 소과전자에 살 때인 1931년 만주사변이 일어났다. 만주사변이 일어나자 만 주의 조선인은 일본군과 중국군 모두에게 위협을 받는 상황이 되었다. 독립운동을 하던 사람들도 많이 죽거나 흩어져 디아스 포라 한인사회의 상황은 안 좋아졌다. 이러한 상황에 상심한 이 상룡은 병을 얻어 여러 달 와병하다가 1932년 5월 12일 운명을 달리하였다. 이때 이상룡은 "국토를 회복하기 전에는 내 해골 을 고국에 싣고 들어가서는 안되니, 이곳에 묻어 두고 기다리도 록 하라"고 유언하였다. 이상룡이 세상을 뜨자 허은은 시조모, 시부모, 남편, 아들 형제 모두 7식구가 고성 이씨의 고향 안동 으로 돌아왔다. 아홉 살 철없던 나이에 남부여대하고 풍찬노숙 하며 허씨 일문으로 떠났다가 파란만장한 세월을 다 겪고 스물 여섯의 아낙, 고성 이씨 종부가 되어 돌아온 것이다. 고향에 돌 아와 시아버지는 태평양전쟁으로 일본이 전쟁을 확대하며 승승 장구하는 하는 상황을 보고, 독립에 대한 희망이 없어지는 것에

이상룡의 생가이자 고성 이씨 종가, 안동 임청각 원경(문화재청 국가문화유산포털)

비관하여 1942년 자결을 하였다. 남편도 10년전에 했던 청성진 경찰주재소 습격 사건과 관련하여 1934년 신의주경찰서에 체포되어 징역 7년 형을 언도 받고 복역하였다. 고국에 돌아와서도 허은은 독립운동을 하는 남성들의 활동이 가능하도록 했고, 부재한 남성 가장들을 대신하며 독립운동가 집안의 생활을 꾸리고 옥바라지 하는 삶을 계속하였다.

디아스포라 독립운동 공동체의 일상에서
시대를 인식하고 독립정신을 기르다

　이은숙과 허은은 독립운동을 위해, 일제를 피해 집단적으로 이주한 독립운동가 가족구성원으로서 디아스포라 생활을 시작하였다. 경제적 이유로만 디아스포라가 된 것과는 그 출발점이 달랐다. 국망이 되자 독립운동이 필요해진 정치적 상황과 연관하여 시작된 디아스포라였다. 그들이 선택한 서간도는 역사적으로 중국과 국경문제로 갈등을 빚는 가운데 일찍이 한인들이 이주해갔던 공간이다.

　서간도는 일반적으로 압록강 북쪽 중국 동북지방 안동(지금의 단동), 관전, 환인, 통화, 홍경, 유하, 장백, 무송 등을 아우르는 지역으로, 1860년대부터 청나라 정부의 개방정책으로 한인들의 이주가 증가하였다. 허은은 서간도로 이주할 때 이곳이 한인들에게는 광활한 신천지로 땅이 기름지고 좋아서 구덩이만 크게 파 놓으면 기장과 조가 저절로 자라는 곳으로 알려져 기대감을 갖고 왔다고 구술하고 있다. 이렇게 서간도로 이주하여 디아스포라가 된 한인들을 기반으로 1910년 국망을 전후하여 독립운동 활동을 위한 조직들이 만들어졌다. 자치조직도 만들어졌다. 자치조직은 독립운동을 위한 기반이 되어 구성원들의 교육과 독립의식, 무장투쟁을 연계하는 공동체 문화를 만들었다.

이은숙과 허은은 이러한 독립운동 공동체에서 디아스포라 이민자로 생활하였다. 독립운동을 위한 집단이주라는 상황에서 그들은 시대를 인식하고 독립운동이 지향하는 정신을 공유하는 인간 여성으로서 삶을 개척하였다. 그들은 전통적인 양반 가문에서 태어나 근대 학교교육을 받지 않고, 집안의 결정으로 결혼을 하였기 때문에 겉으로 보면 전형적인 구여성처럼 보인다. 근대의 여성=신여성이라고 할 때 떠오르는 통상적인 이미지와는 완전 다르다. 흔히 신여성은 개인으로서 존재를 인식하고 드러내며, 근대 학교 교육을 받은 여성들, 자유연애 등 자신의 존재와 의사결정을 주장하는 여성들을 떠올린다. 근대여성을 지칭하는 '신여성'이라는 말은 19세기 말 20세기 초, 영국의 'New Woman' 열풍이 세계 전역으로 확산되면서 유행하였다. 산업혁명과 국민국가의 근대사회가 본격화하면서 새로운 근대의 여성으로 표상되었다. 중국과 일본에서 1910년대 'New Woman'이 '신여성' '신여자'로 번역되었고 한국에서는 1920년 김일엽이 『신여자』라는 제목으로 잡지를 발간한 데 이어, 1923년 개벽사에서 여성잡지 『신여성』을 간행하면서 한국 사회에서 '신여성'이라는 용어는 대중화되었다. 주체적 인격과 사회적 자각을 하는 근대적 여성=신여성으로 강조되었다. 신여성은 여학교 교육을 받고 사회활동을 하며 단발과 양장을 한 외모로 집 밖의 거리를 활보하면서 자본주의적 근대 소비문화를 탐닉하는 여성으로 표상되기도 했다.

그러나 식민지시기 대다수 여성들은 근대 학교 교육을 받지 못했고, 단발을 하지도 않았다. 사회활동도 하지 않고 결혼을 통해 누군가의 아내이자 누군가의 어머니로 살았다. 그러나 그녀들도 시대의 변화 속에서 시대를 인식하고 인간 개인으로서 자신을 자각하며 사회적 존재로 살아갔다. 단발이 아닌 쪽진 헤어스타일로 식민지가 품어내는 폭력과 억압에 저항하며 각자의 삶의 현실에서 살아간 많은 여성이 있었다. 항일 독립운동의 현장에서 살아간 여성들은 독립운동이 지향하는 근대 국가 수립의 여정 속에서 민주적 개인이 존중되는 시대흐름을 살아간 식민지의 근대 여성이라고 할 수 있다. 나라가 없어진 것에 대한 울분을 느낀 인간 개인이었고, 자신의 삶을 살아간 시대의 여성이었다. 그녀들을 구여성이라고 하여 신여성과 구분하는 것은 20세기 전반기를 살았던 수 많은 여성들의 삶을 외형적으로 구분하는 것이며, 한국 근대 독립운동의 과정에서 변화하는 인간 삶의 역동성을 못보는 것이 된다. 일상 속에서 항일의식을 갖고 항일 독립운동에 기여한 여성들은 20세기 전반기 근대로의 전환기에 식민지를 겪으며 살아간 근대의 여성이었다. 식민지이면서 근대적으로 변화하는 삶의 현장에서 시대의 풍랑을 온몸으로 살아낸 개인 여성 인간이었다.

이은숙과 허은은 겉으로는 구여성의 모습이었지만, 그들은 일제의 식민지배에 저항하는 항일의식과 근대 국권회복을 지향하는 한 가운데에서 여성으로서 새로운 길을 간 근대의 여성이었다. 그러한 의미에서 독립운동가의 아내들을 식민지기를 살아간 한국 근대 여성, 근대 신여성의 한 유형으로 포함시키는 것은 한국의 여성사, 독립운동사에서 유의미한 일이라고 생각한다. 그들은 독립운동 공동체의 일원으로서 일상에서 시대인식을 키우고 성장한 여성으로서의 정체성을 보여주고 있다. 이은숙은 자신을 '민족운동가의 아내'라고 했다. 이회영이라는 남편의 아내로서 살아온 여성이 자신의 존재를 민족운동가의 아내로 인식하고 기록했다는 것은 민족, 민족운동의 현실을 인식했고, 일제와 가장 대치점에서 현실을 살아갔다는 것을 반증한다. '민족운동가의 아내'라는 표상은 남편과의 관계를 전제하지만 남편의 부속물이 아니라 인간 여성으로서의 자신을 드러낸 것이다. 유교 사회에서 비가시적인 영역에서 사적이며 은밀한 형태로 규방 문화 속에 배치되었던 여성이라는 존재는 근대계몽기에 비로소 공식적인 존재로 가시화되었다. 그러나 '여성'이라는 표현보다 '여편네', '부인'이라는 말이 사용되었다. 1920년대 '신여성' 담론이 등장하던 시기에도 '부인'이라는 표현이 사용되었다. 여성들이 근대적 변화를 주장할 때도 그 주체는 부인들이었다. 1898년 천부인권사상에 입각하여 남녀평등의 교육을 주장하며 〈여권통문〉을 발표하고 최초의 여성운동단체인 찬양회를 결성한 것도 서울 북촌의 양반 부인들이었다. 여성교육은 여성의 근대 계몽을 주장했던 많은 논자들의 핵심사안이었다. '전국 인구 반인 여성들을 내버려두지 않고 가르치는 것은 국가경제학에 도움'이 된다거나, '여편네가 공부를 하면 나라가 더 부강하고 집안이 더 태평한다'(『독립신문』1896. 9. 5.『독립신문』1898.1.4.)는 것으로 근대 국가와 사회에 도움이 되는 방안으로서 여성 교육을 설정하고 있었다.

그러나 국망의 시기에 교육은 여성교육 뿐만 아니라 남성교육도 미비하였다. 이은숙은 이회영이 상동학교 학감으로 있을 때 상동예배당에서 결혼식을 했는데, 그는 당시 상황을 "학교도 희소하고, 남자 아동은 한문이나 가르치고, 재력이나 넉넉한 가정은 선생이나 두고 글을 가르치는 시대"(이은숙, 앞의 책, 13쪽.)라고 하였다. 이은숙은 독립운동이 가족의 일상인 생활을 살면서 독립운동은 근대적 인간관계의 변화와 함께한다는 것을 인식하였다.

> 이분은 본래 애국지사로 팔도에 있는 동지와 마음만 맞으며 악수한다(이은숙, 앞의 책, 14쪽).

> 우당장 한분이 옛 범절과 상하 구별을 돌파하고, 상하존비(上下尊卑)들이라도 주의(主義)만 같으면 악수하며 동지로 대접하였다(이은숙, 앞의 책, 16~17쪽).

남편 이회영이 신분의 상하차별 없이 사람을 대하고 독립운동의 동지로 대하는 것을 공감하는 평등의식과 시대의식을 갖고 있었다. 또한 망명한 중국 땅이 신해혁명으로 왕조가 없어지고 민주국가가 된 것을 "신해년 10월에 중국은 民主나라가 되어 청천백일기가 휘날리고, 中華民國 대총통은 원세개가 되었다"라고 인지하고 있었다. 이은숙은 조선이 국망으로 일제의 땅이 되었고, 만주로의 망명이 일제와 싸우기 위한 것임을 인식하고 있었다. 즉 '조선이 한일합방으로 공기가 흉흉하여, 친일파는 기세가 등등 살기가 험악하고, 배일자는 한심 처량한 상황'이고 '상하 없이 애국심이 맹렬하고, 왜놈의 학대에서 벗어난 것만 상쾌하고, 장차 앞길을 희망하고 환희만으로 지내가니'라고 하여 항일 민족의식을 갖고 망명자가 되는 현실을 인식하였다.

또한 이은숙은 규방의 여인에게 제한되는 봉건적 관습에 비판적인 인식도 갖고 있었다. 1921년 어머니의 상을 당했을 때 '여자는 백의白衣에 불분상不奔喪'하는 유교적 관행보다 부모의 무남독녀로서 수 만리 타국에서 원통해 하는 마음을 토로하였다. 유교적 관행보다 여성으로서 애정과 추모를 중시하는 모습을 보여주었다. 또한 이회영이 큰 딸 규숙을 아나키스트운동 동지인 장기준(莊麒俊, 장해평 莊海平)과의 혼사를 혼자 결정한 것에 대해서도 가장의 독단적인 결정에 반감을 드러내고 있다. 당시 상황이 서로 국내외로 떨어져 있었고, 이회영과 동지들이 급박하게 만주와 상하이로 떠나는 상황에서 내린 결정이라 어쩔수 없는 측면도 있었지만, 이은숙은 딸자식의 혼사를 이회영이 혼자 결정한 것에 대해서 불만을 표현하기도 했다. 그녀는 가부장적 가족의 일원으로서 유교적 관행에 무조건 순종하는 여성이 아니라 시대의 변화 속에서 자신의 삶에 대한 의식과 태도를 갖고 살았던 여성이다.

허은은 항일 독립운동을 한 집안에서 태어나 일제의 감시와 압박을 피해 서간도로 와서 디아스포라 이민자로 살면서 학교 교육을 받지 못하였다. 여성이라서 학교에 보내지 않은 것도 있지만, 디아스포라 한인들의 삶은 고단하여 그녀의 오빠들도 학교 교육을 제대로 받지 못했다. 허은의 첫째 오빠는 합니하에 있는 신흥무관학교에 입학하여 다니다가, 1년 만에 중단하였다. 둘째 오빠도 "그 학교 보내달라고 졸랐으나 농사일 할 사람이 없다고 할아버지가 안 보냈다"고 한다. 여성을 밖으로 내보내지 않는 봉건적 관습 때문만이 아니라 실제로 디아스포라 사회에서 교육을 받는 것은 현실적으로 어려운 일이었다. 그러나 한인들의 자치회에서는 한글을 가르치고 정신적인 지도를 했다. 이에 대해 허은은 다음과 같이 술회하고 있다.

이집 저집에서 남녀를 모아 놓고 야학을 열었다. 여자들이 부끄럽다고 안 나오려 했기 때문에 집집마다 찾아다니며 설득하고 끌어내는 일이 가르치는 것보다 더 힘들었다. 농촌계몽운동이 만리타국에서도 활발히 전개되었던 것이다. 그때의 기쁨은 가르치는 이나 배우는 이나 똑 같이 큰 감격이었다. 재미를 느끼게 되면서 야학은 더욱 활발히 퍼져나갔다(허은, 앞의 책, 81쪽).

허은은 여자라고 학교에 안 넣어준 것을 섭섭하게 생각한
적도 있지만, 디아스포라 자치회의 야학을 다니거나, 학교를
다닌 오빠와 집안 아재 등을 통해 현실을 배우고 자각해갔다.
그들을 통해 배운 신흥무관학교 교가, 군가와 노래들을 불렀
다. 그녀는 다음과 같은 가사의 신흥무관학교의 교가를 노년까
지 기억하였다.

서북으로 흑룡(黑龍) 태원(太原) 남의 영절에
여러 만만 헌원(軒轅) 자손 업어 기르고
동해 섬 중 어린것들 품에다 품어
젖 먹여 준 이가 뉘이뇨

우리 우리 배달 나라의
우리 우리 조상들이라
그네 가슴 끓던 피가 우리 핏줄에
좔좔좔 물결치며 돈다

백두산 밑 비단 같은 만리 낙원은
반만년래 피로 지킨 옛집이어늘
남의 자식 놀이터로 내어 맡기고
종의 설움 받는 이 뉘이뇨

우리 우리 배달 나라의
우리 우리 자손들이라
가슴치고 눈문 뿌려 통곡하여라
지옥의 첫문이 운다

> 칼춤 추고 말을 달려 몸을 단련코
> 새로운 지식 높은 인격 정신을 길러
> 썩어지는 우리 민족 이끌어 내어
> 새 나라 세울 이 뉘이뇨
>
> 우리 우리 배달 나라의
> 우리 우리 청년들이라
> 두 팔 들고 소리 질러 노래하여라
> 자유의 깃발이 떴다
>
> (허은, 앞의 책 86~87쪽)

학교를 안 다녔지만 허은은 일상 속에서 사회인식을 키워갔다. 그리고 글도 깨쳤다. 서간도로 오기 전 8살 때 숙부님이 글을 쓰다가 자신의 손목을 잡고 글씨 쓰는 법을 가르쳐주기도 했고, 결혼 후에도 시아버지는 독립선언서의 글이 너무 좋다고 배우라고 할 정도였다. 그는 독립선언서를 교재로 삼아 글을 깨치고 그 내용을 통해 독립운동의 현실을 배워갔다. 한글을 배우는 교육만이 아니라 일상이 곧 시대를 인식하고 자신의 정체성을 만들어가는 교실이었다. 디아스포라 독립운동 공동체의 이민자로서의 삶과 현실 속에서 허은은 민족의식과 항일의식을 깨치고 있었다.

이러한 인식은 그가 디아스포라 공동체에서 국치일을 기념한 것을 기억하는 것에서도 확인된다. 8월 29일 국치일에 한인 디아스포라 공동체는 국치일을 잊지말자는 집회를 한인 학교운동장에서 열었다.

> 서간도에서는 8월 28일 밤이면 모두 학교운동장에 다 모인다. 동네에서 단체로 찰떡도 하고 김치도 담가 나누어 먹고, 간단한 식도 하고 연극도 한다. 경술년(1910년) 국치일을 잊지 말자는 내용의 연극인데 나는 그 연극을 보고 있자니 눈물이 났다(허은, 앞의 책, 85쪽).

국치일의 노래도 불렀다.

> 경술년 추팔월 이십구일은
> 조국의 운명이 다한 날이니
> 가슴을 치고 통곡하여라
> 자유의 새 운運이 온다(허은, 앞의 책 85쪽)

10월 3일 개천절에도 기념행사를 가졌다. 동네에서 시루떡 두세 말과 찰떡을 하고 설탕을 사오고 해서 운동장이 꽉 차게 모여 놀았다고 한다. 이런 행사 때마다 애국가를 불렀는데, 개천절 기념식에서 부른 노래 가사를 허은은 다음과 같이 술회하였다.

화려강산 동반도는 우리 본국이요

품질 좋은 단군 자손 우리 국민일세

무궁화 삼천리 화려강산

우리나라 우리글로 길이 보전하세(허은, 앞의 책 90쪽)

국치일의 노래를 목이 터져라 부른 한인 디아스포라는 민족
의식과 항일의 저항의식을 키워갔다. 허은은 이러한 디아스포라
독립운동 공동체의 일상 문화 속에서 어려서부터 민족의식과 독
립의식을 키워갔다. 학교제도 교육은 받지 않았지만, 그는 항일
독립운동 공동체에서 시대를 배우고 독립의식을 키워갔다. "오
로지 어른들의 독립투쟁, 그것만이 직접 보고 배우는 산 교육"(허
은, 앞의 책 184쪽)이었던 것이다.

이은숙과 허은은 서간도 독립운동 공동체에서 디아스포라의
삶을 살면서 시대를 인식하고 독립운동에 대한 인식을 키워간
여성들이다. 디아스포라 현실은 일제의 지배로 인한 한인 전체
의 문제임을 인식하고 체험하고 있었다. 인간의 삶은 여건에 따
라 선택지가 주어진다. 여건이 달라 선택지가 달랐던 여성들의
삶을 고려하지 않고, 학교 교육을 받고, 사회생활을 한 것을 기
준으로 신여성=근대 여성으로 평가하는 것은 한국 근대여성사
를 제한하는 것이다. 디아스포라 독립운동 공동체의 일원으로
삶을 살았던 여성들 또한 한국 근대라는 시대를 인식하고 자신
의 여건에서 미래지향의 가치를 선택하고 노력하며 살아낸 근대

의 여성들이었다. 식민지라는 현실을 온 몸으로 부닥치며 낯선 새로운 시대를 살아간 새로운 시대의 여성=신여성이었다고 할 수 있다. 이은숙과 허은은 역사의 질곡이 첨예하게 벌어지는 독립운동의 일상현장에서 다이스포라 식민 민족으로서, 가족구성원으로서 시대와 함께하는 현실 인식과 일제에 대한 저항의식을 체화하며 살아간 근대의 여성들이다.

신흥무관학교를 짓고
학생들과 같이 살다

　이은숙은 1910년 12월 서간도로 떠나 디아스포라의 일원으로서 독립운동 공동체를 만드는 일상을 사는 새로운 삶을 시작하였다. 그것은 기존의 디아스포라 사회에 새로운 구성원이 되는 것과 독립운동을 위한 새로운 디아스포라의 생활을 개척하는 이중의 일상이었다. 서간도 지역은 일찍부터 인삼채집이나 벌목, 수렵을 목적으로 시작된 한인들의 이주로 시작하여 농사를 목적으로 한 정착이민으로 이어졌다. 당초 청나라 정부는 황무지 개간을 목적으로 한인들의 이주를 환영하였고, 청나라의 '이민실변' 정책을 가장 먼저 실시하였다. 한인 이주민들이 증가하자 조선 정부는 1897년 서변계관리사를 파견하여 조선정부의 관할에 두고, 1902년 대한제국 정부는 서간도지역 한인 집단 거주 구역에 향약장과 부향약장을 임명하여 반관반민적 성격의 자치기관으로서 향약 운영을 관리하였다. 간도지역을 놓고 한국정부와 청나라 정부가 오래된 국경문제를 협의하는 상황에서 가능한 조선 정부의 관여였다. 1903년에는 이범윤을 간도관리사로 파견하여 조선인의 국적과 관할권 영토문제를 담당하게도 하였다. 그러나 1905년 일본이 을사조약을 근거로 간도에 통감부 출장소를 설치하고, 마침내 1909년 9월 일본이 남만주 철도부설권, 광산채굴권 등을 얻는 조건으로 간도 지역을 청의 영토로 인정하면서, 이주한 한인은 일본과 청의 법적 관할에 들어갔다. 일본은 일본대로 국경을 넘어간 일본인에 대한 감독과 통제를, 중국은 중국으로 귀화하지 않은 한인에게 거주권, 토지소유권, 재산소유권 등을 인정하지 않는 이중의 통제 압박이 생겼다. 그것은 결코 디아스포라 한인들의 현실을 도와주는 법적 보호가 아니었다. 한인들의 정치적 사회적 압박과 불안을 점점 커져갔다. 이훈구는 『滿洲와 朝鮮人』(1932, 평양 숭실전문학교경제학연구실 간)이라는 책에서 재만 한인사회의 어려움을 생활곤란, 돈 구하기 곤란, 정책적 불안, 신변 위협, 나쁜 환경, 생명 불안정, 중국 관헌의 무법, 질병, 동포간의 불화, 마적, 중국관헌의 압박, 아동 교육난, 중국관헌의 주구, 중국인과의 토지 관계, 경제압박 등을 적고 있다. 경제적, 정책적 어려움 뿐만 아니라 언제 들이닥칠지 모르는 마적, 중국인들과의 마찰 등은 일상에서 신변을 위협하였다. 광활한 신천지에서 새로운 삶을 시작해보겠다는 기대는 현실의 고통으로 되돌아왔다.

대한제국이 일본에 강제 병합되어 조선총독부가 재만 한인에게 '일본신민'으로서 영사재판권을 행사하고, 중국은 귀화하지 않은 한인들에 대해 사회적 압박을 가하는 상황에서 안정된 삶을 유지하는 것은 절실한 문제였다. 경제적 어려움 또한 그러한 정치적 상황과 무관하지 않았다. 대부분의 이주 한인들은 경제적 이유로 만주행을 결심했기에 중국인들이 경작하지 않는 산중턱이나 인적이 드문 오지에서 황무지 개간으로 농사를 시작하는 경우가 많았다. 그러나 주거 공간이나, 농기구, 농사 종자, 식량 등을 중국인 지주에게 의지할 경우, 한인들은 지주의 횡포에 그대로 노출될 수 밖에 없었다.

만주 디아스포라 한인들을 기반으로 독립운동을 계획한 지도자들은 디아스포라 한인들의 현실적인 생활 안정을 위해 일하는 것이 중요했다. 한인사회의 경제적 어려움을 해결하기 위해 이회영은 중국정부와의 관계에서 민적民籍의 획득, 황무지 개간, 자치의 허용 등을 노력하였다. 이상룡은 머리모양, 의복, 모자, 신발 등을 현지인과 똑같게 하는 '변장운동'을 시도하였다. 중국 지방당국과 현지인과의 교류 협력을 모색하는 적극적인 대응이었다. 독립운동을 의도하는 애국지사들은 개척지를 계획하는 일부터 서간도로 온 이민자들을 각각 기존의 사람들과 연결 배당시키는 일을 계획적으로 대대적으로 했다. 이들은 한국에서 이민자가 도착하면 당번을 정해 그들이 정착할 때까지 먹여주고 보살펴주었다. 대게 일년이 지나면 제대로 체계가 잡혀 이듬해에는 자작농을 할 수 있도록 했다. 이민온 사람들을 관리하고 통솔하는 일이 곧 애국활동이라고 기록할 정도였다. 서간도 한인 디아스포라 사회에는 이러한 일상 속에서 한인자치단체가 만들어졌다. 한인 자치단체는 한인들의 일상을 지켜주면서 독립군을 양성하는 조직을 만들어갔다. 독립군은 일제와 무장투쟁을 하는 데 필수적인 전략자원이었다. 일제 강점기 독립운동 과정에서 독립군을 양성하고 무장 독립전쟁을 하는 것은 일제 강점기 초기부터 마지막까지 추진된 핵심적인 독립운동 방략이었다. 만주, 연해주, 미주지역, 중국대륙 등 독립운동이 전개되는 곳 어느 곳에서든 일관되게 추진되었다.

이러한 독립군 양성을 체계적으로 하기 위한 독립운동 전략은 신흥무관학교에서 시작되었다. 신흥무관학교는 한국 독립운동사에서 체계적으로 독립군 양성을 한 대표적인 기관이다. 독립운동을 의도하고 온 지도자들은 한인 디아스포라 사회의 정착을 위해 노력하였고, 그러한 노력의 결과로 독립군을 양성하는 조직이 만들어질 수 있었다. 신흥무관학교는 서간도 한인사회를 통합하는 구심 역할을 해갔으며, 이를 바탕으로 한인사회는 사회안정망을 구축하며 교육을 실현할 수 있었다. 신흥무관학교의 본교, 지교, 분교와 각 지역의 학교들은 한인사회 2세들의 교육을 맡았고, 신흥무관학교 졸업생들은 신흥학우단을 결성하였다. 신흥무관학교는 1910년대 서간도 한인사회의 경제 정치 사회 교육 등을 함께하는 운명공동체적 관계에 있었다.

신흥무관학교는 1911년 4월 서간도 유하현 삼원보 추가가에서 설립되었다. 신흥무관학교는 국권 침탈 직전까지 일제의 침략을 막고자 활동했던 신민회와 안동의 혁신 유림이 주축이 되어 설립하였다. 신민회계열의 인사들은 경술 국치 직후 국외로 나가 독립운동을 위한 기지를 건설하고자 독립운동 기지를 물

신흥무관학교 터

색하였는데, 이회영과 이동녕 등이 연해주와 만주 일대를 답사한 후 서간도 삼원보를 적절한 장소로 결정하였다. 이후 신민회 인사들은 1910년 12월부터 압록강을 건너 서간도로 이주하기 시작했다. 그 선두에 선 것이 이은숙의 남편 이회영이었다. 이회영 집안 6형제는 집안의 회의를 열어 가산을 처분하여 서간도로 왔다. 그 중에서 둘째인 이석영은 가장 재력이 있었다. 이석영은 고종 때 영의정을 지내고 막대한 재산을 가지고 있던 양주의 이유원의 양자로 들어가 많은 재산을 상속받았다. 당시 이회영 형제들이 마련한 자금은 40만 원이었는데, 지금 재산으로는 600억 원 정도가 된다고 한다. 이 돈은 합니하에 신흥무관학교 교사를 마련하고 신흥무관학교를 운영하는 자금으로 쓰였다. 이은숙은 이러한 결정에 따라 집안 가족 50여 명과 함께 압록강을 건넜다. 그 과정을 이은숙은 『서간도시종기』에서 생생하게 적고 있다.

이회영·이은숙 집안에 이어서 안동의 혁신 유림들도 서간도
로 향했다. 허은의 시할아버지가 된 이상룡과 김대락, 김동삼
등을 비롯하여 100여 가구가 떠났다. 안동에서 7,8일 정도 걸어
서 압록강을 건너서 환인현 횡도천에 모였다가, 다시 유하현으
로 향했다.

이러한 과정을 거쳐 유하현 삼원보에 도착한 이들 300여 명
은 1911년 4월 마을 뒤편 대고산大孤山에서 모여 군중대회를 열
고 향후 독립운동 기지 건설을 위한 방침 5개 항을 결정하였다.
그 핵심은 농업생산과 교육을 함께하는 자치기관 경학사耕學社
를 조직할 것과 대한제국 당시의 군인과 군관을 재훈련하여 기
간 장교로 삼고 애국청년을 수용하여 독립운동의 인재를 육성하
는 것이었다. 이 결의에 의해 음력 1911년 5월 14일 추가가 마을

의 허름한 옥수수 창고에서 학교를 개교했다. 설립 당시의 이름
은 신흥강습소라고 했다. '군관학교'라고 명칭을 사용하면 중국
당국과 일제 관헌의 감시가 심할 것을 예상하고 이를 피하기 위
해 '강습소'라고 이름 붙였다. '강습소'라는 이름을 썼지만 실제
로 한인 사회에서는 무관학교로 인식되고 불리었다.

경학사취지문(이회영기념관)

　신흥무관학교는 이회영, 이동녕, 이관직, 이상룡, 윤기섭 등
이 발기인이 되고 교주는 이석영, 교장은 이상룡이 했다. 이장
녕, 이관직, 김창환金昌煥 등은 대한제국 무관 출신으로 학생들을
가르쳤는데, 추운 날씨에도 새벽 3시에 학생들을 깨워 산을 한
바퀴 돌게하여 '범 같은 선생'이라 불리었다.

　추가가에서 설립된 신흥무관학교는 1년 후 통화현 합니하에
새로운 부지를 마련하여 새로 건물을 짓고 1912년 7월 이전하였
다. 유하현 대고산에도 학교를 신축하여 신흥학교의 제3기지를
설치하는 등 교육사업을 확대시켜 나갔다. 합니하는 중국인들
이 얼마 살지 않아 중국인들과의 갈등도 피할 수 있었고, 신흥무
관학교 자리가 요새지로서 군사훈련을 실시하기에 더없이 좋다
는 점이 중요하게 작용하였다. 이로써 합니하의 신흥무관학교는

중학교 과정과 따로 군사과를 두어 무관을 양성하는 것에 주력할 수 있게 되었다. 3년의 중학교 과정에는 국문 역사 지리 수학 수신 외국어 창가 박물학 물리학 화학 도화 체육 등이 교과가 개설되었다. 군사과는 1년 기한으로 걷기, 말타기, 총검술, 유격, 구급의료, 측량학 등과 공격전, 방어전, 도강, 상륙훈련 등 실전에 필요한 교과와 훈련을 했다. 체육수업에서는 엄동설한 밤에 파저강 70리를 걷거나, 빙상운동, 축구, 철봉 등을 통해 강인한 신체 단련을 시켰다. 1919년 3·1운동을 계기로 신흥무관학교는 일대 전기를 맞이했다. 독립운동에 뜻을 두고 찾아오는 학생들을 수용하기 위해 유하현 고산자 하동 대두자로 학교를 옮겨 40여 간의 광대한 병영사와 수만 평의 연병장을 부설하여 획기적인 면모를 정비하였다. 고산자 학교는 국내에서 탈출해 온 청년들, 재만동포 청년들, 과거 의병활동을 했던 노년층까지 몰려들어 개교 이래 최대의 성황을 이루었다. 신흥무관학교 출신 원병상의 수기에 의하면 당시 17, 18세의 소년에서 50여 세의 노년 학생까지 다양한 신입생 600여 명이 몰려들었다고 한다.

당시 신흥무관학교를 찾아와 신입생 가운데 가장 어린나이에 학교를 다닌 장지락(김산)은 그 시절을 다음과 같이 회고하고 있다.

마침내 목적지에 도착했다. 하니허에 있는 조선독립군 군관학교. 이 학교는 신흥학교라고 불렸다. 아주 신중한 이름이 아닌가!… 지리·수학·국어에서는 합격하였지만, 국사와 엄격한 신체검사에서는 떨어졌다. 다행히 3개월 코스에 입학하도록 허락받았고 수업료도 면제받았다. 학교는 산속에 있었으며 18개의 교실로 나뉘어 있었는데, 눈에 잘 띄지 않게 산허리를 따라 나란히 줄지어 있었다… 일과는 새벽 4시에 시작하여, 취침은 저녁 9시에 하였다. 우리들은 군대전술을 공부하였고, 총기를 가지고 훈련도 받았다. 그렇지만 가장 엄격하게 요구하였던 것은 산을 재빨리 올라갈 수 있는 능력이었다… 봄이면 산이 매우 아름다웠다. 희망으로 가슴이 부풀어 올랐으며 기대에 넘쳐 눈이 빛났다. 자유를 위해서라면 무슨일인들 못할쏘냐?(님웨일즈 · 김산 지음, 송영인 옮김, 『아리랑』(개정 3판), 동녘, 2005, 130~131쪽).

백두산 쏘베차의 백서농장에서 농사일을 하며 군사훈련을 받던 신흥무관학교졸업생들의 모습. 현재 신흥무관학교와 관련해 유일하게 남아있는 사진

그러나 일제의 독립운동에 대한 탄압과 중국 지방정부의 압력으로 신흥무관학교는 1920년 이후 학생들을 가르칠 수 없었다. 근 10년간 운영된 신흥무관학교의 졸업생은 3,500여 명으로

추산된다. 졸업생들은 다양하고 광범위하게 독립운동에서 주요한 역할을 수행하였다. 신흥무관학교 설립에 참여했던 인사들은 이후 각 지역의 독립운동의 지도자로 활약하였다. 1919년 2월에 3·1운동에 앞서 길림에서 대한독립선언서를 발표한 39명 가운데 김동삼, 여준, 이동녕, 이상룡, 이세영, 이시영, 이탁, 허혁 등은 신흥무관학교 관련자였다. 대한민국 임시정부가 수립되자 지도자가 되었고, 서간도와 북간도에서 결성되어 활동한 독립군 부대에도 관여하였으며, 이회영은 북경에서 신채호 등과 아나키즘운동을 시작한 핵심 인물이 되었다. 의열투쟁으로 일제의 간담을 서늘케 한 의열단도 신흥무관학교 출신 김원봉이 1919년 11월 신흥무관학교 졸업생인 강세우姜世宇, 권준權晙, 서상락徐相洛, 신철휴申喆休, 이성우李成宇, 이종암李鍾巖, 한봉근韓鳳根, 한봉인韓鳳仁 등과 함께 결성하였다.

이은숙의 서간도 생활은 독립운동사에서 체계적인 독립군 양성 학교의 중심이 된 신흥무관학교와 함께하였다. 이은숙은 이회영이 망명지에서 토지를 구입하고 신흥무관학교가 설립되는 과정과 국내외를 연결하는 독립운동을 목격하며 독립운동이 장기지속 되는 현장에서 디아스포라 망명자의 부인이자 또한 그 역시 망명자의 한 사람이 되었다. 서간도로의 이주는 국가 없는 민족으로서 국가를 되찾으려는 독립운동과 신흥무관학교를 세우는 생활로 귀결되었다. 『서간도시종기』에는 서간도에서 독립운동 공동체를 만들기 위한 집단 이주과정을 독립운동의 흐름을 아우르며 기록하고 있다. 압록강을 건너 철통같은 경찰의 경비를 피해 새벽 3시경 얼은 강 위를 썰매를 두 시간타고 안동현에 도착한 후, 다시 거기서 오백 리가 넘는 황도천을 향해 마차 십여 대와 백여 필이 넘는 말을 타고 가는 길을 갔다. 무사히 국경을 넘었으나 흥분보다는 조국을 이별한 망명객으로서 "상하 없이 애국심이 맹렬하고, 왜놈의 학대에서 벗어난 것만 상쾌하고, 장차 앞길을 희망하고 환희만만으로 지내가니 차호嗟乎라"(이은숙, 앞의 책 18쪽)라고 감상을 적고 있다. 첩첩산중과 기암괴석 사이의 눈길을 지나 황도천을 거쳐 무관학교를 세우기 위해 유하현 삼원보에 이르는 길은 가족의 길이자 디아스포라 독립운동의 길이었다.

그러나 타국에서 독립운동 공동체를 만드는 것은 중국 현지에서 배척과 감시를 받는 일이었다. 중국인들은 예전 조선인들이 남부여대로 와서 박토薄土를 일궈 감자나 심어 근근히 연명했는데, 이제는 살림살이도 많고 무기까지 실어 오는 것을 보고 일본과 합하여 중국을 치러온 것이라 생각하였다. 그래서 중국 관헌에 '꺼우리高麗人을 몰아내달라' 고발하고 '너의 나라로 돌아가라'고 협박하기도 했다. 이러한 상황에서 '왜놈의 노예 노릇하기 어려워 마치 아우가 형의 집을 찾아오듯이 생명을 의지하려고 온 것이니 가라면 어디로 가는가'라는 말로 설득하기도 했다(이은숙, 앞의 책, 20~21쪽).

신흥무관학교가 서간도 디아스포라 한인들의 구심점이 되어 교육기관 역할을 할 때, 이은숙의 집은 학생들과 함께 사는 집이었다. 처음에 추가가에 땅 몇 백평을 사서 조선집 모양으로 5,6칸의 집을 지었었는데, 학교 교사를 지으면서 살림집을 지었다. 그러나 살림집을 지으면서 안방 한 간 반과 함께 학생들이 사는 한 간 반의 집을 지었다고 한다. 독립운동을 한다고 왔지만, 중국에서의 디아스포라의 현실은 새로운 일상의 어려움이 매 순간 닥쳐왔다. 치안의 불안으로 인한 고통도 뒤따랐다. 마적들이 습격하여 이석영과 학생들을 잡아가고 이은숙은 총을 맞아 어깨에 부상을 당하기도 했다. 어깨 부상을 당하고 정신을 잃은 이은숙을 신흥무관학교 선생들이 치료해주고, 학생들이 멀리 통화현까지 가서 의사를 데려오기도 했다. 당시 이은숙은 강냉이 밭을 농사지어 아이 셋, 사위, 일꾼 내외와 학생 6명이 생계를 꾸려가는 궁핍한 가운데 신흥무관학교 학생들과 생활공동체로 살아갔다. 이은숙의 일상은 신흥무관학교라는 독립운동 공동체의 일상을 지켜가는 삶이었다.

서로군정서의
종이 뭉치와 솜 옷

허은은 1915년 8살에 서간도 통화현으로 온 이후 영안현 철령허로 옮겨가 첩첩산중에서 땅을 개간하고 풍토병을 이겨내며 성장하였다. 그리고 1922년 이상룡의 손자 이병화와 결혼하였다. 허은의 재종숙인 왕산 허위의 막내 아들 허국이 이상룡의 손자 며느리로 중매를 선 것이다. 허국은 이상룡의 셋째 손녀와 혼인했는데, 그는 허은을 자신의 처남댁으로 중매를 한 것이다. 허은이 결혼해서 간 화전현 완령허의 시집은 단순한 살림집이 아니었다. 독립운동의 기지이자 서로군정서의 사무실이기도 했다. 독립운동과 불가분한 환경에서 성장한 허은은 결혼과 함께 서로군정서 독립운동의 일상 공간에서 살게 된 것이다. 서로군정서는 1919년 상하이에 대한민국 임시정부가 수립된 후 서간도에 있던 한족회의 무장조직이 임시정부 산하로 들어가 편성된 군사 조직이었다. 서로군정서의 독판 이상룡, 부독판 여준呂準, 사령부 사령관 이청천 등 중요 간부들은 모두 신흥무관학교를 설립하거나 교장, 교관으로 운영에 참여했던 분들이다.

내가 처음 시집가서 보니 백로지 뭉치가 방안 가득히 쌓여 있었

다. 사랑에는 등사판을 차려놓고 계속 인쇄해서 전 만주와 중
국, 또 한국으로 보내고 있었다. 그러니 날만 새면 숨 쉬는 것
부터가 돈이었다. 군자금, 독립자금 만드는 일이 가장 급선무일
수밖에 없었다(허은, 앞의 책, 120쪽).

사랑방에 등사판을 놓고 독립운동 전단을 제작하여 국내와
타지로 보내는 곳이 그의 시집이었다. 시집은 방이 4개였는데
한 칸은 서로군정서 회의를 하는 방이었다.

매일 같이 회의를 했다. 삼월 초에 이 집으로 이사 오고부터 시
작한 서로군정서 회의가 섣달까지 계속되었다. 서로군정서는
서간도 땅에서 독립정부 역할을 하던 군정부가 임시정부 쪽과
합치면서 개편된 조직이다. 곳곳에 여러 단체가 있어서 정의부,
통의부, 자신계, 군정서 등으로 나뉘어 활약했다. 통신원들이
보따리를 싸 짊어지고 춥고 덥고 간에 밤낮으로 우리 집을 거쳐
다녔다. 만주 일대의 정객들도 전부 내왕했다(허은, 앞의 책,
116쪽).

서로군정서의 활동과 허은 집의 먹고 사는 일상은 분리되지
않았다. 그래서 허은의 살림은 집안의 독립운동가 뿐만 아니라
서로군정서의 독립운동가들의 회의와 활동을 할 수 있도록 먹여
살리는 일이 되었다. "날만 새면 숨 쉬는 것부터가 돈"인 생활이

었다. 서로군정서 독판인 시할아버지 이상룡의 수당으로 받은 쌀 서 말로는 늘 부족한 생계를 꾸려야 했다. 이러한 상황에서도 매일 회의가 그의 집에서 열렸다. 많은 사람을 먹이는 일은 가족의 밥을 차리는 것과는 차원이 다른 단체 급식을 하는 일이었다.

> 만주 일대의 정객들도 전부 내왕했다. 그 정객들 조석은 집에서 드실 때가 많았고, 가끔 나가서 드실 때도 있었다(허은, 앞의 책, 116쪽).

> 항상 손님은 많았는데, 땟거리는 부족했다. 점심 준비하느라 어떤 때는 중국인에게서 밀을 사다가 국수를 만들곤 하였다. 마당의 땡볕 아래서 맷돌을 돌려 가루를 내고, 또 그것을 반죽해서 국수를 뽑았다. 고명거리가 없으니 간장과 파만 넣어 드렸다. 삼시세끼 준비가 결코 녹록치 않았다(허은, 앞의 책, 126~127쪽).

식량을 구하기 위해 죽을 고생을 할 정도로 먹을 것을 대는 것이 어려웠다. 개인의 생활과 독립운동 공동체의 일상이 구분되지 않는 생활이었다. 가정생활의 일상은 곧 독립운동의 일상이었다.

그러한 상황에 대해 허은은 "해 먹이는 일 그 자체도 큰 역사役事였다. 작은 국가 하나 경영하는 것이나 다름없었다."라고 술회하고 있다. 공과 사를 넘나드는 일상에서 생활비이자 독립운동 자금을 마련하는 것은 가장 어려운 일이었고, 항상 경제적인 어려움에 놓여있었다. 살림 자금이 부족한 것을 일가들의 도움으로 해결하는 등 어떤 방법으로든 해결하기도 했다. 이상룡은 허은이 시집오기 이전에도 서간도 독립운동을 위해 개인의 재산을 팔아 독립운동의 자금을 마련하고자 했다. 이상룡이 이회영, 이시영 등과 의기투합하여 서간도로 이주를 결심하고 도착해보니, 신흥무관학교를 설립하고 자금이 부족한 상황을 알게 되었다. 조직이 움직이려면 돈이 없으면 안되는 것이 뻔한 일이었다. 이상룡은 고향 안동의 종가집 고택 임청각을 매각해서 사업에 쓰려고 허은의 시아버지를 한국으로 들여보냈다. 망명한 종손으로서 종가집의 고택을 판다는 것은 가문의 일로는 난감한 일이었지만, 독립운동 자금을 마련하기 위해 그러한 선택을 했던 것이다. 그러나 고향의 문중에서 임청각 매각을 반대하였다. 또 항상 감시하는 일본 관헌의 눈도 피해야했다. 결국 문중에서 돈 500원을 마련해 주었다. 그 돈 500원은 신흥무관학교 운영비와 생활비로 쓰게 되었다. 조직원들이 워낙 많았기 때문에 먹여 살리는 일만 해도 큰 돈이 들었다. 한 나라를 경영하는 것과 다름없는 서간도 독립운동가들의 살림이었다.

이러한 독립운동의 일상을 지키며 살아가는 살림살이에서 여성의 일은 전방위적인 것이었다. 그것은 남녀 구분이 없는 노동의 삶이었다. 당초 서간도를 목표로 왔을 때는 일제의 감시와 탄압을 피해서도 왔지만 땅이 무진장 넓고 기름져서 먹고 살기 좋

임청각 매매문서

을 것이라는 기대도 있었다. 그러나 실제로 와보니 척박한 땅이
많아 논을 개간해야 할 정도로 고된 노동이 필요했다. 중국 사람
들은 쌀을 주식으로 하지 않기 때문에 논이 없었다. 망명 온 한
인들은 황무지를 전답으로 만들었고, 이들에 의해 서간도 땅에
처음으로 벼농사가 시작되었다. 온 가족이 다 나가서 농사일을
거들면서 개간을 해도 땅이 안 좋아 수확이 많지 않은 경우가 허
다했다. 이러한 상황에 남자들이 독립운동을 한다고 바깥일에만
전념하는 경우가 많았다. 결국 독립운동을 하는 한인 가족들은
생활공동체가 되어 협력 공존하는 살림살이를 하게 되었다. 허
은은 결혼 전에도 친족 남자들이 독립운동을 하러 간 집에는 나
무도 해다 주고, 밥을 지어 주기도 했다. 그러한 살림살이 경험
은 결혼 후에도 이어졌다. 시집온 첫날부터 부엌에 들어가 조석
을 장만하려 하니 장이 없었다. 사방을 둘러봐도 땔나무도 없고

식량도 없었다. 간장이나 된장이 없기는 친정에서와 마찬가지였다. 장이 없어서 앞집에서 양철통으로 장을 얻어오기도 했다. 방 윗목에 있는 쌀독에는 시집온 첫날에도 쌀이 없었다. 결국 여러가구에서 쌀을 모아주었는데, 이러한 허은의 일상은 독립운동 디아스포라 생활공동체의 일상이었다. 일상의 생활에서 동포애를 느끼는 눈물겨운 경험이기도 했다.

> 일본을 피해 피난민 겸 망명객으로 떠도는 생활이었기에 어디를 가나 우리는 우선 찍어 먹을 장이 없었다. 간장, 된장, 고추장 등을 구경도 할 수 없었다. 그래도 먼저 와 고생하며 농사지었던 사람들이 양철통으로 한 통씩 갖다 주었다. 나중에 오는 사람들이 낯설지 않도록 조금이라도 먼저 와 자리잡은 사람들이 배려하고 도와주는 정이 있어 자연히 만주 이민사회에는 따뜻한 동포애가 있었다(허은, 앞의 책, 83쪽).

그는 서간도 한인 디아스포라의 삶이 자기 가족만의 문제가 아니라 일제의 식민 지배로 인해 국경을 넘게 된 한인들 전체의 문제로 인식하고 한인자치단체의 규율 속에서 동포애를 키워갔다. 한인자치단체는 규율을 엄격히 하면서 일본에 빼앗긴 나라를 다시 찾을 때까지 만주 땅에 하나의 작은 나라를 만들어 운영하는 식으로 했다. 그리고 세금도 걷었다. 이러한 상황에 대해 허은은 다음과 같이 말하고 있다.

일본인에게 시달리다 못해 온 사람들, 못살아서 온 사람들로 해
서 만주로 모여든 사람이 육 칠년 후에는 전 만주에 걸쳐 몇백
만이 된다고 했다. 중국에 입적하여 호적작성이 다 되고 한인자
치단체가 조직되어 호당 세금을 냈다(허은, 앞의 책, 80쪽).

일본으로부터 시달림을 피해 모여든 디아스포라 한인들이 몇
백만이 되고 이들이 중국 민적을 얻고 한인 자지단체를 만들어
자치단체에 세금을 내고 있다는 것이다. 세금은 한인 자치조직
운영과 한인독립운동의 활동자금이었다. 한인 자치회는 중국의
지방정부와의 행정적인 일을 원활하게 처리하고 경제, 교육, 재
정의 일상의 활동을 함께 했다. 특히 독립운동 군자금을 걷는 것
은 자치단체 구장의 소관이었다. 구장은 집집마다 다니며 돈을
걷었는데, 군자금을 내는 아낙들이 모두 호의적인 것은 아니었
다. 일본놈 보기 싫어 만주 왔더니, 농사지어 놓으면 군자금한
다고 뺏어 간다고 퍼붓는 사람도 있었다. 그러나 나라를 위해 서
로 협조하여 조직적으로 운영해 나가는데 자치단체의 덕을 다들
보았기 때문에 작은 불만을 크게 내세우지는 못했다.
　이러한 자치단체 공동체의 일원으로서 허은은 자신의 가족을
넘어서 독립운동 공동체를 돌보는 일상살림을 살았다. 그것은
남녀 구별이 없는 노동의 삶이었다. 먹고 사는 일상의 가사노동
뿐만 아니라 서로군정서 단원들의 옷을 만들기도 했다.

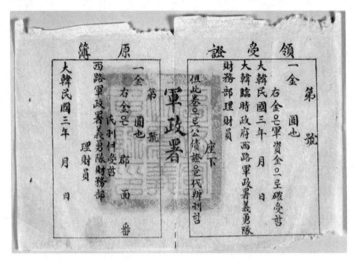
서로군정서 군자금 영수증(독립기념관)

서로군정서에서는 의복도 모두 단체로 만들어서 군정서 조직원
들에게 배급해주었다. 부녀들이 동원되어 흑광목과 솜뭉치를
산더미처럼 사서 대량으로 생산했다. 일본의 감시를 피하기 위
해 중국식 검정 두루마기를 만들어 입도록 했다. 이 두루마기
한 벌을 받으면 다 해지도록 입곤 했다. 중국식 복장이 한국인
이란 표도 잘 안 나고 한복보다 활동하는 데에도 더 편했다. 나
도 그 옷을 숱하게 만들었다(허은, 앞의 책, 117쪽).

조선총독부가 재만 한인들을 일본의 신민이라는 명목으로 영
사재판권을 행사하는 상황에서 이상룡 등은 머리모양 의복 모자
등을 현지인과 똑같게 하는 '변장운동'을 했다. 중국인처럼 변장

하기 위해 검은 두루마기같은 중국옷을 입었다. 이때 필요한 중국옷을 만든 것은 허은을 비롯한 여성들이었다. 허은은 자신도 중국식 복장을 숱하게 만들었는데, 김동삼, 김형식 어른들께 손수 옷을 지어드린 것을 생각하면 감개를 헤아릴 길 없다고 추억하였다. 또한 필요에 따라서 일감을 가져와 돈벌이를 하는 노동을 하였다. 허은은 이상룡의 삼종 고모부되는 유림柳林이 광동사범학교를 졸업하고 몇 달을 머무는 동안 식비를 마련하기 위해 이웃 중국 사람이 경영하는 피복공장에서 단추구멍 만드는 일감을 가져와 돈을 벌기도 했다. 이처럼 서간도 독립운동가 집안의 살림은 개인의 살림이 아닌 공동체의 존재와 운영을 위한 일상이었고, 가사노동의 범주를 넘어서는 다양한 돌봄의 일상이 이어지는 생활이었다. 독립운동가 집안의 아내로서 그 역할이 개인사에 그치는 것이 아니라, 디아스포라 자치단체 내에서 살면서 독립운동을 하는 공동체 구성원의 일원으로서 자신에게 주어진 현실을 책임있게 살아간 것이다. 독립운동의 재생산을 가능하게 한 활동은 한 가정의 일을 넘어서 독립운동의 일이었다.

국경을 넘고
공장 일도 하며

1919년 이후 이은숙은 새로운 독립운동의 현장으로 삶의 공간을 옮겨 갔다. 그것은 3·1운동 이후 독립운동 지형의 새로운 변화와 관련있었다. 대한민국 임시정부가 수립되는 과정에서 남편 이회영은 이에 관여하기 위해 1919년 2월 베이징으로 갔다. 그는 베이징에서 동생 이시영과 이동녕을 만나 3월 하순 현순玄楯 목사와 함께 상하이로 떠났다. 상하이에 모인 독립운동자들을 국내외에서 일어난 3·1운동에 고무되어 향후 독립운동을 어떻게 이끌어갈 것인가에 대해 활발히 토론하였다. 당시 많은 사람들은 임시정부 수립에 동의했다. 그러나 이회영은 반대하였다. 그는 임시정부의 외교독립론에 비판적이었으며, 무장투쟁의 중요성을 여전히 중시하였다. 또한 그는 정부라는 행정조직 보다 각 독립운동을 통괄하는 총본부를 만들어 실제 운동에서 통합적으로 지도하는 조직을 만드는 것이 필요하다고 했다. 정부 형태를 가질 때 지위와 권력을 둘러싼 분규가 끊이지 않을 것이며, 파벌의 대립과 분열로 독립운동이 자칫 인물 중심으로 갈 경우 대중들을 진작시켜 동원하는 독립운동을 효과적으로 할 수 없다고 보았다. 그러나 대다수 사람들의 의견에 따라 정부 조직으로 결정되었고, 임시의정원을 조직하여 임시정부 조직을 위한 임시헌법을 기초하게 되었다. 이회영은 이러한 활동이 결국 자신의 생각과 뜻이 맞지 않다고 생각하여 1919년 5월 중순 베이징으로 돌아왔다.

베이징에 돌아와서 이회영은 많은 독립운동가들과 만나고 새로운 사상의 흐름을 보고 들으며 독립운동의 방략을 고민하였다. 그리고 직접행동을 실행하는 의열단과 다물단에 간접적으로 관여하였다. 신흥무관학교 출신이 대부분인 의열단에 대한 지도는 1921년 이회영 집에 유숙했던 류자명을 통해 이루어졌다. 류자명이 의열단에서 통신 연락과 선전의 책임을 맡아 신채호와 함께 〈조선혁명선언〉을 작성할 무렵에도 이회영과 함께 의견을 나누었다. 다물단은 베이징에도 의열단과 비슷한 단체가 필요하다는 류자명의 정세인식에 따라 이회영과 신채호의 지도 아래 조직되었다. 다물단은 이회영의 둘째 형 이석영의 큰아들 이규준李圭駿과 이회영의 둘째 아들 이규학李圭鶴, 의열단원 류자명 등이 주축이 되어 조직되었다. 1923년 가을 무렵 이회영은 선무문宣武門 앞 석등암石燈庵에서 고대사 연구에 몰두하고 있던 신채호와 김창숙, 류자명 등과 매일 만나 독립운동의 방략을 깊이 논의했다. 이즈음 류자명은 신채호에게 베이징대 교수인 이석증李石曾을 소개하여 교유하도록 주선한 것으로 보인다. 이석증은 신채호가 베이징대 도서관 주임 이대교李大釗와 접촉하여 사고전서四庫全書를 열람할 수 있도록 배려하였다. 이러한 만남과 교류는 신채호와 이회영을 아나키즘으로 변하게 한 중요한 계기가 되었다. 이회영은 정화암, 이을규, 이정규 등 젊은 독립운동가들과 함께 임시정부나 공산주의의 방법과 다른 독립운동의 방략과 새로 건설할 나라의 방향까지 토의하였다. 그리고 마침내 스스로 아나키스트임을 자임하며 진정한 독립운동은 아나키즘 사상에 의한 자유연합적 무장독립투쟁임을 주장하였다(이정규·이관직, 『우당 이회영 약전』, 을유문화사, 1985, 76~79쪽). 이 무렵 이회영이 아나키즘 사상을 접하고 새로운 젊은 활동가들과 만나 기뻐했던 것을 이은숙은 다음과 같이 적고 있다.

> 계해년(1923년)을 당하니 생활난을 매일반이라… (중략) …하루는 夢事를 얻으니, 가군께서 사랑에서 들어오시며 희색이 만면하여 "내 일생에 知己를 못 만나 한이더니, 이제는 참다운 동지를 만났다." 하시며 기뻐하시기에 내가 무슨 말을 하려다가 홀현히 깨니 남가일몽이라… 또 어떤 사람이 오려나 하였더니 그날 오정쯤해서 이을규 씨 형제분과 백정기白貞基 씨, 정화암 씨 네 분이 오셨다. 그날부터 먹으며 굶으며 함께 고생하는데…선생님 모시기를 당신네 부모님 같이 시봉을 하며 지내는 것이 우당장 사후까지도 여일하시다(이은숙, 앞의 책, 46쪽).

그 후 1924년 4월 20일 이회영의 집에서 류자명, 정화암, 백정기, 이을규, 이정규 등 6명이 재중국무정부주의자연맹을 결성하게 되었다. 이들은 『정의공보正義公報』라는 기관지를 발행하여 자신들의 운동노선을 천명했다. 새로운 운동조직을 결성하고 기관지를 발행하는 활동을 시작한 것이다. 이러한 활동을 하기 위해서는 활동 자금이 필요했다. 그러나 자금은 부족했다. 재중국무정부주의자연맹은 중앙집권적인 공산주의와 독립운동 진영내의 파벌싸움을 모두 비판하며 독립운동의 이론을 제공했던 『정의공보』도 9호까지 발행하고 휴간하게 되었다.

처음에 베이징에서 이은숙은 천단天壇 북쪽에 셋집을 얻어 장남 규학 부부와 규숙, 규창 남매와 함께 살았다. 이 집은 상하이나 만주, 국내에서 오는 독립운동가들이 한번 씩 거쳐가는 곳이었고, 중국으로 유학온 젊은이들의 사랑방이자 연락처가 되었다. 이때 1920년 이은숙은 3·1운동때 일제의 감시를 피해 중국으로 유학 온 간호사출신 박자혜와 신채호의 결혼을 중매했다. 첫 번째 부인과 별거한 뒤 10년간을 독신으로 지냈던 신채호는 당시 24살이었던 박자혜와 북경 금시방가錦什坊街의 한 셋집을 얻어 가정을 꾸리게 되었다. 베이징에서도 이은숙은 디아스포라 한인 독립운동가들과 함께 살면서 일상을 함께하는 생활을 하였다. 그러나 좁은 집에 매일 수십명에 이르는 손님이 찾아오는 상황에서 자금성 북쪽 후고루원일원後鼓樓園一苑 이라는 곳으로, 1922년 봄에는 '진스방자 얼안중'二眼井으로 이사했다. 이 시기 수많은 독립운동가들이 다녀가면서 막대한 비용이 들었고 생활은 궁핍했다. 1920, 21년에는 그럭 저럭 동지들의 사업비와 생활비를 겸하여 보내준 돈으로 지낼 수 있었으나, 이후에는 그것도 없었다. 잘해야 하루 한 끼를 먹었고, 한달의 절반은 불을 때지 않으니 살아있어도 죽은 것과 같은 살림살이였다.

이러한 상황에 이은숙은 1922년 생활비라도 마련할 겸 국경을 넘어 조선으로 들어왔다. 이때 그는 이회영을 대신하여 중요 서류를 신발 안창에 숨겨서 길을 떠났다. 안동현에 도착하여 국경을 넘었는데, 신의주를 지나서는 누구든지 형사의 수색을 샅샅이 당하였다. 이때 이은숙은 검색에 걸려 백마역에서 내려 파출소에서 취조를 당하고 다시 신의주 경찰서로 보내졌다. 신의주경찰서에서 서장은 이은숙에게 "점잖은 양반 부인이 왜 이런 나쁜 서류를 가지고 다니시오?"라고 하자, 이은숙은 "당신네들에게는 이것이 나쁘다하지만 우리 혁명 가족에게는 으레 있는 일이니 나쁜 것이 무엇입니까?"라고 대답하였다. 국경을 넘는 것이 일제의 감시망에서 안전하지 않은 길이었으니, 그 정도의 각오는 당연했던 것이다. 그러나 다행스럽게도 신의주경찰서에서 더 이상 곤혹을 치르지 않고 이은숙은 다음날 서울에 도착했다. 이은숙은 친정인 공주에 잠시 들러 어머니의 소기小朞에 참례하고 몇 달후 베이징으로 돌아왔는데, 100원도 못 구하고 돌아가는 처지였다. 이은숙은 무척 난감해했다.

그 후 이은숙은 1925년 7월 또 국경을 넘었다. 1922년 이후 이어진 극도의 생활난과 자금난 때문이었다. 더욱이 1925년 3월 30일에 일어난 다물단의 밀정 김달하 암살사건으로 인해 이은숙 가족들은 곤혹을 치렀다. 김달하의 장녀와 동급생인 이은숙의 장녀 규숙은 사촌 오빠인 이규준의 부탁으로 김달하 집 사정을 알려주었는데, 중국 공안국에서는 조사한다는 이유로 1년여 동안 규숙을 구금하였다. 다물단원인 아들 규학도 상하이로 피신하였다. 중국 관헌이 빈번하게 집 수색을 하자, 집 주인은 집을 내 놓으라고 했고, 집주인의 재촉이 심하여 시동생 집으로 쫓겨가 살기도 했다. 뿐만아니라 당시 베이징에 돈 전염병 성홍열로 이규학의 두 딸과 젖먹이인 아들이 사망했고, 둘째 딸도 뇌막염에 걸려 죽을 고비를 넘겼다.

밀정 김달하가 다물단원에게 처형을 당하자 이은숙은 이웃이었던 김달하의 집에 아들 규창을 데리고 문상을 갔다. 그런데 이은숙이 김달하 집에 문상간 것이 베이징 독립운동가 사이에는 이회영이 김달하와 가까웠다는 오해를 사게 되었다. 사실 이회영은 다물단의 운동 정신과 요령을 지도하는 관계에 있었고, 다물단 창립 때부터 조카 이규준, 아들 이규학이 참여하고 있었다. 다물단이 처단한 김달하와 이회영이 가까운 사이라는 것은 오해였다. 그러나 베이징의 디아스포라 독립운동가 사회에서는 이것을 문제삼아 오랜 동지였던 김창숙과 신채호가 이회영에게 절교를 선언하는 편지를 보내왔다. 이은숙이 동포사회에서 안면이 있는 이웃이자 자식이 동급생이었던 집의 초상에 조문을 한 것은 이회영의 정치적 행보와는 관련이 없었다. 당시 같이 조문을 간 아들 규창은 인정상 모친과 갔다 왔는데, 이것이 베이징

동포사회에 잘 못 소문이 났다고 회고하고 있다(이규창, 『운명의 여신』, 보연각, 1992, 78쪽). 이은숙은 자신의 행동 때문에 독립운동가 사이에서 이회영의 변절 의혹까지 생기자 직접 이 문제 해결에 나섰다. 이은숙은 김창숙과 신채호가 기거하는 집에 찾아가 이회영을 오해하는 것에 항의하였고, 마침내 사과를 받아 내었다.

이렇게 안팎으로 어려운 일을 겪는 가운데 이회영의 활동 자금은 바닥이 났고 살림은 더욱 궁핍해졌다. 생활은 비참했다. 의복은 전당포에 잡히고 밥을 짓지 못하는 날이 많았다. 그래서 돈을 마련하기 위해 1925년 7월 이은숙은 다시 국경을 넘어 조선에 들어온 것이다. 조선에 와서 처음에는 급한 대로 옛 동지들의 도움으로 돈 100원을 베이징으로 보냈다. 아들 이규창의 회고에 의하면 그 돈으로 밀린 빚을 갚고 모아호동帽兒胡同으로 이사할 수 있었다고 한다. 그러나 이 집에서는 한두 달 밖에 못살고 1925년 11월 이회영 가족은 톈진 프랑스 조계의 대길리大吉里로 이사하였다. 톈진으로 갑자기 이사하게 된 것은 오랜 동지인 이광李光의 지원 때문이었다. 이광은 당시 중국국민당 국민국 부사령 겸 제2 군장으로 있는 하남군무독판 호경익胡景翼의 행정고문을 맡고 있었다. 국민당 지도부가 이광에게 적대세력의 제거를 부탁하며 자금을 제공했는데, 그 과정에서 일부 자금으로 톈진에 집을 구하고 무기 구입에 사용하도록 한 것이다. 프랑스 조계지에 집 두채를 마련하였는데 한 채는 이회영 가족이 쓰고, 다른 한 채에는 이을규와 정규 형제, 백정기, 정화암, 이상일, 이

기연, 이영무, 권기옥 등의 숙소로 사용하였다. 많은 동지들이 모이니 갈수록 생활비는 더욱 여유가 없었다. 다시 집을 줄여 집세가 싼 데로 이사 갔다가 국내에서 이은숙이 보낸 돈으로 다시 대길리로 이사를 하여 살 수 있었다.

이은숙은 시급한 돈을 마련하기 위해 떠나온 길이었으니 금방 돌아갈 생각이었다. 그러나 이은숙은 1925년 7월 국내에 들어온 이후 살아생전 다시는 이회영을 만나지 못하였다. 이회영이 대련 수상경찰에 체포되어 여순감옥에서 1932년 11월 17일 사망할 때까지 이은숙은 생활비를 벌어서 중국으로 보내기 위해 조선에서 살았기 때문이다. 잠시의 이별일 줄 알고 어린 자식들까지 떼어 놓고 혼자 국내에 들어온 이은숙은 그것이 이회영과의 영영 이별이 될 줄 몰랐다. 당시 국내에 들어올 때 이은숙은 임신 4개월이었다. 이은숙은 1926년 2월에 아들 규동을 낳았고, 갓난 아이를 데리고 집안 친척집을 전전하면서 살았다. 마음은 중국에 가 있었다. 그러면서 오직 돈을 벌고자 했지만 '원수같은 금전'을 마련할 길이 없어서 속이 타는 시절을 보냈다. 텐진에서 이회영과 가족들의 생활이 비참했지만 이은숙은 당장 갈 수도 없고, 간다고 하더라고 몇 백원은 있어야 하는데 그럴 형편이 못되었다. 더욱이 아이가 어려서 어떻게 해 볼 도리가 없었다. 그래서 그는 아이가 3, 4살이 되자 아이를 떼어 놓고 일을 하기 시작했다. 스스로 돈 버는 일에 나선 것이다.

지금까지 4,5년을 두고 내일, 내달 하던 것이 어언간 이렇듯 오
랜 세월이 경과되었음에도 단돈 백 원도 마련 못 했으니 그렇다
고 또 누구를 바라겠어요(이은숙, 앞의 책, 34쪽).

그는 이렇게 말하고 스스로 돈을 벌기 위해 별표 고무공장
을 다녔다. 1919년에 조선에 처음 고무공장이 생겼다. 고무공
장은 여성 노동자가 70%였다. 저임금의 노동으로 식민지 초과
이윤을 얻는 신생 산업으로 성장하는 업종이었다. 여성 노동이
남성노동보다 임금이 쌌지만, 경제적 빈곤을 해결 해야하는 여
성들은 가족들의 생계를 위해 고무공장의 노동 인력으로 일했
다. 이은숙은 이러한 식민지 여성 노동 현실의 한 가운데에 놓
이게 되었다. 이은숙은 이득년의 소개로 별표 고무공장에서 일
하게 되었다. 그는 혼자되신 친정아버지가 방 얻을 돈을 줘서
서사원정에 방을 얻어 모셔와 같이 살면서 공장을 다녔다. 그
러나 연로하신 아버지의 조석 챙기는 것 등이 여의치 않아 공
장을 오래 다니지는 못했다. 석달 정도 다니다가 공장을 그만
두고 일감을 찾아 경성 시내를 다녔다. 그리고는 서사원정 유
곽에서 바느질감을 얻었다. 빨래를 해서 잘 만져 옷을 지어주
면 여자 저고리 하나에 30전, 치마는 10전씩하고 두루마기 하
나에는 양단이나 합비단은 3, 4원을 받았다. 매일 빨래를 하고
만져서 밤낮으로 옷을 지어도 한달 수입은 20원을 넘기가 어
려웠다. 그러나 이은숙은 그 돈이 생기자마자 바로 텐진의 이
회영에게 보냈다.

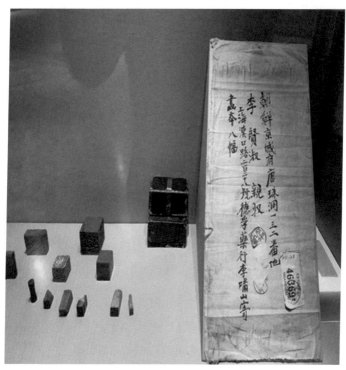

이회영이 경성의 이은숙에게 보낸 편지 사진. 이회영기념관

　텐진에서 이회영은 토막집 단칸 셋방에서 규숙, 규창, 현숙 삼
남매를 데리고 생활고에 시달리고 있었다. 더욱이 1926년 12월
에 일어난 나석주 의사의 동양척식주식회사 경성지점과 식산은
행 폭탄투탄사건으로 일본 영사관 경찰이 이회영을 추적하고,
무정부주의운동에 대한 압박이 심해졌다. 이에 이회영은 아들
규창을 데리고 상하이로 피신을 가게 되었다. 이때 두 딸을 데리

고 갈 수 없어서 성과 이름을 규숙은 홍숙경으로, 현숙은 홍숙현으로 바꿔서 천진 부녀구제원에 맡겼다. 1928년 여름, 이회영으로부터 이러한 내용의 편지를 받고 이은숙은 혼절하여 정신을 잃었다.

그러나 그로부터 10여 일 후 이회영은 상하이로 가다가 도둑을 맞아 다시 텐진으로 돌아오게 되었다는 편지를 보내왔다. 딸들은 부녀구제원에 있고, 남편과 아들의 무전여행 소식에 놀란 이은숙은 급히 돈을 보냈다. 이 돈으로 이회영은 텐진의 빈민가인 금양교 소왕장金湯橋 小王莊에 방을 얻게 되었다. 이 곳은 아나키스트들의 새로운 아지트가 되었다. 상하이로 피신하기 전부터 이회영은 텐진에서 아나키스트 운동에 간여하고 있었다. 1927년 9월에 텐진의 프랑스 조계지에서 한국, 대만, 베트남, 중국, 일본 등지의 6개국 대표자 120명 아나키스트들이 모여 무정부주의동방연맹이라는 국제연대 조직을 결성하였는데, 한국대표로는 신채호와 이필현李弼鉉 등 2명이 참석했다. 무정부주의동방연맹의 폭탄 및 총기제조 결의를 실행하기 위해 1928년 4월 한인 무정부주의자들은 역량 결집을 위해 대회를 개최하고 자금조달을 위해 위체를 발행하려 하다 신채호는 체포되었다. 그러나 신채호가 구속된 이후에도 1928년 6월 14일 상해에서 중국 아나키스트 등몽선鄧夢仙, 모일파毛一波, 한인 아나키스트 유기석柳基石, 이정규, 일본인 아카가와 하루키赤川啓來 등이 동방무정부주의연맹(일명 동방A연맹)을 결성하였다. 이회영은 이 연맹의 창립대회에

〈한국의 독립운동과 무정부주의운동〉이라는 제목의 글을 보내 격려하였다. 그는 이글에서 한국의 진정한 해방운동, 즉 무정부주의운동은 곧 독립운동이라 하고 각국 동지들이 한국의 독립운동을 적극 성원해 달라고 호소했다. 동방무정부주의연맹 서기국은 1928년 8월 20일 기관지 『동방東方』을 창간하였는데, 이회영은 이 잡지의 창간호에 묵란을 게재하여 축하하였다고 한다. 이정규, 백정기 등이 동방연맹의 핵심 역할을 했는데, 이정규 등의 체포로 그 활동은 위축되었다.

국제연대활동이 위축되는 상황에서 이회영은 1930년 1월 한족총연합회 김좌진 위원장의 암살되었다는 소식을 듣고 만주에서 독립기지를 재건하고자 했다. 그해 11월, 만주에서 온 김종진, 이을규 등과 회합하며 만주 독립기지 건설을 위해서는 우선 자금 마련이 전제되어야 하기 때문에 자금 마련을 위해 중일합작은행인 중식은호中寔銀號를 습격하기로 의견을 모았다. 1930년 11월 18일, 그 계획을 실행에 옮겨 280여 원을 탈취하는데 성공했다. 탈취에 성공한 아나키스트들은 북만주와 상하이로 나눠서 길을 떠나기로 했다. 정화암, 백정기, 장기준, 이규숙 등 10명은 무기를 갖고 북만주로, 이회영은 아들 규창과 함께 상하이로 가기로 결정했다. 이때 이회영은 장녀 규숙을 아나키스트 동지인 장기준莊麒俊과 혼인시키고, 11월 하순 상하이로 떠났다. 이회영이 상하이행을 결정하던 때를 아들 이규창은 다음과 같이 말하고 있다.

장래의 상태를 관망하던 부친은 당분간 상해로 가서서 과거 동지 이동녕, 조완구, 동생 시영, 또는 류자명과 중국인 동지들이 협조를 하여 좀 더 장래를 협의하여 비단 만주만 아니라 복건에 우리가 수년간 노력한 독립운동의 기반을 더 견고히 하여야겠다고 결론을 내리고 부친은 상해로 가기로 정하였다. 그러니 제 동지와 여식들도 다 갔으니 하루바삐 상해로 갈 준비를 하게 되었다(이규창, 『운명의 여신』, 보연각, 1992, 152~153쪽).

이때의 상황을 이회영은 이은숙에게 편지로 전하였다.

규숙에게 마땅한 혼처가 생겼소. 그는 회관의 동지요 사람이 근중斤重이 있어 보이고 믿을 만하여 완정完定하고 예식은 천진국도관에서 할 예정이오. 예식 후에 나는 규창이르 데리고 상해로 갈 작정이오. 할림에다 조선 사람이 〈신창국민학교〉를 세우고 우리 조선인 아동을 가르치는데, 규숙 내외가 선생으로 갈 것이며, 현숙은 규숙 내외에게 맡기기로 했소… (이은숙, 앞의 책, 68쪽)

이렇게 편지를 쓰고 상하이로 아들 규창과 함께 떠난 이회영은 1주일 후 상하이에 도착하였다. 상하이에는 다물단 사건으로 피신해왔던 아들 이규학이 전차회사 검표원으로 일하며 살고 있었다. 그래서 이규학의 집 가까이에 방을 구해 규창과 함께 살게 되었다. 상하이에 온 이회영은 형님 이석영, 동생 이시영과 오랜만에 형제의 회포를 나누었고, 이동녕, 조완구, 김구, 조소앙, 김두봉 등 임시정부 요인들은 환영 만찬을 베풀어줬다. 이회영은 상하이에서 중국국민당 요인 등과 만나고, 류자명이 상하이 교외에서 운영하고 있던 입달立達농촌학원을 왕래하면서 여러일을 도왔다. 그러던 1931년 여름, 북만주에서 동포사회의 독립운동 기지 재건활동을 하던 동지 김종진이 공산주의자들에게 납치되어 행방불명 되었고, 정화암과 백정기가 공산주의자들과 일제의 탄압을 피해 상하이로 탈출하는 상황이 벌어졌다. 그리고 이어진 일제의 9·18 만주침략이 일어났다. 만주사변을 전후하여 만주에서 탈출한 동지들이 상하이에 모여들면서 재중국조선무정부주의자연맹 산하에 남화한인청년연맹을 결성하고 기관지 『남화연맹』을 발간하였다. 이후 만보산사건과 만주사변이 일어나자 남화연맹을 개편하여 항일구국연맹을 조직, 일제 기관파괴와 요인암살, 항일선전 활동 등의 활동방침을 정했다. 이회영, 류자명, 이달, 이강훈, 엄순봉, 김야봉, 나월환, 오면식, 백정기, 정화암, 박기성, 이용준, 유산방, 이규창 등이 참석하였다. 그리고 11월 상순 중국국민당의 실력자이며 아나키스트인 왕아초王亞樵, 화균실華均實 등이 백정기를 찾아와 항일공동전선을 제의하여 흑색공포단Black Terrorist Patty. BTP을 결성하였다. 이회영은 항일구국연맹의 원로로서 의장 겸 기획위원을 맡았는데, 흑색공포단은 일본의 군함과 영사관, 병영 등에 폭탄을 던져 파손하는 성과를 낳았다. 그러나 1932년 5월 왕아초가 장개석 정권에 쫓겨 홍콩으로 피신하고, 4월 29일 훙커우 공원의 윤봉길 의거 직후 일제가 폭탄거사의 배후로 남화연맹을 지목하고 이회영과 정화암의 체포에 혈안이 되었다. 이회영은 임시정부요인들이 항주로 피신가는 것에 합류하지 않고 류자명이 있는 입달학원으로 옮겨갔다. 이회영은 이 위기상황을 정면 돌파하기 위해 중국국민당의 거물 이석증李石曾을 찾아가 만주로 갈 계획을 말하고 협조를 요청하였다. 또한 만주 군벌 장학량에게 연락해 자금과 무기를 제공해주는 등 중국 동지들이 도움도 받게 되었다. 이회영은 만주에서 광범위한 항일연합전선을 구축할 것을 구상하고 임시정부의 요인들과 남화연맹 동지들을 설득하였다. 그리고 그는 66세의 노인의 몸으로 직접 행동에 나섰다. 1932년 11월 8일 이회영은 대련행 영국선적의 기선 남창호南昌號에 몸을 싣고 홀로 만주로 떠났다. 그러나 출발 전 형님인 이석영에게 작별 인사를 하러 갔다가, 조카 이규서와 밀정 연충렬이 이를 엿듣고 일제 첩보기관에 밀고를 하였다. 그 사실을 모르고 배에 올랐던 이회영은 11월 13일 대련에 도착하자마자 일본 수상경찰에게 체포되었다. 그리고 여순감옥으로 압송되어 11월 17일 감옥에서 싸늘한 시신으로 죽음을 당하였다. 일제는 이회영이 목을 매어 자살했다고 보고했으나 고문에 의한 타살을 은폐하기 위한 것이라는 점은 의심의 여지가 없다. 이 사실은 국내에 알려졌고, 이회영의 시신은 화장하여 국내로 보내졌다. 그의 유해는 11월 28일

장단에 도착하여 이은숙 과 형님 이건영 등이 참 석한 가운데 선영에 안 장되었다.

살아서 잠시 이별이라 생각하고 떠나왔던 것 이 영영 이별하는 사별 이 되자 이은숙은 하늘 이 무너지는 통한을 겪 었다. 이은숙은 1920년 대~1930년대 초 독립운 동 지형이 다각화하는

이회영의 죽음에 대한 보도(동아일보 1932.11.24.)

현실에서 독립운동과 생활 자금을 마련하기 위해 국경을 넘어 국내로 들어오기를 2번이나 하면서 국내로 독립운동 관련 문서 를 갖고 들어오기도 하고, 고무공장 노동과 삯바느질을 하면서 돈을 벌었으나 결국 한줌 재가된 남편 이회영의 유해를 보게 된 것이다. 이은숙은 중국에서 살림이 궁핍한 것을 너무 잘 알았기 에, 디아스포라 독립운동을 하는 남편과 그 동지들의 목숨을 지 키는 살림살이 자금이 필요한 것을 너무 잘 알았기에, 번 돈을 중국의 이회영에게 보냈던 것인데, 이제 그 모든 것이 물거품이 되었다. 1920~30년대 이은숙의 삶은 한 가정의 아내로서 어머 니로서 돌봄의 노동을 넘어 디아스포라 독립운동과 연계되어 있

서간도 디아스포라 독립운동과 함께 한 이은숙과 허은

었다. 개인과 가족을 위한 삶을 넘어서 독립운동을 위한 공공성
이 발휘되는 삶이었고 일상이었다.

귀국의 길,
해방 후의 삶

이은숙

이은숙은 1932년 이회영의 유해가 장단의 선영에 묻히고 난 이후에 아들 규창의 옥바라지를 하는 시기를 보내게 된다. 1935년 아들 이규창은 상하이 거류민단 회장 이용로를 살해한 혐의로 체포되어 국내로 송치되었다. 이용로는 이석영의 둘째아들 이규서를 조종해서 이회영의 행선지를 밀고하게 한 배후 인물이었다. 이회영의 동지 정화암, 백정기, 엄순봉과 이규창이 밀정 연충렬과 이규서에게 이용로가 배후임을 알아내고, 권총으로 처단하였다. 또한 일본공사 아리요시有吉를 폭탄으로 처단하려고 모의하였다. 이러한 이유로 상하이에서 체포된 이규창은 엄순봉과 함께 압송되어 치안유지법 위반으로 재판을 받았다. 엄순봉은 사형이 이규창은 무기징역에 구형되었다. 이규창은 13년형의 징역을 치르다가 광복 뒤 출옥하였다.

이은숙은 하숙을 치고 바느질로 돈을 벌어 근근히 생활을 이어가면서 아들의 옥바라지를 했다. 이때 중국 신경에 살던 큰딸 규숙이 이은숙을 중국에 와서 지내라고 기별을 보내왔다. 이은숙은 고생이 되어도 조선에 있으면서 아들 면회와 옥바라지를 하였다. 그리고 생활난 때문에 아들 규동과 딸 현숙을 큰 딸이 있는 신경으로 보냈다. 그 후 이은숙은 일본이 태평양전쟁으로 기승을 부리자 1940년 10월 신경으로 갔다. 이은숙은 신경에서도 하숙을 치면서 생활비를 벌고 규창을 면회하기 위해 잠시 조선에 들어오기도 하였다.

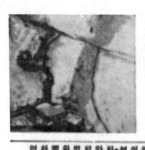

아들 이규창(규호)의 재판 기사(동아일보 1936. 2.5)

이은숙은 신경에서 해방을 맞이하였다. 그러나 이은숙은 바로 귀국길에 오르지 못했다. 둘째 딸 현숙이 임신 8개월이어서 출산을 도와줘야 했기 때문이다. 둘째 딸은 1945년 1월 연길로 시집을 갔는데, 전쟁과 혼란의 와중에 신경으로 와서 출산을 하게 되었다. 전쟁이 끝나 소련군이 들어오고 일본은 퇴각하는 혼란 상황에서 둘째 딸은 1945년 12월에 아들을 낳았다. 그러나 출산한 딸은 병이 들었고, 약을 제대로 쓰지 못하여 1946년 5월에 세상을 떠났다. 그리고 갓 태어난 손자도 딸이 죽은 지 한달 만에 명을 다하였다. 해방이 되었지만 이은숙은 혼란과 궁핍 속에서 딸과 손자의 죽음을 겪으며 귀국하지 못하고 통한의 시간을 보냈다. 1946년 7월 이은숙은 큰딸 규숙과 외손들, 아들 규동과 함께 신경에서 피난민 대열에 끼어 귀국길에 올랐다. 딸의 유해를 배낭에 지고 당장에 입을 옷가지를 두 개의 배낭에 꾸려 길을 떠났다. 신경에서 길림에 도착하여 팔로군 의용대 지역을 지나 마차를 얻어타고 서란舒蘭을 향해 떠났다. 험준한 고개를 넘고 장마철 진창길을 거쳐 천신만고 끝에 용정에 도착하여, 용정에서 무사히 두만강을 넘어 조선 땅을 밟았다. 이은숙 가족은 우차를 얻어타고 회령을 거쳐 청진에 도착하여 기차를 타고 명천, 길주, 북청, 함흥, 고원, 양덕을 거쳐 평양에 도착했다. 평양에 도착하여 공산정부가 조사가 심해서 남쪽으로 오지 못할까 걱정했으나 오히려 조사도 없이 남행길은 순조로웠다. 평양에서 기차를 타고 신막을 거쳐 평산, 연안, 토성을 거쳐 마침내 38선을 넘어 서울로 왔다. 오랜 타지 생활의 고생과 딸의 죽음을 겪고 돌아온 서울에서 이은숙은 일가의 도움으로 정착하고 아들 규창을 정이형의 딸과 결혼시키게 되었다. 그러나 다시 한국전쟁의 소용돌이 속에서 이은숙은 양주 봉선사와 친정인 공주, 부산으로 피난을 떠났다가 전쟁이 끝나고 다시 서울로 와서 지내게 되었다.

그 후 이은숙은 꿈과 같았으나 치열한 현실이었던 삶의 역사를 회고하는 글을 쓰기 시작했다. 볼펜으로 궁서체로 내리쓰기 한 회고록 『서간도시종기』를 1966년에 완성하였다. 그로부터 한동안 그 책은 집안에 보관되었다가 1975년 민음사에서 활자로 간행되었다.

이은숙의 『서간도시종기』는 독립운동가 아내가 직접 개인사를 넘어 디아스포라 독립운동의 실상과 독립운동의 굽이굽이에 살았던 사람들의 삶을 기록한 책으로 출판 당시부터 주목받았다. 서간도시종기는 한국 근대 항일 독립운동사에서 직함을 갖고 활동한 것은 아니었지만, 독립운동가의 아내이자 동지로서 살아온 이야기 속에서 항일 독립운동의 실상과 독립운동을 한 사람들의 고통과 헌신을 적고 있는 귀중한 자료이다. 또한 근대 여학교 교육을 받지 않은 독립운동가 아내의 삶이 양반가 규방 여성의 모습이 아니라 독립운동이 현장에서 전근대적인 젠더 규범을 넘어서는 역동적인 모습으로 그려져 있다. 이은숙은 한국항일독립운동사, 한국근대사에 여성의 역할이 변화하는 것

서간도시종기 출간 신문보도(경향신문 1975.1.27.)

을 보여준 산 증인이었다. 자신이 경험한 삶을 역사 속 독립운
동의 이야기로, 근대 여성의 이야기로 씨줄과 날줄로 엮어서
기록하였다.

 이은숙은 서간도에 집단 이주하여 독립운동을 위한 터전을

이은숙 이회영의 묘

만들고 3·1운동 이후 변화하는 독립운동 현장에서 이회영의 아내이자 동지로서 살았다. 디아스포라 독립운동의 현장에서 이은숙은 독립운동 공동체의 일원이자 여성 개인으로서 국내를 오가며 활동하고 독립운동의 실행에 기여했다. 이은숙은 『서간도시종기』의 출간을 보고 나서 1978년 자식과 손주들의 품에서 그의 표현대로 "알 수 없는 몽환"의 일생에 작별을 고했다. 그가 죽고 나서 40년 후인 2018년 한국 정부는 서간도에서 시작한 독립운동의 활동에 함께한 공적을 인정하여 독립운동가로 서훈하였다. 그의 유해는 남편이 이회영과 합장하여 동작동국립묘지에 안장되어 있다.

허은

허은은 1932년 5월 시할아버지 이상룡이 돌아가시자 바로 고향으로 돌아오는 귀국길에 올랐다. 시조모, 시부모, 남편, 아들 형제 일곱식구와 이진산의 가족 등 70여 명이 함께 길을 떠났다. 이상룡은 국토가 회복되기 전에는 내 해골을 고국에 싣고 가면 안된다고 했지만, 가족들은 유해를 관에 넣고 귀국길에 올랐다. 고향으로 돌아오는 길은 이십여 년 떠날 때 보다 더 힘들었다. 만주사변 이후라 일본군 뿐만 아니아 쫓겨가는 중국 퇴병의 행패를 겪어야했다. 서란현 소과전자에서 길림까지 가려던 여정은 초반부터 중국퇴병들에게 돈을 털리게 되었고, 할 수 없이 70여 명은 다시 소과전자로 돌아오게 되었다. 다시 귀국의 기회를 준비하고 있었는데, 당장 유해를 갖고 오는 것이 어려워

석주 이성룡 부고(동아일보, 1932.6.26. 이성룡은 이상룡의 오기)

가매장을 하고 부고를 동아일보에 냈다. 소과전자에서 이상룡의 초상과 장사를 치뤘다. 그리고 1938년 하얼빈 취원창에 토지를 사서 이장을 하였다.

소과전자에서 이상룡의 초상과 장사를 치르고 나서 허은의 가족은 길림, 장춘, 봉천, 신의주를 거쳐 서울을 향해 다시 귀국 길에 올랐다. 이때 다행히 이상용의 유고집을 허은의 시아버지 이준형이 갖고 나왔는데, 이것이 1973년에『석주유고』영인본으로 출간되어 서간도 독립운동사 연구의 귀중한 자료가 되고 있다. 귀국을 위해 다시 출발할 때는 마차를 구할 돈도 없어서 걸어서 길을 떠났다. 중국 패잔병을 만나지 않기 위해 밤길을 걸었고 길에서 밥을 해 먹으며 겨우 길림에 도착하였다. 그곳에서 석주의 삼종숙 되시는 분의 도움으로 며칠을 쉰 다음에 장춘에서 기차를 타고 신의주를 거쳐 서울로 왔다. 떠난 지 석달만이었다. 모습은 거지꼴이었다.

> 서울역에 도착했을 때 우리들의 행색은 말이 아니었다. 외모도 초라하기 그지 없었지만 마음이 더 춥고 떨렸다. 그렇게 이역만리 땅에서 고국을 위해 애쓰고 투신했건만 귀환동포를 따뜻하게 맞아주는 손길은 없었다. 그리고 무엇보다도 앞으로 살아갈 길이 막막했다. 무작정 고향집으로 향하는 수 밖에 없었다.(허은, 앞의 책 185쪽)

서울에 도착한 허은과 일가는 결국 시댁인 안동으로 향했다. 그리고 조상대대로 물려온 종택 임청각에 들어갔다. 허은은 이 집의 종부가 된 것이다. 문중 재산을 팔아 독립운동 자금에 쓰느라 남은 재산이 없었으나 다시 문중의 도움으로 생계를 꾸리며 살게 되었다. 돌아와 임청각에서 시할아버지 이상룡의 삼년상을 치렀는데, 3년 내내 일본 형사들은 집에 상주하며 감시하고 사사건건 간섭하는 위협적인 분위기였다.

일본 헌병의 감시를 피하고 새로운 농지를 찾아서 허은은 이상룡의 삼년상을 마치자 안동 도곡^{돗질}으로 이사를 했다. 그는 이곳에서 29마지기의 논을 농사지으며 살았다. 남편 이병화는 해방될 때까지 조부모님, 조모님이 연이어 돌아가시게 되자 계속 상주노릇을 하지 않을 수 없었는데, 그러면서도 10여 차례 경찰서에 끌려갔다. 신흥무관학교 출신인 남편은 만주에서부터 계속 독립운동을 했었는데, 귀국 후에도 신출귀몰하며 독립운동을 하였다. 그러다가 1934년 대구간다고 나간 남편이 석달 동안 소식이 없던 차에 안동형무소에 있다는 소식을 접했다. 10년전인 청성진 경찰주재소 습격과 관련하여 신의주경찰서에 체포되어 7년 형을 언도 받고 복역하게 된 것이다. 그러던 차에 시아버지 이준형은 1942년 이상룡의 유고의 정리를 마무리 하고 나서 자결하였다. 일본이 득세하여 동남아까지 점령을 해가자 독립이 희박하다고 비관하여 유서를 남기고 목숨을 끊은 것이다.

시아버지 자결 3년 후에 해방이 되었다. 해방되자 안동 유지들은 무정부상태의 혼란을 막기 위해 치안유지대를 조직하고, 허은의 남편 이병화를 치안유지대 위원장에 추대하였다. 그러나 미군정 하에서 치안유지대가 필요 없게 되자 남편 이병화는 혼자 서울로 가서 활동하였다. 서울 간 남편이 종내 소식이 없다가 서울로 이사오라는 연락을 보냈다. 그리하여 허은은 토지와 집을 팔고 1947년 서울로 이사하였다. 서울에서 한국전쟁을 맞은 허은은 9·28수복 이후 뒤늦게 피난을 하였다. 충남 아산군 선장면 죽산리에 피난살이를 하던 중에 남편 이병화는 병을 얻어 세상을 떠났다. 남편이 죽자 다시 안동 도곡(道谷)으로 돌아와 3년상을 치렀다. 동네가 온 일가인 도곡에서 조상 위토를 농사지으면서 허은은 자식들을 길렀다.

허은은 노년에 자신이 성장하고 독립운동의 한 가운데에서 살았던 시기의 서간도 독립운동 역사를 회고하는 기회를 갖게 되었다. 그 계기는 1990년에 석주 이상룡 유해의 봉환이었다. 하얼빈 취원창에 묻혀 있던 이상룡의 유해가 1990년 9월 13일 비행기편으로 김포공항에 도착하여 동작동 국립묘지, 안동 임청각을 거쳐 10월 11일 대전 현충원에 안장되었다. 그 후 다시 1996년 5월 21일 서울현충원 임정묘역으로 옮겨졌다. 그리고 같은 해인 1990년 남편 이병화도 독립유공자로 서훈되었다. "국토를 회복하기 전에는 내 해골을 고국에 싣고 들어가서는 안되니, 이곳에 묻어 두고 기다리도록 하라"고 유언했던 시 할아버지 이상룡의 유해가 고국에 돌아오게 되면서 그는 깊은 감회에 젖었다. 자신의 살아생전에 이상룡의 유해가 광복된 고국에 돌아오자 지난 시절 서간도의 바람소리를 귓가에 생생히 떠올리게 되었다. 그리하여 1995년 "지금도 귓가에 스치는 서간도 벌판의 바람소리를 들으며 지나온 구십평생 되돌아봐도 여한이 없다"하며 회고록 『아직도 내 귀엔 서간도 바람소리가』를 간행하였다. 사촌올캐 변창애가 허은의 구술을 정리한 것이다. 그는 이 책에서 스스로를 내세우는 것도 없었지만, 어떻게 '독립운동가를 먹

『아직도 내 귀엔…』 펴낸
臨政초대국무령
이상룡선생 孫婦 許銀 씨

90을 바라보는 독립운동가 가문의 시누이 일생이야기를 중년의 손아래 올케가 구술받아 책을 펴냈다.

상해 임시정부 초대국무령(대통령과 같은 급)을 지낸 석주 이상룡선생의 손자며느리 許銀씨(88)。『아직도 내 귀엔 서간도 바람 소리가』(정우사 刊)에는 여덟살 나던 1915년, 일제의 압박을 피해 고향 선산을 떠난 가족들과 함께 서간도로 이주했던 그가 거기서 安東유림출신인 독립운동가 李씨댁에 시집간 이야기, 독립운동 가이며 공산주의자였던 「바람결」 같은 남편과의 이야기, 해방후 환국해서 지독한 가난 속에서 자식들과

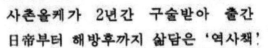

설 같았죠. 혼자 듣고 지나버리기엔 정말 아까웠는데, 이제 더 연세 드시면 어렵겠다 싶어서 2년전부터 이런저런 말씀받아 적어왔습니다.』

국어교사출신인 변씨는 『시누님말씀에는 한자말, 우리옛말, 서간도에서 쓰던 말, 별의별 말씀들이 다 있어, 한 여인을 통해 본 우리말사전 같다는 생각도 혼자 해봤다』고 말한다.

『지금도 서간도 추위가 기억에 또렷해. 어찌그리 지독하고 모질게 춥던지. 공기가 쨍하게 얼어붙은 것 같고, 하늘과 땅사이에 바람만 살아서 소리가 요란하지.』 헝겊을 풀로 붙여 바닥을 만들어 신던 신발을 기억하는 許씨는 『처녀때부터 결혼해서까지 몇십년간 신발 사신어 본 적이 없었다』고 떠올린다.

『이북사람들이 많이 올라갔던 북간도(지금의 延邊일대)가 학교

사촌올케가 2년간 구술받아 출간
日帝부터 해방후까지 삶담은 '역사책'

살아남은 이야기가 들어 있다. 「역사책」을 방불케 하는 그의 이야기를 2년 가까이 구술받아 받아 써낸 사람은 사촌올케인 변창애씨(52)。

『69년 결혼하면서 처음 시누님을 봤습니다. 신의주에서 나룻배 4척을 빌려 배두산 아래 통화까지 서른명 넘는 대가족이 며칠씩 걸려 도달한 이야기, 옥수수밖에 없던 허박한 땅을 논으로 개간한 이야기, 해방후 적산가옥을 사들인 것도 나무라면 대쪽 같은 남편이야기, 마치 대하小

도 많고 개방적이었던 데 비해, 서간도쪽은 조금 더 보수적이었던 것 같습니다. 서간도지역의 생활사 같은 것도 남아 있는 게 드물고요. 이 책이 우리역사의 뒤쪽을 보여주는 자료가 될 수 있으리라 생각합니다.』

민족 시인 李陸史와 고종사촌인 許씨는 20년전 「회상」이란 제목으로 가사를 지었다. 『일생 겪으신 일을 4・4조로 써내렸는데, 아마 마지막 내방가사가 될지 모르겠다』고 변씨는 말했다.

＜朴善二기자＞

허은 회고록 간행 신문보도(조선일보, 1995. 7. 25)

임청각 대청에 모셔진 이상룡 영정 앞의 허은과 증손자 이범증(한겨레신문, 1990.10.5.)

여 살려 왔는지', 서간도 디아스포라 독립운동 공동체의 사람들이 어떻게 살며 독립운동을 했는지를 잘 보여주고 있다. 허은은 이 회고록을 출간하고 나서 역사교사가 된 막내 범증의 집에서 살다가 1997년에 생을 마감하였다. 서간도 바람소리를 기억하며 평생을 독립운동가 집안의 여성으로 살아온 허은은 시할아버지, 시아버지, 남편보다 훨씬 뒤늦게 2018년 한국정부에 의해 독립운동가로 서훈되었다.

사회적으로 공적 직함이 없이 살면서 독립운동이 가능하도록 일상을 돌보고 살았던 여성의 삶을 최근 들어 한국 정부는 독립운동가로 인정하는 방침을 세우고 있다. 바람직한 일이다. 누구의 부인, 누구의 어머니가 아닌 인간 개인 여성으로서 그들의 삶을 한국 근대를 살아간 여성의 참모습으로 다시 보아야 할 때이다. 독립운동가의 아내라는 가족으로서의 역할 만이 아니라 자신들이 살고 있는 시대를 인식하고 역사의 흐름을 살아간 인간 여성으로서 그들의 삶과 독립운동을 새롭게 이해할 필요가 있다. 그것은 독립운동가 가족으로서 여성의 활동을 가부장적 젠더 규범에 의한 희생의 여성상이 아니라 식민지를 겪은 한국 근대사에서 항일과 독립의 시대 흐름을 자신의 삶의 한 가운데에서 받아들이고 살아간 여성들의 삶을 보다 민주적이고 주체적으로 이해하고 공감하는 것이다. 다양한 사람들이 시대의 격랑에서 독립운동의 주체가 되어가는 역사의 복원을 위해서도 의미있는 일이다.

참고문헌

이은숙, 『민족운동가 아내의 수기- 서간도시종기』, 정음사, 1975

허은 구술 변창애기록, 『아직도 내 귀엔 서간도 바람소리가』, 민족문제연구소, 2010.

이해동, 『滿洲生活七十七年 : 一松선생 맏며느리 李海東여사 手記』, 명지출판사 1990.

이규창, 『운명의 餘燼』, 보연각, 1992.

이정규·이관직, 『우당 이회영 약전』, 을유문화사, 1985.

서중석, 『신흥무관학교와 망명자들』, 역사비평사, 2001.

독립운동 가문을 지키고 일군

손응교

김승은

일기로 남은
독립운동 이야기

여성, 그들에게 보낸 100년 만의 눈길

삼일운동 100년 만에 여성 독립운동가들의 이야기가 쏟아지고 있다. 한 세기가 지나서야 사람들은 남성 독립운동가의 옆에서 뒤에서 그리고 심지어 보이지 않는 그 어떤 곳에 있었을 여성들에 관심을 두기 시작했다. 적극적으로 그들의 이야기를 발굴해 서훈하고, 여성 독립운동가 열전을 발간하거나 전시회를 열었다. 삼일운동이 그야말로 '갑남을녀', '장삼이사'의 독립운동이었다는 사실이 새삼스럽게 강조된 후에야 만세운동에 참여한 남녀노소 가운데 여성들을 발견한 것이다.

박은식은 삼일운동이 일어난 바로 다음 해에 『한국독립운동지혈사』를 펴냈다. 이 당대의 생생한 역사서에는 삼일운동에 참여한 여성들이 등장한다. 박은식이 "창세기 이래 미증유의 맨손혁명"이라고 평가한 삼일만세운동은 어느 날 갑자기 그리고 어느 하루에 벌어진 '소요'가 아니었다. 100년 만에야 우리 사회는 거대한 독립운동의 분화구에서 만세운동의 현장으로 뿜어져 나온 여학생들과 부녀자들을 궁금해 하기 시작했다.

여자도 나라의 '백성'이라는 당연한 의식은 일제 침략이 노골화하고 자주와 자강이라는 대의가 들끓던 시기에 싹트고 있었다. 평범한 여성들도 그 대의에 동참하기 시작했다. 국권 수호와 민족의 독립은 모든 가치를 압도하는 지상 과제로 여겨졌다. 항일운동에 투신했던 여성들 또한 자주적인 독립 국가라는 미래에 마땅히 여성 해방의 꿈을 담았을 것이다. 여성들도 교육 받을 수 있는 기회를 요구하며 규방 안 쓰개치마 속에 갇힌 삶이 아닌 당당히 사회의 구성원으로서 나서길 주저하지 않았다. 이들은 학교로, 교회로 그리고 더 넓은 사회로 발걸음을 내디뎠다. 여성의 사회 참여와 발언이 견고한 봉건의 껍질에 균열을 내었고, 여성들은 또 다른 근대를 여는 한 주체로서 성장해 나갔다. 하지만 가부장적 가족제도 또한 견고했고 오랫동안 중혼重婚과 축첩蓄妾의 형태가 허용되는 실존의 괴리 속에 여성들은 이중 삼중의 억압을 견디고 극복해야만 했다.

여성이라는 굴레, 전근대의 억압 속에서도 그들이 꿈꾸었던 독립과 해방은 과연 무엇이었을까. 남성 중심의 서사가 압도적인 독립운동 이야기들 사이에서 여성의 희망과 욕망, 좌절과 실패의 모습들은 찾아내기가 쉽지 않다. 남성을 보조하거나 희생하는 수동적 위치에 있는 여성들의 이야기는 너무나 왜소해 알아채기조차 어렵기 때문이다. 아니면 '남성 못지않은' 여성이어야만 그 위대함을 칭송받았다. 그래서 여성 독립운동사는 여성의 각성과 다양하고 크고 작은 그들의 도전과 실천을 역사 속에 온전히 재현하는 것이 우선되어야 한다.

하지만 사료의 편중이 여성독립운동사를 재현하기 어려운 첫 번째 한계이자 궁극적인 한계이다. 여성에 관한 기록이 풍부하지 못한 이유도 그들의 삶이 불평등한 현실에서 무의식의 시선 속에 지워지고 외면되어 왔기 때문이다. 여성 독립운동사를 쓰기 위해서는 사료의 조사와 발굴이 선행되어야 하고, 기존의 사료들도 새롭게 읽어내야 한다. 이제 기존의 독립운동사를 여성의 관점에서 다시 보고 다시 써야 할 때가 되었다.

일기로 남은 독립운동의 흔적들

독립운동사를 다룰 때 또 어려운 점 중의 하나는 운동 주체가 남긴 기록이 거의 없다는 점이다. 대한민국 임시정부나 사회운동단체 몇 곳을 제외하면 운동사를 복원할 자료를 스스로 남긴 경우가 드물다. 대부분 판결문, 신문조서, 경찰문서 등 조선총독부의 공문서가 독립운동사를 재구성하는 주요 사료가 된다. 그 외에 신문과 잡지를 통해 현장감을 파악할 수는 있지만 독립운동 주역들의 목소리를 듣기는 어렵다.

그래서 독립운동 주체의 목소리를 토대로 독립운동사를 세밀화하기 위해서 살펴볼 자료들이 있다. 바로 독립운동가들이 남긴 회고록, 수기, 일기와 같은 개인의 기록물들이다. 대표적인 진보 역사학자 강만길은 일제강점기에 태어나 근현대의 격변기를 살면서 역사학자로서 가장 아쉬운 점이 일기를 남기지 못한 것이라고 회고한 바 있다. 우리 근현대사는 일제강점기를 벗어나 해방을 맞았지만 분단과 전쟁, 냉전과 독재의 지배 아래 엄혹한 사상 탄압과 강요당한 침묵의 긴 세월을 보내야했다. 그 긴 암흑기를 거치면서 누구도 기록을 남기면 안 된다는 불문율 같은 것이 우리 사회를 짓눌렀는지도 모른다. 학교에서 권장된 일기쓰기는 일상을 감시하고 선도善導하는 검열의 변형된 수단이었다는 씁쓸한 경험도 한몫 했을 것이다. 그래서 일기는 개인의 성찰과 성장의 기록이자 사회를 통찰하는 사유의 보고寶庫로 여겨지기 보다는 서랍에 숨겨두는 지극히 사소하고 부끄러운 사적 고백으로 치부되었다.

하지만 일제강점기 엄혹한 시절에도 일기는 쓰였고, 그 안에는 어떤 훌륭한 역사책에도 없는 생생한 그날들이 담겨 있다. 주로 해외에서 활동한 독립운동가들이 써낸 일기나 수기, 회고록이 대부분인데, 그물 안에 갇힌 물고기처럼 식민지의 일상을 살아야 했던 국내의 독립운동가들보다는 어느 정도 감시의 눈을 피할 수 있었기 때문일 것이다. 그 가운데 대표적인 일기는 단연 『백범일지』를 꼽을 수 있겠다. 『백범일지』는 두 아들에게 남기기 위해 쓰기 시작한 상편, 일제 침략전쟁이 중국 본토로 확장된 후 언제 닥칠지 모를 죽음을 앞두고 독립운동에 관한 경륜經綸과 소회를 밝힌 하편에 이르기까지 그야말로 '유서' 대신 쓴 일기였다. 『백범일지』는 해방 직후 공식 출판되어 당시 최고의 베스트셀러가 되었다. 1876년에 태어나 일제의 한반도 침략과 식민통치 기간을 관통했던 김구의 생애를 통해 치열했던 독립운동의 대서사를 보여준 『백범일지』는 지금도 영원한 스테디셀러로 남았다.

그것과 비교되는 김경천의 『경천아일록擎天兒日錄』은 2006년에서야 기적적으로 후손들에 의해 발굴되었다. 김경천은 1920년대 만주·연해주 일대 독립전쟁에서 크게 이름을 떨쳐 '백마 탄 김 장군'이라는 전설로 남았던 인물이다. 일본육군사관학교를 졸업하고 삼일운동 때 지청천과 함께 신흥무관학교로 망명하여 교관으로 활동하는 등 항일무장투쟁에서 뛰어나게 활약했음에도 우리에겐 잊힌 혁명가일 뿐이었다. 『경천아일록』은 김경천의 생애와 망명과정, 1919년부터 1925년까지 연해주 항일무장투쟁의 전개과정과 전투현장의 세세한 묘사를 담고 있다. 이 기록의 발견은 그동안 단편적으로만 알고 있던 그의 생애를 제대로 알리는 계기가 되었다.

이렇듯 러시아와 중국 등 사회주의 국가들과 교류가 원활해지면서 만주·연해주 지역에서 활동한 독립운동가들의 기록과 회고록, 일기, 수기 등이 차츰 발굴되어 왔다. 중국 동북 지역은 물론 모스크바와 중앙아시아, 러시아 극동지역 그리고 미주와 유럽에 이르기까지 독립운동가와 그 가족들이 활동했던 지역은 매우 광범위하다. 19세기 말부터 20세기 전반기 한인들의 디아스포라의 발자취를 따라가다 보면 그 어딘가에 무수한 이들의 한 맺힌 독립운동 이야기가 아직도 우리를 기다리고 있을지 모른다.

여성들이 쓴 독립운동 이야기

하지만 독립운동가들이 남긴 육필 기록은 매우 희소하다. 그 중에 여성이 남긴 독립운동 관련 기록을 찾기란 더 어렵다. 그래서 주목되는 책들이 있다. 바로 여성들이 말하고 풀어 쓴 회고록이다. 먼저 '민족운동가 아내의 수기'라는 제목으로 1975년 첫 발간된 이은숙의 『서간도시종기』(1975 · 1981 · 2017). 이은숙은 독립운동가 이회영의 배우자이다. 서간도 망명생활부터 6 · 25전쟁 때까지를 회고한 이은숙의 육필본을 토대로 발간되었고, 이후 두 차례 더 한문 어투를 풀어 쓰고 주석을 붙여 출판되었다.

그 다음 세상의 빛을 본 회고록은 '임시정부의 안주인'으로 불린 정정화의 『녹두꽃: 여자독립군 정정화의 낮은 목소리』(1987)이다. 아들 김자동이 정정화의 구술을 정리해 펴낸 책으로 발간 당시부터 "임정 뒷바라지 26년", "임정의 뒷얘기를 담은 귀중한 자료"라며 이목을 끌었다. 1998년에 『장강일기長江日記』라는 제목으로 재출간되었는데, 여섯 번이나 국경을 넘나들던 이야기, 상하이를 떠나 임시정부 피난 시절 독립운동가들의 뒷바라지를 하며 안살림을 맡게 된 이야기와 같은 생생한 증언이 담겼다. 특히 임시정부에서 여성의 정치활동이나 독립운동에 대한 인식 등을 엿볼 수 있다. '독립투사'의 면모에 주목한 평가에서 더 나아가 최근에는 독립운동 공동체의 일원인 여성의 삶에 적극적인 의의를 부여하는 관점으로 확대하면서 이 책은 더 폭넓게 분석되고 있다.

여성독립운동가 회고록

그런 점에서 임시정부 국무령을 지낸 이상룡 손부孫婦 허은의 회고록『아직도 내 귀엔 서간도 바람소리가』(1995·2010) 역시 독립운동 공동체의 삶과 운동, 일상을 세밀하게 잘 묘사한 책으로 주목받고 있다. 1990년대 허은이 구술하고 변창애가 정리한 내용을 토대로 하여 1995년 출간되었다. 이 회고록은 왕산 허위 일가의 망명생활, 결혼 후 이상룡 일가의 독립운동, 해방 후 가족의 고난사를 절절하게 다루었다.

이상룡 일가와 함께 망명했던 김동삼의 맏며느리 이해동의 『만주생활칠십칠년』(1990) 또한 서간도 망명지의 생활상을 잘 보여준다. 이해동은 해방 후에도 중국에서 살다가 1989년 1월 18일 완전히 귀국하면서 그 다음날부터 『조선일보』에 그의 회상기가 실렸다. 시대 배경과 역사적 사건, 인물을 보완하여 이듬해 책으로 나왔다.

그 외에도 임시정부에서 활동한 김예진의 배우자 한도신의 회상기 『꿈갗흔 옛날 피압흔 니야기』(1996·2010·2016), 광복군 총사령 지청천과 윤용자의 딸이자 광복군에 입대해 독립전선에 뛰어든 지복영의 『민들레의 비상』(2019), 조선의용대로 활동한 『이화림 회고록』(2015)이 있다. 임시정부에서 활동한 양우조와 최선화가 1938년부터 8년간 쓴 육아일기 『제시의 일기』(1999·2019)와 사진신부의 회고록 『하와이 사진신부 천연희의 이야기』(2017) 또한 해외 여성 독립운동사에 새로운 이해를 돕고 있다.

이들 수기나 구술로 남긴 회고록은 국외 망명지에서 벌어진 독립운동을 새롭게 볼 수 있는 다양한 이야기들을 품고 있다. 이렇게 풍부한 독립운동가들의 이야기를 우리는 또 어디서 찾고 들을 수 있을까. 그들을 기억하는 후손들마저 사라지기 전에, 가족만이 애장한 문서기록들이 다 흩어지기 전에 독립운동가의 기록과 이야기 발굴은 계속 시도되어야 한다.

딸이 간직한 어머니의 수첩일기

손응교 (김주 제공)

2020년 가을 독립운동가 심산心山 김창숙(金昌淑, 1879~1962)의 손녀 김주金朱를 만났다. 김창숙은 말년까지 며느리 손응교(孫應喬, 1917~2016)와 손자 위偉, 손녀 주朱와 함께 지냈다. 김주는 김창숙이 곁에 두고 아낀 손녀로 거동이 불편한 할아버지의 말동무이자 심부름꾼이었고, 가장 큰 위안이 되는 존재였다. 1941년에 태어나 심산이 1962년 서거하기 전까지 그는 할아버지 곁에서 성장했다. 그의 아버지 김찬기(金燦基, 1914~1945)는 김창숙의 둘째 아들이다. 1943년 충칭의 대한민국 임시정부로 가서 독립운동에 헌신하다 해방 후 환국하지 못하고 중국에서 사망했다. 너무 어린 나이에 헤어져 얼굴조차 기억하지 못하는 아버지의 빈자리를 채운 것은 어머니 손응교의 강한 의지와 굳건함이었다. 김창숙은 물론 두 아들 환기煥基와 찬기는 모두 나라 안팎에서 독립운동에 기여한 유공자들이다. 김주는 어머니 손응교 또한 심산의 며느리이자 김찬기의 배우자로서 독립운동의 조력자로만 머문 분이 아니었다고 단언했다.

어머니 손응교가 남긴 일기에서 독립운동 가문을 지키고 일구기 위해 겪은 고난과 설움, 용기와 다짐을 수없이 보아온 딸이었다. 어머니가 감내했던 독립운동의 '뒷바라지'는 해외 독립운동 공동체의 여성들과 마찬가지로 헌신적인 삶이었고, 그가 겪었던 일제의 감시와 탄압은 여느 독립운동가 못지않은 혹독한 시련이었다. 그럼에도 "굶어죽을지언정 치마끈 조이고 불의와 타협하지 않는 강단 있는 여성"이었다고 강조했다.

손응교의 일기는 다이어리 형식의 수첩 11권에 담겨있다. 크기와 모양도, 일기를 쓴 시기도 제각각이다. 2016년 향년 100세로 어머니가 돌아가신 후 딸이 보관해 왔다. 김주는 어머니 손응교가 손에 잡히는 대로 어디에든 글쓰기를 즐겼다고 했다. 수첩 한 권 안에도 다양한 시기 다양한 메모들이 섞여 있다. 한두 줄이라도 그날의 날씨와 하루의 심상을 남겼다. 가장 빠른 시기의 일기는 1974년이고 마지막은 2000년대 중반까지 이어진다. 1999년 대구은행에서 발행한 『향토와 문화15-나의 20세기』에 실린 구술인터뷰에 '집을 비운 사이 누군가가 일기장을 싹 불태워 없어졌다'고 하니, 지금 남아 있는 것 외에도 꾸준히 썼던 일기가 있었던 모양이다.

귀하게 남은 일기 가운데 두 개의 수첩에 가장 눈길이 머물렀다. 하나는 작은 수첩에 쓴 「생각나는 사람」이다. 남편 김찬기의 묘소 앞에서 남편에게 띄우는 편지글 형식으로 쓴 수기이다.

직접 어머니의 일기를 설명하는 김주 여사

　다른 하나는 고희를 맞은 1986년, 60년 전 김창숙을 처음 만났을 때를 떠올리며 새해 첫날부터 쓰기 시작한 『병인년 회고』이다. 163쪽에 걸친 글의 내용은 1953년 무렵에서 마무리되었다. 독립운동가 집안에서 나고 자란 어린 시절, 혼인 후 겪게 된 고난과 시련들이 응축되어 담겨 있었다. 할아버지 손진수孫晉洙와 아버지 손후익孫厚翼, 시아버지 김창숙과 남편 김찬기 등 양가 모두 독립운동에 헌신한 가문의 구성원이자 자신도 독립운동에 투신할 꿈을 품었던 손응교의 삶을 이 두 권의 수첩일기로 따라가 본다.

몰래 온 풍수노인과
아홉 살 소녀

남다른 독립운동 가문에서 태어나다

손응교는 1917년 경주시 강동면 오금리에서 태어났다. 1남 4녀 중 셋째인 그를 집에서는 '영조'라고 불렀다. 경주에서 대대로 살아왔던 그의 집안은 "남달랐다." 그의 『병인년 회고』는 "비록 고생과 멸시가 있어도 우리는 강했다."라는 구절로 시작한다. "한시도 잊을 수 없는 독립정신으로 일해 오신 존경받는" 독립운동가의 후손이었기 때문이다. 손응교의 할아버지 손진수(孫晉洙[晉仁] 1869-1935), 작은할아버지 손진형(孫晉衡 1871-1919), 아버지 손후익(孫厚翼 1888-1953)과 작은아버지 손학익(孫學翼 1908-1983) 그리고 외삼촌 정을기(鄭乙基 1893-1964)와 정수기(鄭守基 1896~1936)도 독립운동에 헌신한 독립유공자들이다.

남달랐던 가문의 항일운동은 증조할아버지 손최수孫最秀의 의병운동으로 거슬러 올라간다. 할아버지 손진수는 아버지 손후익과 함께 김창숙이 주도한 '제2차 유림단 의거'에 참여하여 옥고를 치렀다. 손후익은 '제1차 유림단 의거' 때부터 김창숙과 함께했다. 1923년 처남 정수기를 통해 김창숙의 독립운동 자금 모집

을 지원했고, 1925년 제2차 유림단 의거 전 과정에 참여한 중심
인물 중 하나이다.

제2차 유림단 의거로 재판을 받고 있는 손후익(앞줄 왼쪽에서 세 번째) 『동아일보』 1927.2.13.

　　손후익이 독립운동에 뛰어든 동기는 김창숙이라는 존경하
는 선배의 존재도 있었지만 숙부인 손진형의 영향이 컸다. 그는
1905년 을사늑약파기 상소투쟁에 조카 손후익을 대동하고 상경
투쟁에 나섰다. 그 후 본격적인 항일운동은 1912년 서울에 거
주하는 일본인 격퇴를 도모한 일과 1916년 군대를 일으킬 자금
모집 활동으로 이어졌다. 이 사건으로 체포되어 1년 동안 울릉
도에 유배되었다가 1918년에 풀려난 손진형은 한성임시정부 경
북대표로 참여한 듯하다. 1919년 6월, 김창숙과 함께 삼일운동
에 큰 자극을 받은 쑨원孫文과 직접 만나 한국 독립을 위한 한중

협력 방안을 협의하기도 하였다. 이렇게 왕성하게 활동하던 손진형은 그해 8월 콜레라에 걸려 상하이에서 갑자기 사망하게 된다. 이 때 손후익은 "독립운동을 함으로써 숙부의 정신을 이어 받아야겠다고 결심"하였다.

손후익의 동생 학익도 1927년부터 1932년까지 다양한 항일 운동을 했고, 여러 차례 구금당했다. 여운형呂運亨과 김창숙의 지도로 건국동맹 지하조직 결성에 힘쓰다 1945년 2월 징역 4년형을 선고받고 감옥에 있던 중 해방을 맞았다.

어머니 정덕기의 남동생들도 독립운동에 뛰어들었다. 정수기는 독립운동을 하기 위해 중국으로 망명한 뒤로 김창숙과 매우 긴밀하게 활동하였다. 국내를 오가며 의열단의 활동자금과 독립군 기지건설을 위한 자금 모집 활동을 펼쳤다. 1927년 8월 수감된 정수기는 징역 2년 6개월 형을 받고 옥고를 치렀다. 심한 고문을 받고 감옥에서 풀려난 때문인지 그는 1936년 40세 젊은 나이에 생을 마감했다. 정을기 또한 동생을 도와 1922년 독립군 자금을 모집하였고, 1925년에도 경북지역 자금 모집을 담당하다 붙잡혔다. 1927년 8월 22일 대구지방검사국에서 기소유예를 받고 석방되었다. 이미 미결수로 1년 5개월의 옥고를 치른 후였다.

손응교의 아버지와 어머니 집안 모두 독립운동과 투옥을 반복하는 이들로 가득하니 어머니 정덕기의 옥바라지는 끊일 날이 없었다. 국권을 뺏긴 어수선한 시국에도 집안의 안위는 뒤로

하고 오직 나라 걱정에 매진했던 분위기에서 손응교는 성장해갔다. 그런 속에서도 손응교의 형제들은 하루하루 즐겁고 유쾌하게 행복한 어린 시절을 보냈다. 집안 어른들이 우울한 나날들을 복수심과 투쟁심으로 버티고 있었다는 사실은 차차 크면서 깨닫게 되었다.

풍수노인 김창숙과 운명적 만남

의병운동 때부터 계속 항일투쟁을 하던 가문이니 아무리 지체 높은 양반 댁이라도 가세가 기우는 것은 어쩔 수 없었다. 을축년 음력 정월1925년, 누대로 뿌리내려 살던 경주를 떠났다. 응교의 나이 아홉 살 때였다. 새로 이사한 곳은 울산 범서면 입암리였다.

울산으로 이사 간 그해 12월 즈음이었다. 언제나 집에는 손님이 수시로 드나들었다. 경찰의 감시도 심했다. 하지만 그날 분위기는 달랐다. 어떤 중년 신사가 황급히 들어와 사랑방에서 수군거리더니 참담한 기색으로 할아버지와 아버지, 삼촌까지 어디론가 나갔다. 어머니는 사랑방을 서둘러 치우고 불을 지피고 새 침구를 마련하느라 분주했다. 초조한 기색을 감추려고 애쓰는 어머니의 모습이 어린 아이 눈에도 역력했다. 어둠이 깔리자 누군가 업혀 들어왔다. 전라도에 사는 풍수노인이 묘 터를 보러 오다가 차 사고로 허리를 다쳤다고 했다.

그 손님이 온 이후로 집안은 무덤처럼 조용했다. 할아버지의 큰 기침 소리마저 사라졌다. 밤만 되면 알 수 없는 사람들이 은밀히 다녀가곤 했다. 어머니는 비둘기다, 개똥이다 온갖 약재를 가져다 밤낮없이 한약을 달였다. 심상치 않은 일인 것만은 분명했다. 집안의 어린 아이들은 웃음마저 금지당하고 지냈다.

아홉 살짜리 소녀의 궁금증은 날이 갈수록 더해졌다. 겨울이 거의 끝나갈 무렵인 병인년1926년 초인 듯하다. 할아버지가 잠깐 자리를 비우신 사이에 어린 소녀는 드디어 궁금증을 풀 기회를 포착했다. 살그머니 풍수노인을 보러 사랑방에 들어갔다. 그런데 허리가 부러져 꼼짝도 못한다던 그 노인이 혼자 일어나 앉아서 편지를 쓰고 있는 것이 아닌가. 어린 소녀의 당돌한 방문에 풍수노인도 놀라기는 마찬가지였다. 누구냐고 묻더니 "내가 일어나서 편지 쓰는 것을 누구에게 말하면 나쁜 사람 된다."고 했다. 소녀도 "내가 사랑방에 왔다는 것을 말 안하면 나도 안하지요."라고 답했다. 풍수노인이 웃으며 약속의 보답으로 밀감 두 개를 건넸다. 하지만 받고 싶어도 그것을 받으면 사랑방에 들어간 것이 알려져 할아버지에게 종아리를 맞는다고 했더니 그 풍수노인은 "참 영리한 아이구나." 한다. 그래서 용기를 내어 물었다. 정말 풍수가 맞냐고. 그 노인은 "그래, 나는 풍수가다."라고 대답했다.

며칠 후 손응교는 할아버지에게 호된 꾸중을 들었다. 곰곰이 생각하니 어른인 풍수노인이 아이와 한 약속을 어겼으니 꼭 따져 보리라 응교는 별렀다. 하지만 다시 만날 기회는 오지 않았고 봄이 오려는 어느 날 그 손님은 떠났다.

손님이 사랑방에 머무는 동안 아버지는 어딘지 알 수 없지만 밖으로만 다녔고, 어머니는 음식과 약 수발에 정신이 없었다. 외삼촌 정수기와 어디서 왔는지 모를 손님들이 수없이 오갔다. 그 풍수노인이 떠나자 그 사람들도 다시는 오지 않았다. 당시 풍수노인이 소녀의 집에 머물렀던 때를 김창숙은 자서전에 이렇게 남겼다.

(칠곡) 관음동에 머문 지 열흘이 지났을 즈음 이웃 마을에서 들려오는 소문이 자못 좋지 않아 즉시 송영우, 이수기, 김화식 등을 오게 해 대구에 연락할 것을 부탁하고 정수기만을 데리고 울산으로 떠났다. 양산 물금에서 자동차를 탔는데 언양의 냇가를 지나다가 차가 그만 서너길 낭떠러지 아래로 굴렀다. 중경상자가 많이 생겼는데 나도 허리 절상折傷을 입어 몸을 기동起動할 수가 없었다. 얼마 후 울산과 언양의 왜경들이 급보를 받고 수십 명이나 조사를 하기 위해 나왔다. 다행히 그중에 나의 얼굴을 아는 사람이 없었다. 이날 늦게 울산 입암에 도착하니 손진수 씨와 그의 아들 후익이 동구 밖까지 마중을 나왔다. 이 집에서 머물며 유숙을 했지만 워낙 중상이기 때문에 수십 일을 누워 있어도 일어나지 못했다. 그 부자는 극력 구호해 밤낮 없이 부축하고 손수 대소변까지 받아내기를 여러 달 했는데 소홀하거나

귀찮아하는 기색이 없었다. 아무리 가족이나 친자식이라도 하기 어려운 노릇이었다.

— 「자서전自敍傳」, 『김창숙문존金昌淑文存』

몇 개월간 손후익 가족들이 김창숙을 얼마나 극진히 보살폈는지 알 수 있다. 그가 떠난 후 분주하고 초조하던 분위기는 사라지고 집은 고요해졌다. 괴롭던 시간이 지났으니 집안이 화평할 것 같았다. 하지만 여전히 어두운 빛이 감돌았고 1926년 병인년 그 참담한 일이 벌어지고 말았다.

'제2차 유림단 의거'의 주역들

1926년 음력 3월 어느 날 밤 순사들의 칼소리, 형사들의 고함소리가 요란했다. 온 집안이 벌집 쑤셔놓은 듯 했다. 할아버지는 형사들에 둘러싸여 끌려갔다. 상하이로 간다고 떠났던 아버지는 인천에서 체포되었다는 소식이 들렸다. 이 일은 몇 개월간 머물렀던 풍수노인과 무관하지 않았다. 손응교는 자신의 집에 있다간 노인이 풍수가가 아니고 상하이 임시정부에서 독립운동 자금 모집을 위해 입국한 독립운동가 김창숙이며 무사히 국경을 넘었다는 소식이 왔다고 할아버지와 어머니가 은밀히 나누는 말씀을 엿들었다. 이를 계기로 확산된 사건이 바로 삼일운동 이후 경북지역 유림계의 대표적인 독립운동으로 꼽히는 '제2차 유림단 의거'이다. 1925년부터 1926년까지 김창숙을 중심으로 독립운동 기지건설을 위한 자금 모집 활동이 국내에서 벌어졌고, 이와 연관된 유림 600여 명이 검거된 사건이었다.

1925년 중국 베이징에서 김창숙(앞줄 왼쪽)과 이회영(앞줄 오른쪽)

'운동의 기초는 생활의 안정'에서 나오는 법이다. 김창숙은 독립운동을 계속 이어갈 새로운 터전을 마련하고자 했다. 우선 중국정부로부터 내몽골 미간지 3만 평의 개간권을 확보했다. 여기에 재만 조선인들을 이주시켜 개간하고 더불어 무관학교도 지을 생각이었다. 신흥무관학교와 백서농장에서 실험했던 독립운동의 꿈은 내몽골의 평원으로 이어지고 있었다.

문제는 자금이었다. 대략 추산해도 20만 원이 필요했다. 마침 유림의 독립청원서 맨 첫줄에 서명했던 곽종석 선생의 6주기를 맞아 문집을 간행하기 위해 삼남의 유림들이 결집하고 있었다. 하늘이 준 기회였다. 김창숙은 직접 죽음을 무릅쓰고 귀국을 결행하였다.

유교 학맥으로 연결된 대지주 부호들, 지방 문중을 통해 자금 모집은 가능하리라 예상했다. 그리고 권총 두 자루와 실탄을 구매해 혹시라도 저항하는 친일 부호 등에게는 강제로라도 징수할 생각이었다. 하지만 조선의 민심은 1919년 삼일운동 때와 달랐다. 정수기, 손후익과 같이 가장 신뢰할 수 있는 측근과 유림의 인맥을 총동원했지만 역부족이었다. 자신이 직접 전면에 나서기 위해 1925년 12월 대구를 거점으로 삼고, 경북 지역을 돌다가 자동차 사고를 당한 것이다. 그가 국내에서 비밀 활동을 전개한 7개월 중에 가장 오랜 기간 안전하게 은신했던 장소는 바로 손진수와 손후익의 집이었다. 사실상 손씨 집안의 사랑채가 모금 활동의 지휘부로 쓰였던 셈이다.

목숨을 건 비밀 활동을 벌였지만 모금한 돈은 3,500원에 그쳤다. 그는 중국으로 돌아가면서 다시 나라 밖에서 국내 민심을 고양시킬 새로운 운동을 준비하겠다고 동지들 앞에 다짐했다. 그 다짐은 1926년 12월 나석주의 동양척식주식회사 폭파 의거로 실현되었다.

그가 국경을 무사히 빠져나간 직후 국내에서는 유림들이 하나둘 검거되기 시작했다. 이들에 대한 재판은 1927년 2월에 가서야 열렸다. 사건 기록만 2만 장에 달하는 대사건의 주모자는 손후익 등 12명으로 특정되었다. 손진수 등 17명은 기소되지 않고 풀려났다. 하지만 이미 1년 가까이 구속되어 갖은 괴로움을 겪은 터였다.

법정으로 들어가는 피고인들. 가족과 친척과 지인들로 방청석이 빈틈 없었고, 밖에도 이들을 지켜보기 위해 많은 이들이 모여들었다. 『조선일보』 1927.2.12.

1927년 6월 김창숙은 건강이 악화되어 병원 치료를 받던 중 상하이 프랑스조계에서 체포되었다. 가장 핵심적인 조력자 정수기 역시 중국 안둥현安東縣에 피신해 있다가 김창숙의 국내 송환 소식을 듣고 자진 귀국하여 검거되었다.

1927년 2월 10일 첫 공판이 열렸다. 손후익 등 12명을 기소한 예심결정문의 주요 내용이 실렸다. 『동아일보』 1927.2.11.

김창숙은 체포된 지 1년여 만인 1928년 8월 7일 기소되어 대구지방법원에서 재판을 받게 되었다. 1919년 4월 중국 망명 후 김창숙의 독립운동 전말과 체포 경위 등을 상세히 다루었다. 『동아일보』 1928.8.8.

경북경찰부 고등경찰과에서 작년 가을에 첫 검거를 개시한 경
북 유림단 사건을 전국 각지에 뻗치어 필사의 활동을 하였으나
마침내 수범首犯은 구경도 못하고 종범從犯 십여 명으로써 제1차
의 일단락을 고하였다가, 다시 지난 6월에 이르러 수범 김창숙
(49) 등을 상하이와 경북도내에서 체포하여 대구지방법원 예심
청에서 예심 중에 있는 터인데, 그러나 말만 수범이 아닐 따름
이요, 사실 유림단 사건의 (…중략…) 총참모 총지휘의 책임을
맡아서 신출귀몰한 책략을 부리고는 끝까지 잡히지 않고 해외
에서 교묘히 여기저기 왕래한 정수기(35) 그 사람만은 아무리
검거의 신바람이 난 경북 고등과라 하여도 그 코 끝 조차 구경
을 못하고 애를 태워 오던 터인데, 정수기가 수일 전에 돌연히
안동현 방면에서 돌아오던 길로 경북경찰부에 스스로 나타났다
는데, (…중략…) 정수기의 자수로 말미암아 유림단 사건 연루
자 전부가 검거되었으며 따라서 유림단의 내용도 빈구석 없이
세상에 드러나리라.

－『동아일보』 1927. 8. 13.

1926년 5월부터 1928년 12월까지 제2차 유림단 의거는 신문
에 상세하게 실렸다. 『동아일보』와 『조선일보』에서 실린 관련기
사만도 100건이 훌쩍 넘는다. 비록 그들은 목적한 바를 이루지
못하고 갖은 고문에 육신은 피폐해졌어도 실패로 끝난 독립운
동의 전말은 식민지 조선인들을 격동시키기에 충분했다. 김창

'유림단 책사'로 불린 정수기의 체포기사 『동아일보』 1927.8.13.

숙 등이 왜 몽골의 황무지를 개간하고자 했는지, 그 목적을 위해 필요한 20만 원을 어떻게 모금하고자 했는지, 얼마나 많은 조력자들이 독립운동자금 모집에 관여했는지, 그렇게 모집한 자금이 어떻게 해외 독립운동 진영에 전달되었는지 낱낱이 알게 되었다. 김창숙은 법정과 옥중에서 투쟁을 이어갔다. 김창숙 등의 재판에 너무 많은 관심이 쏠리자 급기야 그의 재판은 가족을 제외하고는 비공개로 진행되었고, 그의 수감시설도 비밀에 부쳐졌다.

손응교의 집안 역시 신문보도를 통해 할아버지와 아버지, 외삼촌 그리고 그 풍수노인이 주도한 제2차 유림단 사건의 전말을 알았다. 응교는 이미 "이때부터 내 운명이 정해진 듯 했다."라고 회고에 썼다. 보통 사람들처럼 살지 않겠다고 마음으로 다짐한 것이다.

울산의 이웃집 스승 이관술

할아버지와 아버지가 연이어 체포되자 마을 사람들은 손응교의 집안을 무슨 범죄의 온상처럼 보고 거리를 두었다. '2차 유림단 사건' 운운하며 수군대는 말도 듣기 싫었다. 철없는 동네 아이들은 "쟤네 할배는 나쁜 죄를 지어 순사들에게 잡혀갔네."하며 놀리기 일쑤였다. 분노에 찬 나머지 응교는 누구 할 것 없이 차고 때리고 분을 풀었다. 그러다 집에 오면 계집애가 거칠게 군다고 꾸중만 들었다. 하지만 정말 거친 성격 때문이었는지 자신도 알 수 없었다. 억울함만 가득했다.

동네 사람들이 그저 얄밉고 야속하기만 했는데 옆집에 살던 도쿄 유학생 이관술(李觀述, 1902-1950)은 달랐다. 오히려 훌륭한 우국지사의 집이라고 치켜세웠다. 이관술의 부친 이종락도 손후익과 학맥으로 연결되어 있어 집안 사이에 긴밀한 교류가 있었다. 그의 말을 듣고 주변 동네 사람들도 조금씩 바뀌기 시작했다. 이관술은 움츠려 있는 손씨 가문의 어린 남매들을 위로하고 새로운 배움의 길로 이끌었다. 이관술의 주선으로 남매는 보통학교에 입학하여 즐겁게 다녔다. 그것도 잠시, 할아버지가 감옥에서 나오시자 남매는 학교를 그만두어야 했다. 일본식 교육을 절대 받게 할 수 없다 하시니 울면서 단념했다. 전처럼 삼강오륜三綱五倫, 삼종지도三從之道, 봉제사접빈객(奉祭祀接賓客, 조상의 제사를 모시고 집에 찾아오는 손님을 대접함)과 같은 전통적인 유교의 테두리 속에서 책도

읽고 글도 쓰고 했다. 하지만 학교에서 배우는 신학문을 향한 갈증은 해소되지 않았다.

이관술이 이듬해 방학 때 고향집에 오자 손응교는 마을 아이들과 함께 배움을 청했다. 이관술에게 신학문도 배우고 독립사상도 지도받으니 무척 따랐다. 잡지 『개벽』, 시집, 소설 등을 탐독하며 응교는 자기만의 이상과 꿈을 키워나갔다.

1929년 도쿄고등사범학교를 졸업하고 귀국한 이관술은 동덕여자고등보통학교 교사로 부임했다. 그리고 10살 터울의 여동생 이순금도 그해 서울로 진학해 1930년 동덕여고보로 전학하였다. 또래인 순금이 서울로 진학한 즈음에 손응교도 동덕여고보에서 청강의 기회를 얻었다. 이관술의 배려였을 것이다. 자기 집에서 여동생과 함께 응교를 학교에 다니게 하며 보살폈다. 그러나 이 역시 집안 어른들의 반대로 오래 있지 못하고 울산으로 돌아왔다.

그래도 울산에서 오로지 이관술의 지도에만 의지해 서울로 상경을 감행한 것이 놀랍다. 그것도 '고등보통학교'라는 중등교육기관에 도전한 손응교의 용기와 과단성이 빛나는 순간이었다. 짧은 기간이었지만 응교는 어른들의 독립운동과 달리 새 세대의 독립운동의 꿈을 키워나가고 있었다.

남편과 동지가 되고 싶었던
손응교

17살 어린 나이에 시집가다

집안의 어른들이 각자 품은 뜻과 투지대로 독립운동에 뛰어
든 것과 마찬가지로 응교의 마음도 만주벌판으로 달려가고 있었
다. "마음껏 조국을 위하여 투쟁하고 싶은 충동"이 일렁였다. 마
음이 안정을 잃고 허탈감에 운적도 많았다. 참혹한 고문을 견뎌
야 했던 가족들의 수감생활을 뒷바라지 하는 집안 여자들의 참
담한 모습을 보면서 어린 응교는 많은 생각에 잠겼다. "바람 따
라 구름 따라 먹고 사는 백성의 집안에 태어났더라면 오늘 같은
회한悔恨은 없을 것을…."

이런 응교의 마음은 아랑곳없이 아버지는 나이 어린 자식을
김창숙의 차남 찬기와 결혼시켰다. 그는 겨우 열일곱이었고, 남
편은 3살 위였다. 두 집안의 혼인에는 무엇인가 의미심장한 뜻
이 있을 것이라고 스스로를 이해시켰다. 1933년 2월 28일, 옛
풍습대로 혼례식을 올리고 본가에 얼마간 머물다 3월 9일 시가
로 향했다. 대구에서 하루 묵고 다음 날 차로 성주로 갔다. 사도
실 마을까지는 가마를 타고 갔다.

경상북도 기념물로 지정된 김창숙 생가. 문화재청 국가문화유산포털

　성주군 대가면 칠봉리는 의성 김씨의 집성촌이다. 동강東岡 김
우옹金宇顒의 후손으로 대단한 양반집이었다. 시집을 와보니 그
생활은 형편없었다. 친정의 곤궁함과는 비교할 수 없을 정도로
빈촌貧村이었다. 집도 안채와 사랑채뿐이었다. 경작할 만한 논밭
이 있는지도 모를 지경이었다. 손에 물 한 번 묻히지 않고 자랐
던 응교에게 모든 것이 낯설었다.

　시아버지는 대전형무소에 있고, 신랑은 진주학생운동으로 1년
6개월 형을 살다 집행유예로 풀려난 상태였다. 시아버지와 남
편은 늘 감옥 아니면 유치장에 드나들길 거듭했다. 도망을 가려
고 여러 번 결심을 하기도 했다. 응교는 "애들만 아니었으면 나
살길 찾아가든지, 독립운동 하러 튀어나갔지 그냥은 안 있었을

것"이라고 결혼생활의 암담함을 토로하기도 했다.

하지만 손위 동서는 그와 달랐다. 장남 환기의 부인은 남편이 1927년 국내로 돌아와 사망한 후에도 한동안 종갓집 맏며느리의 몫을 다했다. 겨우 열아홉이었던 남편의 고문 사망과 시아버지의 투옥, 시동생 찬기까지 구속되는 일이 연이어 벌어졌다. 가난한 종갓집에서 가족의 봉양과 옥바라지까지 청상과부가 된 종부에겐 버거웠을 것이다. 손위 동서가 집을 나간 것은 손응교가 혼인한 후 얼마 되지 않은 때였다. 어쩌면 시동생 김찬기의 결혼으로 새 며느리가 이 집에 들어온 것이 종부의 굴레를 벗어버릴 수 있는 기회가 되었는지도 모르겠다.

대신 손응교는 그렇게 원치 않게 종가집 맏며느리가 되었다. 그 후 우연히 대구 장터에서 고무신을 팔고 있던 그와 마주쳤다. 제기와 숟가락까지 챙겨 집을 나간 손위 동서가 고무신 장사라니. 종가의 울타리를 벗어나 다른 삶을 선택한 동서는 유가의 전통이 깊은 가문에서 비난의 대상이 되었다. 그리고 숨겨야 할 부끄러운 존재로 가족사에서 지워졌다.

신문에서 본 소년 독립운동가 김찬기

그나마 응교가 유일하게 의지했던 사람은 남편 찬기였다. 14살 때 응교는 신문에서 그에 관한 기사를 읽었다. 광주학생사건 이후 전국으로 확산된 학생운동 가운데 진주학생운동에 연루된 김찬기 체포 기사였다. 그 기사를 접하고 집안 어른들이 자기 집 자식일도 아닌데 너무 근심하는 것이 의아했다. 한편으론 '그 학생 참 독특한 인재'라고 감탄했다. 그 똑똑한 청년 찬기가 남편이 될 줄은 꿈에도 몰랐다. 부부의 인연을 맺게 된 것은 불과 3년 후의 일이었다.

그가 처음 체포된 사건은 진주고등보통학교 1학년 때 일이었다. 1929년 11월 3일 광주학생운동을 기폭제로 전국에서 학생운동이 일어나고 있었다. 찬기는 집안형편상 고모 댁인 진주에서 학교를 다니고 있었다. 진주 지역 학생들도 1930년 1월 17일 거리시위를 벌였다. 이때 거리에 격문 3천여 장이 뿌려졌고, 주요 장소에 격문이 나붙었다. 이 격문 사건의 주모자로 지목된 자는 바로 김찬기였다.

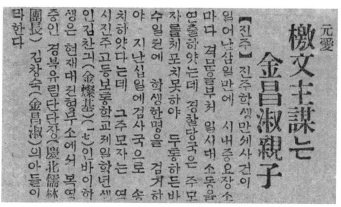

「격문 주모는 김창숙 친자」, 『동아일보』 1930.2.12.

독립운동 가문을 지키고 일군 손응교

김찬기는 법정에서 "유창한 일본말로 자기는 호적상 만 14세가 못되는 것을 열렬히 주장"하였다. 그가 제2차 유림단 의거로 대구형무소에 수감된 김창숙의 차남이라는 사실과 함께 법률적 책임을 지지 않는 미성년자임을 강조한 그의 기발한 법정투쟁이 신문에 보도되었다. 법정 투쟁의 효과였는지 그는 1년 6개월 징역형에 5년 집행유예를 선고받았다.

그의 얼굴을 처음 본 것은 혼례를 올리는 날이었다. 집안 어른들끼리의 약속으로 이루어진 혼사였지만 응교는 찬기를 스승이자 동지로, 애인이자 벗으로 믿고 의지했다. 그는 말년에 남편의 묘를 찾아가서 그를 향한 절절한 마음을 이렇게 남겼다.

흔히 행복한 가정을 영유하여 서로 아끼고 어루만져 일생을 함께 하는 것이 부부라 하더군요. 우리는 그런 행복 같은 것은 상상도 해 본 적이 없었습니다. 이제와 생각하니 참으로 바보들의 일생이었습니다. 불행한 시기에 태어나 부모님의 사랑이 어떤 것인지도 모르고 이곳 저곳으로 식객 노릇을 하며 청운의 뜻을 펴려고 온갖 시련을 감당해 가며 타고난 총명 영리한 천품으로 세상을 한 손에 잡으려 활약하던 그 어린 소년, 그가 바로 이 무덤 속에 선생 아니신가요.(…중략…) 선생과 나는 슬픈 운명의 주인공. 만남은 짧고 헤어짐은 길고 길고. 항상 투쟁 방법에 고심하는 그대 김 동지. 선생은 나에게 스승이요, 동지요, 애인이요, 벗이었습니다. 부부는 명칭 뿐. 위험도 고생도 불구하고 선생이 가는 길을 동행하려 했던 우리의 꿈은 무참히 박살되고…

− 손응교, 「생각나는 사람」

대전형무소에서 처음 뵌 시아버지

혼례를 올리고 5월 25일이 돼서야 대전형무소에 면회를 갔다. 시아버지에게 첫 인사를 드리는 날이었다. 남편이 면회를 신청하고 대기실에서 기다리는데 감옥의 낯선 분위기에 어색하기만 하였다. 간수가 김창숙을 업고 나왔다. 보통 죄수들은 붉은 옷인데 흰 옷을 입었다. 발은 아무것도 신지 않은 맨발이었다. 흰 죄수복에는 번호가 쓰인 나무패를 달고 있었다. 간수가 의자에 내려 앉히는데, 그 번호가 삼오이이三五二二였다. 당황한 나머지 어린 며느리는 멀거니 선 채로 바라보기만 했다. 아들은 아버지에게 넙죽 절을 했다. "아버지!"하고 눈물로 인사를 나누는 사이 예를 갖춰 두 번의 절을 올렸다. "두 번만 하여라." 말씀하는 그 목소리. 아홉 살 때 듣던 그 풍수노인의 목소리였다. 응교는 그만 정신이 아득해졌다.

간수에게 업혀 나온 노쇠한 애국지사도 그 당돌했던 소녀 응교를 알아 봤을까. 그는 며느리에게 "앞으로 가문의 운명은 너에게 달렸다."며 당부했다. "이젠 너희들이 강한 의지로 잘 지시하고 온 집안을 잘 다스려 나가거라. 이 시아비는 광명을 볼 수 있을지 모르나 후일을 기다린다." 그 말씀은 지켜야만 하는 법도가 되었고 그 교훈이 인생을 불행으로 이끈 원인이 되었다고 손응교는 되뇌었다.

꺾이지 않는 저항정신으로 일제에 맞선 김창숙의 독립운동은 자신의 몸만 망가뜨린 것이 아니었다. 가족 전체의 삶도 비틀어 놓았다. 독립유공자 공훈록에 따르면 장남 김환기는 1925년 경북지방에서 군자금을 모집하여 중국으로 망명, 부친 김창숙에게 전달하였고, 1926년 7월 중국 베이징에서 부친으로부터 군자금 모금의 밀명을 받고 귀국하여 군자금 모집 활동을 하다가 1927년 2월 일제 경찰에 체포되었다. 고문으로 병을 얻자 감옥에서 나와 집에서 치료하던 중에 1927년 12월 20일 사망('옥사로 간주')하였다.

하지만 가족이 기억하는 그의 죽음은 더 비참했다. 큰누이 병기의 증언에 따르면 환기는 아버지의 기대를 저버리지 않기 위해 노력하다 일제의 독수毒手에 걸려 희생된 피해자였다. 김창숙은 장남이 근대적인 교육을 받게 하기 위해 중국행을 결정했다. 물론 아버지 곁에서 독립운동에 일조했을 테지만 선천적으로 몸이 약했던 환기는 건강이 나빠져 귀국을 했다. 그런데 마침 제2차 유림단 사건의 검거 열풍에 휘말렸던 것이다. 환기가 귀국했다는 소식을 접한 경찰이 집으로 들이닥쳤다. 환기는 집 마당에서부터 심하게 몰매를 맞았다. 그때 가혹한 구타와 고문으로 결국 사망에 이르렀으니 가족들은 "환기는 매 맞아 죽은 거야"라고 한탄할 수밖에 없었다.

또한 장남의 사망 소식에 김창숙은 지병이던 치질과 만성맹장염이 더욱 악화되었다. 그는 중국에서 학자금을 대며 가르친 제자의 밀고로 입원 중이던 프랑스 조계지역 병원에서 체포당해 국내로 압송되고 말았다. 가족들은 심산을 한없이 가여운 사람으로 표현했다. 가장 가까운 사람들에게 늘 배신을 당하는 인생이었으니 말이다.

일제의 탄압과 감시 속에 독립운동의 길에서 희생된 또 한 명의 가족이 있다. 김창숙의 둘째 딸 덕기도 잊힌 희생자라는 점을 가족들은 강조했다. 부잣집에 시집을 갔던 덕기는 김창숙과 연루되어 시아버지 이재락李在洛과 남편 이동립李東立까지 검거되는 고초를 겪었다. 이 사건으로 시가에서 구박이 심했고 이를 견디지 못하고 그만 정신줄을 놓아버렸다는 것이다. 아버지의 독립운동으로 빚어진 불행이었고, 평생 온전한 정신으로 살지 못했던 그를 손응교는 또 한 사람의 희생자로 기억하고 있었다.

독립운동에 뛰어들자던 결심

유교의 전통이 강한 독립운동가의 집안에서 성장하였다고는 하지만 십대 소녀에게 가난한 종갓집 며느리로서의 지위는 감당하기 어려운 부담감으로 다가왔다. 그래서 손응교는 시아버지 김창숙의 면회 후 성주로 돌아가지 않고 대구 친정집으로 왔다. 부모님이 돌아가라는 꾸지람을 해도 성주로 가지 않았다.

다른 결심이 있었던 것이다. 그의 수첩일기에는 그날의 '계획'이 아주 짧게 기록되어 있다.

> 나의 진로를 어이할 것인가. 나는 오라버니에게 여러 가지 상의를 했다. 우리 남매는 약속을 하면 아무에게도 털어놓지 않는다. 나는 일본으로 가고 싶다고 했다. 오빠는 중국, 나는 일본으로 남매의 진로를 정하고 오빠는 찬기와 상의하겠으니 기회를 기다리자고 했다. 암암리에 여러 가지 준비를 했다. 물론 찬기 씨도 찬성했다. 오빠와 같이 찬기 씨는 중국으로 갈 것이니 우리는 각자가 헤어져도 상하이에서 만나기로 했다.
>
> – 손응교, 『병인년 회고』

참으로 희망에 찬 나날이었다. 드디어 새로운 세대들이 독립운동의 전선에 뛰어들 결심을 한 것이다. 그리고 그 희망대로 이루어졌더라면 이 부부의 인생이 어떻게 펼쳐졌을까. 하지만 운명은 그들의 앞날을 열어주지 않았다. 감옥에서 더욱 건강이 나빠진 김창숙은 사경을 헤매고 있었다. 1929년에도 한 차례 죽을 고비를 넘긴 적이 있던 그였다. 일제 당국도 이번에는 김창숙의 병세가 심상치 않았는지 그를 병보석으로 풀어주었다. 그 대신 손응교는 가문의 감옥에 종부라는 죄수가 되고 말았다.

일제의 감옥에서 풀려난 시아버지
가문의 감옥에 갇힌 며느리

시아버지의 그림자로 살다

1934년 10월 25일 김창숙은 석방되었다. 오래 전부터 맹장염을 앓아 왔고, 치질과 좌골신경통으로 다리를 쓰지 못하였다. 제대로 된 치료를 받지 못한 채 고문 후유증으로 병세가 너무 심각해져 위독해지자 형집행정지로 풀려 난 것이다.

거의 1년 후인 1935년 9월 10일 신문기사에도 "대구 남산동 자택에서 치료중이나 그의 병세가 여전히 차도가 없으며 반신불수로 신체 거동이 부자유스럽다"고 보도할 정도로 김창숙의 건강상태는 심각했다. 가출옥 후 대구 남산병원에 입원한 심산은 말 그대로 시체나 다름없는 상태였다. 일제의 가혹한 고문과 사상범에 대한 열악한 처우로 악명 높았던 대전형무소에서 6년째 옥살이를 하던 중이었다. 그는 결국 두 다리를 쓰지 못하게 되었다. 그래서 벽옹躄翁이라는 별칭도 생겼다. 그때부터 의복, 음식은 물론 약 수발과 대소변을 받아내는 것까지 며느리 응교의 몫이었다. 시아버지 곁에서 한시도 떠날 수가 없었다.

'오늘을 사는 인간이 되지 않겠다.' 남편 찬기는 집안일과는 무관한 사람처럼 자기 일에 충실했다. 아버지가 가출옥하자마자 그는 러시아혁명 기념일을 앞두고 대구에서 불온 문서를 살포한 혐의로 체포되었다. 11월 5일이었다. 무슨 기념일이면 잡히고, 또 무슨 일 때문에 옥에 갇히고 안 그러면 수배 받아 피신을 해야 하니 남편은 집에 있는 날이 없었다. 딸 김주는 어머니가 평생에 한 달이나 아버지와 같이 살았을지 모르겠다고 했다. 사실상 그때부터 손응교는 모든 일을 혼자 감당하고 살아낸 것이나 다름없다. "시집 와서 조국 독립과 심산 선생을 위해 종처럼 살았지 내 인생은 없었다."라고 했던 그의 삶은 이렇게 시작되고 있었다.

나의 모든 이상이 산산조각 나고 한 개의 보잘 것 없는 인간으로 전락했다. 나의 모든 것은 뜬구름에 쌓여 폭풍에 날아가 버렸다. 그 애절하고 험난한 시집살이. 구정물에 빠진 생쥐 꼴이 되어 웃음마저 잊어버린 산송장. 보이지 않는 밧줄에 매여 통곡하면서 그래도 기다리며 살았다.

― 손응교, 『병인년 회고』

시아버지는 설사가 잦았다. 그래서 손발이 터지고 저리도록 빨래를 해야 했다. 찬바람이 모질게 불어오고 흰 눈이 펑펑 내리면 졸졸 흐르던 도랑물도 얼어붙었다. 그 얼음을 깨고 빨래를 하던 그 시절 그 추위가 생각만으로도 몸서리가 났다. 변변한 재료도 없이 끼니를 마련해야 할 때가 가장 곤욕스러웠다. 반찬 걱정은 늘 끊이지 않았다. 하루하루 먹을거리 걱정에 다른 생각할 틈이 없었다. 일 년에 열두 번도 넘는 제사 때면 제사에 올릴 음식 장만에 걱정이 태산이었다. 집안일도 벅찬데 남의 바느질까지 하며 생계에 보탬을 해야 했다. '하늘도 무심치 않으면 일본이 망하리라' 하시는 어른들의 말씀만 믿고 실낱같은 희망에 의지하며 보냈다.

1935년 12월 할아버지 손진수에 이어 1936년 1월 외삼촌 정수기마저 세상을 떠났다. 외로울 때나 슬프고 답답할 때마다 의지하던 든든한 울타리 같은 두 어른을 잃었다. 김창숙도 독립운동에 생사고락을 함께 했던 정수기의 죽음에 통곡으로 몇 날을 지새웠다. 그리고 한 달 후 김창숙은 요양을 핑계 삼아 울산 백양사로 거처를 옮겼다. 문병 오는 손님과 형사가 번갈아 드나드는 대구 시내 한복판의 병원과 집은 창살만 없을 뿐 감옥과 다름없었다. 걸음도 못 걸으니까 도피 우려가 없는 죄수라 해서 그런지 당국도 허락을 했다. 사돈 손후익과 이재락과 가까운 곳이어서 그곳을 선택한 것도 있다. 거기서 김창숙은 4년을 기거했다.

1940년부터는 중국 망명 시기에 임종을 지키지 못한 어머니의 묘소에 움막을 짓고 3년간 뒤늦은 애도의 시간을 가졌다. 손응교는 집과 묘막을 오가며 김창숙의 시묘侍墓살이를 뒷바라지했다. 물론 경찰의 감시와 추궁이 뒤따랐다.

남편 찬기마저 서울인지 어디인지 훌쩍 떠나고 나면 형사들은 김창숙도 김찬기도 없이 홀로 남은 응교만 들볶았다. 그 고통 중에도 응교는 그의 동지들과 비밀운동을 돕지 않으면 안 되었다. 매일 감시하던 순사나 형사가 하루라도 찾아오지 않으면 궁금할 정도로 응교에게도 경찰서가 아주 익숙한 곳이 되어가고 있었다.

'왜관사건'으로 체포된 남편을 찾아서

1937년이 저물어가는 음력 섣달 25일 밤에 어디서 왔는지 집에 온 남편이 급히 옷을 갈아입고 떠나려고 했다. "빨리 내 옷을 챙겨주고 다른 것은 없고 일본이 망할 때까지 모든 것을 부탁한다."는 말뿐이었다. 그러나 도중에 형사가 들이닥쳐 미처 옷도 못 입고 끌려갔다. 어이가 없어 멍하니 섰다가 외투를 들고 달려가 보니 어디로 갔는지 알 수가 없었다. 대구, 왜관, 성주, 영천, 서울 경찰서란 경찰서는 다 찾아다녀도 알 길이 없었다. 형사들에게 욕만 먹고 헤매다 아무 성과도 없이 돌아오길 반복했다.

3개월 가까이 행방을 몰라 애태우다가 아버지 손후익의 도움으로 김천경찰서 사법주임 정뇌호를 찾아갔다. 그는 영천 사람으로 아버지가 손후익과 동문이었다. 정 주임은 머뭇거리고 서있는 응교를 보고 "숙소를 정하시오." 사람들 눈을 피해 다시 만나자는 것 같았다. 밤차로 가야 한다고 했더니 아무 대답 없이 옷을 걸치고 나섰다. 그가 가는대로 무조건 따라갔다. 앞서 가면서 "이곳

(김천경찰서)에 있습니다." "다음 주에 의복을 가져올 테니 도와주시오." 간절한 당부를 남기고 응교는 기차에 올랐다.

"어머님, 그이가 있는 곳을 알아냈습니다." 그 말을 들은 시어머니는 "너나 나나 운도 없고 가련하다. 이 무슨 악운인가, 하나도 아닌 둘이냐."하며 눈물을 닦았다. 정성을 다해 봄

1941년 경 김찬기. 김주 제공

옷을 만들어 김천경찰서로 갔다. 그때는 기차도 군인들이 탈 요량으로 웅성거리면 일반인들은 탈 수가 없었다. 일본의 군대가 중국 내륙으로 맹렬히 침략의 깃발을 휘날리며 몰려가고 있을 때였다. 늦게 김천경찰서에 도착해 의복을 넣어주고 입던 옷을 찾아가려 했더니 서로 눈치만 보고 대답하는 사람 하나 없었다. 바깥은 어둠이 깔리고 마음은 답답했다. 고등계 주임이 유치장으로 들어가며 "말 듣고 권할 테니 기다리라"고 했다. 문을 밀고 들어가 보니 제3유치장에서 "여기!"하며 응교를 불렀다. 달려가보니 "아!" 하고 탄식이 먼저 터져 나왔다. 유치장 안에서, 밖에서 서로 창살을 잡고 그간에 있던 이야기를 하다 보니 창살이 아닌 서로의 손을 잡고 있었다. 깜짝 놀라 손을 빼내려 했지만 찬기는 응교의 손을 놓아주지 않았다. 그 유치장에 있던 사람들이

다들 젊은 부부의 상봉을 쳐다보았다. 찬기의 나이 스물 다섯, 응교는 스물 둘에 만삭의 몸이었다. "몸조심 하세요. 내가 못 만나도 길이 있으니 약이나 책 등은 자주 보내드리겠습니다." 응교는 허약한 남편의 건강을 걱정하며 또 한 번 몸조심을 부탁했다. 순사가 독촉해 밖으로 나왔다. 밤차를 타고 오면서 그가 하던 말, 웃고 있는 모습을 떠올리며 응교는 속울음을 삼켰다.

1937년 중일전쟁을 일으킨 일제는 사상사건의 단속과 탄압에 더욱 열을 올렸다. 남편 찬기가 1930년, 1934년에 이어 세 번째로 투옥되었다. 그가 연루된 '왜관사건'은 1938년 발발한 3대 사상사건의 하나로 꼽히는 비밀결사운동이었다. 김찬기는 사건 초기에 체포된 것으로 보인다. 그가 대구에서 운영하던 요미우리讀賣 서점이 비밀결사 구성원들의 연락 거점으로 활용됐다는 혐의였다.

1936년 초에 김창숙이 백양사로 거처를 옮긴 후 김찬기는 대구 동성로에 고서점을 열었다. 신문 지국도 겸했다. 서점 운영은 어려웠다. 수익을 목적으로 한 서점이 아니었기 때문이다. 겉으로는 고서와 신문을 사고파는 여느 서점과 같았지만 실상은 동지들과 비밀 연락을 주고받던 장소였다. 어느 동지가 언제 오면 몇 번째 책에서 무언가를 꺼내가라는 식이었다. 이를 위장하기 위해 라디오 퀴즈 같은 경품 이벤트도 하고 천연덕스럽게 손님을 맞았던 것도 안주인 손응교였다. 그가 남편 찬기를 '김동지!'라고 하는 이유를 짐작케 한다.

굴복하지 않고 살아남는 법

중일전쟁은 확대일로로 번지고 있었다. 전쟁이 길어질수록 식민지 조선인들은 무언가 빼앗기고 누군가 끌려가고 있었다. 일제는 놋그릇이며 식량을 모두 공출로 탈취해 갔다. 없던 살림에 생활은 더 궁핍해져 갔다. 그래도 양반집에서 놋그릇, 제기는 무엇과도 바꿀 수 없는 것이라 부지런히 땅속에 묻고 숨겨도 날마다 조사를 받았다.

일제의 사상탄압은 '사상전향'이란 미명 아래 의지가 견고하던 가까운 친지들마저 변절시켰다. 서병조가 중심이 된 '대화숙'이란 사상전향단체의 회원이 되어 여러 동지들에게 전향을 설득하는 앞잡이로 활동하기 시작했다. 그들이 '방호단 요원'이란 완장과 의복, 모자를 김찬기 앞으로 전해달라고 보내왔다. 당사자는 어디론가 피하고 형사는 애먼 응교만 괴롭혔다.

서점 일도 힘들긴 매한가지였다. 불기 없는 서점 뒷방에서 임신한 몸으로 할 일 많은 겨울을 대비해야 했다. 학교 다니는 시동생과 세상사와 거리가 먼 병약한 시어머니까지 보살피기에 응교는 몸이 남아나질 않았다. 그런 와중에 남편 찬기가 '왜관사건'으로 구속된 것이다.

사는 건지 죽는 건지 막막한 심사를 가눌 길 없는 나날을 보냈다. 응교는 죽음만이 찾아오기를 바란 때도 있었다. 하지만 죽을 수도 없었다. '나' 아닌 '생명'이 크고 있었기 때문이었다.

손응교는 "어미가 되어 훌륭한 자식들을 키워 보람을 찾겠다"고 결심했다.

만삭임에도 김천경찰서를 드나들며 남편의 옥바라지를 했다. 그 때문에 몸이 허약해져서인지 응교는 첫 애를 낳기도 전에 유종(乳腫, 젖이 곪아 생기는 종기)을 앓았다. 출산 때는 난산으로 말할 수 없는 고통을 겪기도 했다. 그렇게 태어난 아이가 아들 '위'다. 1938년 5월 위는 건강하게 태어났다. 고통의 연속이었던 집안에 큰 기쁨이자 즐거움을 주는 존재였다. 그리고 1941년 12월 딸 주가 태어났다. 새로운 생명의 탄생으로 응교는 고된 삶을 희망으로 이어가고 있었다.

하지만 수배생활과 감옥살이를 반복하는 남편의 부재 속에 노부모 모시고 어린 자식 돌보는 일이 너무나 힘들었다. 의지하고 도움을 청할 주변 사람도 없었다. 순사들이 수시로 드나드는 집에 누가 오겠는가. 고립무원의 처지였다. 이 한마디에 그의 모든 회한이 담겨 있는 듯하다.

> 결과를 따지자면 선생남편은 나라 위해 재물이 되시었고, 나는 덩달아 선생의 가중(家中)에 희생의 재물이 된 것 밖에 뭐가 있어요?
> – 손응교, 「생각나는 사람」

비국민이라고 배급도 안 주는 상황은 더욱 견디기 어려웠다. 집안사람이 구장을 했기에 동민들의 배급분을 조금씩 떼어서 몰래 나눠 주었다. 그의 정성을 고맙다고 해야할지 모르겠지만 그런 대접을 받는 것이 치사했다. "두고 보자. 일본이 망할 징조는 시시각각 닥치고 있었다."

일제의 발악이 극도에 달할수록 형사들의 괴롭힘도 교묘해졌다. 대구경찰서 고등계에 불려 다니다보니 아예 생활 기반을 만들어 주겠다고 노골적인 회유를 했다. 시아버지의 허락을 받아 왔으니 도장을 갖고 와서 돈 3백 원을 찾아가라 한다. 거절하고 돌아오면 또 호출이 이어졌다. "허락을 받았으면 허락한 분에게 직접 전할 일이지 나를 족칠 일이 아니지 않느냐"고 했더니 욕을 하다말고 손가락 사이 나무젓가락을 끼워 쥐게 하고 다짐하라고 발로 차고 밟고 했지만 끝까지 응교는 굽히지 않았다. 한동안 호되게 시달리고 나니 더 이상 호출이 없었다. 그나마 조금 숨통이 트였다.

김창숙은 나중에 이 사연을 전해 듣고 며느리에게 눈물로 절을 했다. 위가 태어나 손자를 보여드리러 백양사로 갔더니 시아버지는 며느리에게 거듭 절을 한 이유를 설명했다. "몇몇 저명 애국지사들이 그들의 유혹에 못 이겨 일본의 개가 되었다. 너도 가난과 고초를 못 참고 돈을 받았다면 나도 모르는 사이에 변절자가 되어 목숨을 끊을 수밖에 없었을 것"이라며 '황금 공세'로 유혹하고 고초를 주어도 완강히 거절한 덕분에 시아버지와 남편을 지킨 응교에게 감사해했다. 일제의 간교한 회유와 탄압이 다른 이상을 품은 사람들을 견딜 수 없는 고통으로 내몰고 있었다.

"가엾은 혁명가의 지조를 우리들이 생명을 다해 지켜드리리라."
독립운동 가문의 일원으로 응교의 독립운동 또한 강해지지 않으
면 안 되었다.

독립전선으로 떠난 남편

김찬기는 1938년 초에 체포되어 1939년 10월에 가서야 기소
되었다. 그 사이 위가 태어났지만 부자 상봉은 기약할 수 없었
다. 지루하고도 가혹한 예심을 거치고 나서야 면회가 허용되었
다. 원래 예심제도는 혐의가 불분명한데도 검사가 함부로 기소
하는 것을 막는 제도였다. 하지만 조선총독부의 검찰은 이를 조
선인 운동가들을 탄압하는 수단으로 악용했다. 예심 단계에서
검사와 사법경찰은 피의자를 장기간 가둬두고 갖은 고문을 가해
유죄의 증거를 수집할 수 있었다. 게다가 수사기관이 작성한 신
문조서에 절대적 증거 능력을 부여했기 때문에 일제 경찰은 피
의자의 자백을 받아내기 위해 무자비한 고문을 자행할 수 있었
다. 응교의 가족들도 체포된 후 기소되기까지 대부분 1년이 걸
렸고, 그 과정에서 자행된 숱한 고문으로 이미 만신창이의 몸이
되었다는 사실을 누구보다 잘 아는 응교였다.

드디어 재판이 열리자 형무소에서 법원까지 줄줄이 묶인 채
걸어오는 죄수들 사이에서 용수를 쓴 찬기가 응교를 발견했다.

응교는 가까이 다가갈 수 없었다. 누군지 알 수 없는 무리 속에서 모자를 응시하고 있을 남편에게 아들 위를 처음으로 보이는 순간이었다.

1940년 일제가 조선인을 전쟁에 동원하고자 시행한 창씨개명의 강요는 감옥에까지 미쳤다. 찬기가 아버지에게 쓴 편지에 "바깥 소문에는 우리의 성마저 뺏어버리려 하고 창씨를 하라고 이 옥중에까지 위협을 하니 이것이야말로 최후의 만가輓歌요 애시哀詩올시다."라며 창씨개명 거부의 뜻을 전해왔다. "정말 심지가 옳은 아이다. 내가 죽어도 마음 놓고 가겠다."며 심산은 안도했다. 김창숙도 창씨를 안 하고 버티자 형사들이 날마다 집 주위를 감시하며 압박하던 터였다. 감옥에 갇힌 아들도 뜻을 굽히지 않는다니 대견할 따름이었다.

찬기가 품은 의지는 굳건했지만 그의 몸은 위중한 상태였다. 형무소에 사식을 넣어 주는 것부터 감옥에서 나온 후 허약해 진 몸을 보살피는 것까지 응교의 부모님이 정성을 쏟았다. 4년 만에 출옥하여 겨우 건강을 회복한 남편은 자식 노릇, 부모 노릇을 할 생각은 없었다. 문득 성주에 있는 다락광산에 취직을 했다. 국경을 통과할 신분증을 얻기 위한 위장 취업이었다. 그리고 얼마 후 출장을 간다는 핑계로 감시의 눈을 피해 중국으로 탈출했다. 1943년 말이었다. '애들도 보지 마라. 보면 발이 무겁다.' 하는 아버지의 말에 따라 자식들과의 마지막 이별도 하지 않은 채 김찬기는 집을 나섰다.

뒷일을 부탁합니다. 우리도 2년 3년 기다리면 희망을 갖고 만날 것이오. 나는 당신을 믿고 있소. 위와 주 남매를 훌륭히 길러 주시오. 우리는 한 번도 마음을 털어놓고 즐거운 시간도 없이 지나다가 내가 떠나게 되니 정말 당신에게 미안할 뿐이오. 험한 큰 짐을 부탁하오. 아버지 어머니 잘 받들어 주시오. 나를 대신해서 당신은 할 수 있는 사람이라 믿고 맘 편히 떠나겠소.

말이 무슨 필요하리이까. 집안일은 걱정 말고 몸조심하고 일본이 망하고 조선을 되찾는 날 반갑게 만납시다. 당신을 기다리며 꺾이지 않으리라.

— 손응교, 『병인년 회고』

손응교가 딸 주를 업고 기차역으로 나가 멀리서 바라만 본 것이 그와의 마지막이었다. 자식 얼굴도 제대로 보지 못하고 비밀리에 떠난 길인데, 마을에 있던 밀정이 그의 중국행을 밀고하였다. 그 다음 해에 중국 톈진天津에서 체포되었다는 소식이 들렸다. 응교는 펑톈奉天의 스좌장石家莊으로, 톈진으로 찾아다녔으나 만날 수 없었다. 그는 여자 간수의 도움으로 베이징의 감옥에서 탈출했다. 마치 영화 속 이야기 같지만 해방 후 그 여간수에게 직접 들은 실화였다. 남편이 집을 떠난 지 11개월이 지나 손응교는 셋째 '경'을 출산했다. 아들이었다. 그 후 순사와 형사들은 '저 아이는 누구와 낳은 자식이냐'고 다그쳤다. 얼굴이 닮았으니 '어디서 남편과 만나고 숨겨두었느냐'라며 괴롭혔다.

경찰에 시달리다가 헌병보조원 조선인 구모라는 놈에게 끌려
가 닦달을 받고 매를 맞고 욕먹고 갖은 고통을 겪어도 알 수 없
는 사람의 소재를 어이 대답하며 설사 안다고 해도 죽을지언정
가르쳐 줄 것인가! 따귀를 맞고서 하도 분하고 답답하여 그놈의
손등을 물어뜯었더니 나에게는 더한 고문이 가해질 뿐이다.

– 손응교, 『병인년 회고』

친정에 갔더니 아버지께서 "온 나라 사람이 다 겪는 고역이니
너도 마음 단단히 가지고 조선이 회복될 때까지 어른 잘 모시고
아이들 보살피며 기다리라"고 타이르신다. 그에게 가해지는 경
찰의 감시와 탄압은 일상이자 그의 마음을 더욱 굳게 만드는 시
련이었다. 해외 독립전선에 뛰어들겠다던 약속을 남편은 드디어
실행에 옮겼다. "끝내 꺾이지 않으리라"는 다짐은 응교의 독립
을 향한 간절한 약속이기도 했다.

나는 김창숙의 연락병이었다

시아버지를 따라 독립운동 하던 일은 내가 시집오고 나서 스물
살부터 해서 계속되었지. 문서를 전하는 그런 일을 했어요. 심
산 선생이 백양사 계실 때도 가면 이건 누구한테 뭐를 전해라,
저건 누굴 전해라 해서 전했어요. 간혹 요원들이 오고 그랬는데

감시가 있으니까 거지로 변장해서 왔어요. 어떤 날은 진짜 거지
도 오고 하는데, 거지들은 그저 밥을 달라 하는데 그 사람들은
꼭 "밥 두 숟가락만 주시오, 세 숟가락만 주시오."하고 그랬어.
그게 암호였어요. 심산 선생 도와 일하면서 중국 봉천까지도 가
봤지.

- 「나의 20세기」, 『향토와 문화』 15, 1999

그는 자신이 김창숙의 연락병이었다고 회고했다. 1945년 해
방이 임박한 때였다. 하지만 아무도 해방의 날이 올지 몰랐던 그
때, 시아버지와 중국 망명생활을 함께 했던 정세호 선생이 '전쟁
상황이 참담한 일본이 우리 사상가들을 일망타진하여 양력 8월
20일까지 참살한다는 소문이 돈다'며 근심 걱정을 전했다.

실제로 8월 7일 밤 순사와 형사 4명과 구장이 집에 찾아 왔
다. 언제나 찾아오던 이들이었지만 그날 밤은 심상치 않은 예감
이 들었다. 형사들은 시아버지를 호송하러 왔다고 했다. 전황이
급박했던 1945년 8월 7일 일제는 전국에 비상계엄령을 내려 사
상범들을 다 잡아들였다. 김창숙도 성주경찰서로 연행되었다.
응교는 면회를 가서 무슨 얘기라도 들어야겠다 싶어 집에 숨겨
둔 술을 들고 가 간수들에게 권했다. 처음에는 안 먹더니 이내
한두 잔씩 먹고 취했다. 그 틈에 시아버지는 열쇠를 내주면서 뒷
일을 부탁했다. 집에 돌아오자마자 심산 선생과 관계된 것은 모
조리 치우고 숨겼다. 아침에 순사가 와서 샅샅이 수색을 해도 없

으니 대신 남편 것을 모두 가져가 버렸다. 그래서 남편 찬기와 관련된 것은 거의 남은 것이 없다. 지금 세상에 알려진 남편의 사진은 사진기자 하던 이명동 씨가 1941년 출소한 남편을 찍은 것이었다. 그 후로도 50년이나 지나 가족의 손에 전달되었다.

심산 선생이 (해방 전) 건국준비위원회 하실 때 김진우, 몽양, 만해, 벽초, 그분들께 내가 비밀문서와 잔심부름을 했어. 많지도 안해. 요만하이 써 주시는데 내용도 알려고 하지 말고 갖다 주라 그래요. 우리 애 있잖아, 그 애 포대기 안에 넣어가지고 업고 가서 전하고 그랬어. 또 저짝에서 주면 가지고 오기도 하고. 쭉 비밀문서를 내가 전했어. 내가 서울 창동 옆에 있는 벽초 집에도 가고, 누상동의 여운형 씨, 계동의 김진우 씨 집도 가고 그랬어. 그때 일하던 사람은 다 죽고 딱 한 분 살아있어요. 승려인데 조옥봉이라고 여자라. 김진우 씨가 화가인데 그 제자라.

－「나의 20세기」, 『향토와 문화』 15, 1999

김창숙은 낯선 사람이 다녀가고 며칠이 지나면 편지를 응교에게 주고 행선지를 일러주었다. 그러면 어린 아이를 업고 포대기 속에 그 서찰을 숨겨 경성에 가서 일주一洲 김진우 선생과 몽양 여운형, 벽초 홍명희 선생에게도 전하고 다녔다. 그것이 건국준비를 약속한 연락이란 것을 그때는 미처 몰랐다. 얼마나 며느리를 믿고 있었기에 그런 중대한 연락을 취하는 심부름꾼으로 맡기고 일언반구 조심하라는 말도 없었을까. 일을 그르칠 아이가 아니라고 생각하고 맡겼을 것을 생각하니 온몸에 전율이 느껴졌다. 그 엄중한 때에 응교는 김창숙의 연락병이었고 옥봉은 김진우의 연락병으로 활동했다.

심산 선생을 따라 일하면서 손응교는 우리 근현대사의 주요 인물들을 많이도 만났다. 노령지방에서 독립운동하다 동상에 걸려 손이 뭉개졌다고 알려진 죽산 조봉암은 이승만의 사법살인으로 희생되었지만 인자한 사람으로 기억했다. 해방 후 북에서는 조만식, 중앙에서는 여운형, 영남에서는 김창숙이 건국의 주역으로 꼽혔다고 한다. 해방 전후에 자주 여운형과 심산 사이를 오갔다. 심산의 서신을 들고 찾아간 만해 한용운의 집은 말 그대로 스님이 살만한 조그맣고 소박한 집이었다. 지금 성북동의 심우장이었다. 심산과 가까웠던 김구 선생, 이시영 선생도 잘 알게 되었고, 이육사의 형 원기, 동생 원조도 집안 간에 인연이 깊다. 모두가 혁혁한 독립투사였고, 당대의 인재들이었다. 그런 시대의 인물들과 교류가 깊었던 김창숙이었지만 며느리가 기억하는 시아버지는 무척 고독한 사람이었다. 성주나 대구에서도 일가 중에 터놓고 말하는 이도, 일 맡길 사람도 없었다. 일제의 감시 때문에 주위엔 사람들이 얼씬도 못했다. 그러니 자연스럽게 김창숙 곁은 며느리가 지켰고 세상 떠날 때까지 늘 손과 발이 되었다.

해방을 맞았지만
목소리를 잃은 부인

느닷없는 해방, 준비된 독립

하루아침에 세상이 변했다. 심산의 옷가지를 챙기고 먹을거리를 준비해서 왜관에 갈 채비를 하고 있었다. 그런데 아들 위가 뛰어오면서 "엄마. 해방됐답니다. 만세!"하면서 펄쩍펄쩍 뛰었다. 일제의 총알받이로 군대에 끌려가던 젊은이들이 안타깝고 불쌍했지만, 그 부모가 울며 매달려도 어쩔 도리 없던 때였다. 그런데 갑자기 일본이 항복을 하고 군대 가던 청년들이 만세를 부르며 돌아온다는 소식에 손응교는 마루에 털썩 주저앉아 눈물을 쏟았다. 기쁨보다 서러움이 북받쳤다.

구속돼 있던 심산 선생이 풀려나오신다는 소식에 왜관경찰서로 가는 대신 응교는 집을 치우고 잔치를 준비했다. 마침 8월 17일은 김창숙의 생일이었다. 오랜만에 일가친지들도 모두 모여 해방의 기쁨을 나눴다. 김창숙은 세상에 태어난지 "67년 만에 처음 맞는 거룩한 일이었다."고 회고했다. 어디론가 자취를 감추고 소식도 모르던 사람들이 쇠락한 건물만 남았던 청천서당으로 모여들었다. 김창숙이 근대 교육운동을 펼치고자 했지만 일제에 의해 폐쇄되었던 곳이었다. 하루 만에 모인 사람들이 거의 천여 명이나 되었다. 심산은 우선 정식 정부가 서기 전이지만 혼란을 수습하기 위해 임시로 치안유지회를 조직할 것을 제안했다. 그리고 즉각적인 건국 준비 사업에 뛰어들었다. 손응교는 그때 선명하게 깨달았다. 심산이 자신을 통해 여운형에게, 홍명희에게, 김진우에게 서신을 주고받던 그 모든 일들이 바로 오늘의 준비를 약속한 연락이었고, 거룩한 독립운동이자 건국운동이었다는 사실을 말이다.

성균관대학 교정에서 김창숙

곧이어 심산은 대구를 거쳐 서울로 향했다. 성주군의 남녀노소 수만 명에게 감격스러운 배웅을 받았다. 제대로 걷지도 못하는 신세가 되어 고초를 겪던 심산이 활짝 웃음 지으며 '건국사업'을 위하여 떠나는 모습을 손응교는 잊지 못했다. 하지만 해방정국은 희망찬 기대로만 흘러가지 않았다. 혼란은 점점 더 심해졌고, 근심거리가 곳곳에 쌓여 있었다. 갑자기 서울로 가신 시아버지의 대소변 뒷바라지, 의복 걱정도 떠나지 않았다. 몇 개월이 지나도 반가운 일은 없고 돌아가는 세상은 우울한 소식뿐이었다.

> 이젠 기다리며 살아야지. 해방이 되었는데도 기쁘지 않고 우울증이 심할까? 우리 부모님이 뵙고 싶다. 나는 집을 비울 수 없다. 누구라도 찾아올 사람이 있을 것이니 집을 비우지 말라고 하셨다. 충효를 행하는 데는 남녀가 있을까. 나는 충효를 지키고 살았다고 떳떳이 말할 수 있다. 그러나 부군夫君에 대하여는 마음껏 한 일이 없다. 해방된 조국에 그가 돌아오면 내 마음껏 그를 위해 일하리라 다짐한다.
>
> ─ 손응교, 『병인년 회고』

그는 남편이 돌아오기만을 간절히 바랐다. 중국 어딘가에 임시정부 요인들과 함께 있을 그를 향해 어수선한 마음은 달려가고 있었다. 드디어 11월 23일 노혁명투사들이 환국하였다. 남한에 주둔한 미군정이 임시정부를 부인하는 상황을 지켜보며 손응교는 함께 원통해 하고 분노할 수밖에 없었다. 해외에서 그 오랜기간 풍찬노숙 분투한 독립투사들의 노력은 무위로 돌아가고 임시정부 요인들은 개인 자격으로 환국을 했다. 하지만 그런 가운데도 남편 찬기의 소식은 들리지 않았다.

三千四百里를 徒步로
嚴親의 密命을 完遂
金昌淑先生令息別世

「3천4백리를 도보로 엄친의 밀명을 완수.
김창숙 선생 영식 별세」『영남일보』, 1945.12.27.

서울에서 사람이 왔다. 좋은 소식을 가지고 왔을까 싶어 반겼는데, 가족과 함께 서울로 가자는 말만 한다. 모두가 숨기려고 말을 아꼈지만 손응교는 불길한 일임을 직감했다. 흰 고무신 한 켤레를 챙겨 검은 옷을 입고 아이들, 시어머니와 함께 서울로 가는데 동행하는 이들은 신문도 보지 못하게 했다.

심산이 기거하는 충정로 자택에 들어서니 아버지와 오빠 그리고 양가 어른들의 옛 부하들, 동지들, 반갑고 낯익은 얼굴들이 겹겹이 모여 있었다. 오빠가 손을 잡고 "너는 강한 사람이니 정신을 차려서 어른을 뵈어라."한다. 방에 들어가니 심산은 "전 가족이 다 죽어도 찬기는

산다고 했더니 나는 살고 찬기는 죽었다."하며 손자 위를 부둥
켜안고 통곡했다. 짐작은 했어도 막상 그 말을 들으니 눈물보다
눈에 불똥이 튀었다. 시어머니도 "찬기야!"하고 울음을 터뜨리
고 모인 사람들이 울음바다가 되었다.

모두가 꿈속 같았다. 응교는 울고 싶지 않았다. 현장을 목격
하지 못했기에 거짓 같았다. 그는 오히려 시부모님을 위로했다.
"죽은 사람은 죽고 산 사람은 살아서 국운을 회복해야 하지 않
습니까. 조국이 광복되는 것을 보고 갔으니 조금은 한이 덜어졌
을 것입니다."라고 진정하시도록 말했다. 주변에서 과연 문암
손후익의 딸, 심산의 자부, 찬기의 부인으로 훌륭한 여장부라며
찬사하였다. 하지만 누구의 찬사를 받기 위함이 아니었다. 누구
보다 불쌍한 자신과 자식, 부모를 생각하여 마음을 굳게 하지 않
을 수 없었다. 찬기와 응교는 생사를 초월한 약속을 했기 때문이
었다.

타국의 한 구석에서 고독히 생을 마칠 때 부모처자를 얼마나 불
렀으며 그리워했을까. 불쌍한 사람. 왜 죽었을까? 나의 불행한
운명이 그분께 미쳐갔는가. 이젠 만날 수도 볼 수도 없는 사람.
그분은 부부라는 명칭보다 나에게는 스승이요, 동지요, 애인이
요, 벗이었다. 예전에도 어쩌다 만나면 몇 분간, 몇 시간에도
나를 격려했다. 웃기도 하고 억지라도 유쾌히 지내라고. "나를
의식하지 말고 굳게 살아가시오." 아내라기보다 그대를 존경한

다고, 찬기의 아내보다 심산의 며느리, 문암의 딸, '위'의 어머니로 살아가라고 하더니 그는 나에게 짐을 지워주고 불귀의 객이 되다니. 울고 싶어도 울지 못했다.

– 손응교, 『병인년 회고』

남편 찬기는 1945년 10월 10일 충칭에서 안타깝게 생을 마감했다. 1943년 국경을 넘어 베이징으로 가던 도중 일본 경찰에 체포되었다. 가혹한 고문을 받고 형무소에 갇혔다가 1944년 7월 탈출하여 쇠약해진 몸으로 걸어서 충칭에 도착했다. 이후 임시정부 요인들과 함께 독립운동에 헌신했다. 해방을 맞아 기쁘게 귀국하기만을 간절히 바랐으나 김찬기는 날로 병세가 깊어져 회복하지 못하고 32세의 일기를 마쳤다.

『자유신문』 1945년 11월 29일자에 환국 후 김창숙을 방문한 김구가 차남의 사망 소식을 알렸다는 기사가 실렸다. 12월 27일자 『영남일보』는 조금 더 자세한 사망 경위를 보도하였다. 그의 유해는 '동지장同志葬'을 치른 후 상하이에 안치되었다.

손응교는 시신도 없이 빈소를 차리고 상복을 입고 장례를 지냈다. 기력을 잃고 며칠을 앓고 나니 그만 목이 잠겨 말이 안 나왔다. 산송장이나 다름없는 응교를 보살피기 위해 오빠는 동생과 조카들을 대구 친정으로 데려갔다. 친정 부모님도 약을 지어 먹여 보내려고 며칠 더 묵으라고 권했다. 하지만 거기서 비극은 연이어 닥쳐왔다.

생생하던 재롱둥이 막내 경이 홍역을 앓았다. 경은 남편 찬기와 응교를 이어준 마지막 생명줄과 같은 아이였다. 모든 가족이 정성을 쏟았지만 끝내 살리지 못했다. 남편의 비보를 들은 충격에 목소리를 잃은 29살 아내는 어린 자식마저 잃었다. 대구 공동묘지에 아이를 묻고 성주로 가는 응교의 마음은 천 갈래 만 갈래 찢어졌다.

겨우 목소리를 되찾을 무렵 1946년 3월 남편은 소리 없는 유골이 되어 돌아왔다. 부모보다 먼저 간 자식은 1년 반상을 치르는 것이 예법이라 방안에 상청喪廳을 마련하고 어린 위와 주가 아침저녁으로 "아이고, 아이고"하며 곡哭을 했다. 부모의 보살핌도 제대로 받지 못한 남매는 매일 아버지의 죽음을 마음에 새기며 슬퍼해야 했다.

1947년 2주기가 되어 남편의 유골은 자신이 나고 자란 고향에 안식처를 찾았다. 서울에서도, 대구 향교에서도 일가친지와 동지들이 모여 눈물의 추도식을 지내주었다. 고향 성주군에서는 장례준비위원회가 주선하여 장례 절차를 진행했다. 조그만 나무함에 한 줌의 재로 돌아온 남편. 그의 무덤을 만들고 돌아오면서 그는 처음으로 서럽게 울었다.

혼란스러운 정국, 흔들리지 않는 지조

1946년 5월 김창숙을 따라 가족들도 상경했다. 서울살이는 더 어수선했다. 그의 거처인 충정로 죽첨동의 자택은 적산가옥이었다. 백범 김구의 경교장과도 가까웠다. 봉제사접빈객이 유가儒家의 전통이라지만 수돗물도 전기도 없던 시절이라 충정로에서 아현동 고개까지 물지게로 물을 날라야 했다. 한 해에 열두 번도넘는 제사는 물론, 매일 끊이지 않는 손님상을 치르는 것 또한쉬운 일이 아니었다. 작은 장터와 같을 정도로 많은 손님들이 줄을 잇고 매일 전투와 같은 정치 논쟁이 집안을 가득 채웠다.

일본이 물러난 자리에 미군과 소련군이 진주한 한반도에는좌와 우를 가리지 않고 단체와 정당이 여기저기 만들어졌다. 김창숙을 찾아와 당수로 추대하기도 했지만 그는 어디에도 가입하지 않았다. 오히려 분열된 세력을 규합하는데 힘을 쏟았다.

(전략) 벽초碧初는 나의 편벽 조롱하더니

스스로 차지했다, 민독당民獨黨 당수

소앙素昻은 나의 고집 어리석다 하더니

스스로 걸터앉다, 사회당社會黨 당수

얄미운 남로당南勞黨

음흉한 소련을 조국인양 우러러하고

두려울 손 자유당自由黨

낮도깨비 떼 지어 함부로 날뛰고

놀라울 손 민주당民主黨

턱없이 자기 과장 요란스럽고

가소로울 손 군소群小당들
하는 짓거리 점점 더 괴상하구나

아, 이 세상 모든 당인黨人
그대들 목적한바 권세와 이익일 뿐
(…중략…)
나는 나의 지키는 것 따로 있으니
당인黨人들이여, 나를 원망치 마시오

— 김창숙, 「당인탄黨人歎」, 『김창숙문존』

심산은 좌우대립 속에 한반도의 분단 위기를 앞에 두고 외세가 아닌 온전한 자주독립, 통일국가 수립을 지향했다. 신탁통치 반대운동과 함께 임시정부를 중심으로 좌우통합의 길을 모색해 나갔다. 그 과정에 친일파 숙청에 대한 입장만큼은 누구보다도 단호했다. 유림계의 친일파 청산은 황도유학의 본거지로 전락한 성균관을 바로잡는 것부터 시작했다. 해방 이후 난립한 유림단체를 통합해 유도회총본부를 결성하고, 유교이념에 입각한 교육기관으로서 성균관대학의 설립을 추진했다. 학교 설립 후 김창숙은 초대 학장에 취임했다. 그리고 전국 향교재단을 규합하여 1953년 종합대학으로 승격을 인가받고 초대 총장에 취임했다.

학교 일에 매진할 무렵 잠시나마 감사한 순간도 있었다. 당시 경상북도 소방청장이던 박명수가 김창숙을 치료해 다시 걷게 된 것이다. 그는 일본 안마학교에서 기술을 배웠다며 3개월 가까이 치료했다. 요즘 유행하는 도수치료가 아니었을까 싶다. 안마만으로도 걸을 수 있다니 김창숙 자신뿐 아니라 가족에게도 큰 기쁨이었을 것이다. 처음 걸음마 떼는 식으로 옆에서 부축을 하고 걷기 시작했고, 어린 손녀 주와는 성균관 근처를 산책하기도 했다. 부산 피난 중에 당한 사고만 아니었더라도 그들의 삶이 조금은 편안했을 것이다.

한편 단독정부 수립 움직임이 굳어지자 1948년 3월 김창숙은 김구·김규식·홍명희·조소앙·조성환·조완구 등과 '7인 지도자 공동성명'을 발표하였다. 한반도의 분단을 막기 위한 대결단이 필요했다. 남북협상을 추진하기 위해 김구가 평양행을 준비하니 김창숙도 동행하기로 했다. 불편한 몸을 근심하며 응교는 회색 두루마기를 손수 만들며 의복을 준비했다. 하지만 백범이 비밀리에 빠져나가고 심산의 평양행은 무산되었다. 그리고 끝내 통일정부 수립의 꿈을 이루지 못하고 1949년 6월 김구는 안두희의 총탄에 서거했다.

좌익도 지독하고 우익도 지독한 인심들이다. 무슨 심정으로 죽이고 죽고. 이런 참상을 연출하는고. 슬픈 시대에 사는 사람들은 비뚤어진 사상을 조장하고 있는 것 같다. 좌우익이 똑같이 잔인성을 지니고 있으니 무슨 국가 대운이 트일 것인가…남북의 원흉이 버티고 있고 그 배후에 미소가 엄호하고 있으니 우리 국

민은 참으로 불쌍한 운명에 처해 있다.…너무도 살벌한 이 땅의
반쪽 정부에 신뢰가 없다. 외세에 의한 광복이 아니고 우리 힘
으로 나라를 찾았다면 이런 비극적인 38선은 없었으리라. 미소
공동회담, 찬탁, 반탁, 좌우익 싸움, 남북회담, 분별없는 인심.
이런 와중에 생生을 추구하는 것이 우리 국민의 운명이었던가?

- 손응교, 『병인년 회고』

해방된 나라, 국민의 한 사람으로 응교는 한반도에 드리운 분
단의 위기를 걱정했다. 반쪽짜리 정부가 제구실을 못할 것을 우
려했다. 그런 와중에 가장 고통을 받는 것은 바로 국민이라는 사
실을 누구보다 잘 알았기 때문이다.

황망하고 슬픈 시간은 가고 어김없이 계절은 찾아오고, 근심
과 우울로 한 일생을 빛깔 없이 보내는 노애국혁명가에게 심혈
을 다하여 바로잡은 교육 사업마저 흔들릴 위기가 닥쳐오고 있
었다.

전쟁의 소용돌이에 시련이 끊이지 않고

1950년 6월 25일 전쟁이 일어났다. 온 국민이 전쟁의 참화 속
에 죽고 죽이는 살풍경이 벌어졌다. 모두들 남쪽으로 피난을 떠
났다. 하지만 한강 인도교가 끊겨 꼼짝할 수 없이 3개월 간 인

민군 치하에서 서울살이를 견뎌야했다. 김창숙은 돈암동 지인의 집과 병원을 오가며 은신하였다. 명륜동 집은 서울시 인민위원회에 압수되었다. 당시 명륜동 3가 3반 반장이었던 손응교는 6·25전쟁 이후에도 어쩔 수 없는 강요에 반장을 맡았다.

6월 27일 밤 인민위원회 사람들이 명륜동 집에 들이닥쳤다. 주민이 성균관대학장 댁에 귀중품과 식량이 많다고 신고했다며 샅샅이 뒤졌다. 하지만 그들은 아무런 소득도 얻지 못했다. 애초에 가져갈 귀중품이나 식량 따위는 없었다. 문교부장관 안호상 자택에 있던 쌀 14가마를 동네 주민에게 나눠주면서 그들이 오히려 쌀 한 말 두 되를 가져다주었다.

전쟁이 나니 가장 절실한 문제는 역시 식량이었다. 어디든 먹을 것이 있을까 헤매다 돌아오면 늙은 부모와 어린 자식들이 허기져 누워있으니 암담하기만 했다. 아들 위까지 데리고 이웃 사람과 함께 식량을 구하러 먼 길을 나섰다. 수원 광나루, 포천, 일산, 어디에 가도 식량은 없었다. 손수레를 끌고 개성까지 120리 길을 새벽부터 걸어 밤이 깊어 도착하였다. 개성 민가에는 소문대로 여기저기 식량이 많았다. 쌀 다섯 가마, 고구마, 기장쌀, 닭도 여러 마리 구했다. 하지만 인천상륙작전이 시작되어 임진강을 건널 수가 없었다. 미군의 상륙과 인민군의 후퇴가 교차하는 한복판에서 생사도 기약할 수 없는 순간을 보냈다. 겨우 도망쳐 서울로 오면서도 공중 폭격도 지뢰밭도 다 피해왔지만 결국 무악재 고개를 넘다 동네 주민들에게 수레에 실은 곡식들을 강제로 빼앗겼다. 겨우 몇 말 정도만 수중에 들고 귀가했다. 오는 도중 도처에 널부러진 시체들은 차마 눈뜨고 볼 수 없는 참경이었고, 서대문형무소도 불에 타고 있었다. 모두 악몽 같은 시간을 버티고 있었다.

9월 28일 UN군과 한국군이 서울에 진주하였다. 피난갔던 사람들도 하나둘 모여드는 가운데 심산 선생도 집으로 돌아왔다. 하지만 살벌하고 흉흉한 분위기는 마찬가지였다. 어제까지는 좌익들이, 오늘은 극우애국자가 설치는 상황에서 손응교는 '인민공화국' 치하에서 반장으로 부역했다고 잡혀가 조사를 받았다. 유치장에서 3일을 지내고 돌아오니 무력한 시민은 박해받는 이 더러운 시대에 태어난 것이 원망스러웠다.

겨우 한 달 남짓 지내고 나니 중공군의 개입으로 다시 피난을 가야 한다고 어수선했다. '1·4후퇴'였다. 중요한 물건 몇 가지만 챙기고 살림살이 등은 뭉쳐서 벽장 안에 넣어두고 12월 20일 피난길에 나섰다. 대구로 성주로 피난하는 도중 시어머니는 결국 1951년 3월 5일 한 많은 세상을 하직했다.

하지만 시련이 여기서 끝이 아니었다. 1·4후퇴 때 부산으로 피난한 김창숙은 1951년 봄 '이승만 대통령 하야경고문'을 발표했다가 수감되었다. 1952년에는 이승만이 당선을 위해 대통령 직선제 개헌안을 들고 나오자 이시영 등과 함께 '반독재호헌구국선언'을 하려다가 괴청년들의 테러를 당하고 부산형무소에 투옥되었다. 심산에게 정치적 탄압과 구속은 해방된 조국에서도 마찬가지였다.

부산 피난 생활 그 자체도 고통이었다. 동족상잔의 비극적 상황에서 독재와 살상, 자유당의 횡포 등으로 민심은 더욱 혼란스러웠다. 여전히 가족의 생계와 자식의 교육이 무겁게 전쟁의 일상을 짓눌렀다. 그마나 어려울 때마다 기댈 언덕이 되어 준 분들이 친정 부모님과 오빠였는데, 1953년 5월 4일에 아버지 손후익마저 별세하였다. 아무리 통곡하여도 아버지의 그 자상하면서도 엄격한 음성을 더 이상 듣지 못하게 되었다. 1945년 남편과 아들의 죽음에 이어, 1951년 시어머니와 1953년 아버지까지 돌아가시자 응교는 상복을 벗을 날이 없었다.

드디어 고통스런 피난생활의 끝이 보였다. 1953년 7월 휴전협정이 체결되었다. 8월 15일에 환도한다는 소식도 들렸다. 4년의 피난생활을 접고 서울로 돌아가리라는 반가움에 들떠 있던 순간 뜻밖의 불운한 사고가 생겼다. 친척의 초대로 간 동래온천에서 김창숙은 2층에서 떨어지는 큰 사고를 당했다. 머리를 다쳐 아홉 바늘이나 꿰매야 했고 갈비뼈가 5개나 부러지는 중상이었다. 넘어지면서 어린 손녀를 덮쳐 그 아이도 한동안 의식을 잃었으나 미처 돌볼 새도 없었다. 통증을 이기지 못하고 괴로워하는 시아버지나 어른들의 보살핌도 없이 스스로 회복해 준 딸아이나 안쓰럽고 안타까울 뿐이었다.

당분간 시아버지는 병원에 계시도록 하고 남매를 데리고 먼저 서울로 왔다. 4년 만에 돌아온 서울은 폐허의 도시, 적막의 도시였다. 한밤중에 거리에서 처음 본 사람은 신세계 백화점 앞에 서있던 교통순경이었다. "평생 순사가 반가웠던 것은 그날이 처음이자 마지막"이었다. 성균관에서 밤을 보내고 아침 일찍 명륜동 집에 가보니 귀신이라도 나올 듯 완전히 폐가가 되어 있었다. 문이란 문은 한 짝도 남아 있지 않았고, 방안은 온통 똥으로 뒤덮여 있었다. 그 날부터 수리를 시작했고, 누구의 손도 빌릴 수 없어 모든 것을 손수 해야 했다. 성균관대학교 학생들이 주변에서 수저도 가져오고 살림살이들을 조금씩 모아 와서 함께 생활하기 시작했다. 그때부터 손응교는 대학총장의 며느리에서 하숙집 아줌마가 되었다.

친정 오빠의 재정적 도움을 받아 명륜동에 새집을 지었다. 노애국지사를 일제강점기 일본인 부호들의 집이었던 적산가옥에 사시게 하는 것도 송구했고, 아비 없는 자식들의 장래를 생각해서 손응교가 어렵게 마련한 집이었다. 명륜동 1가 10번지 20호. 이곳으로 이사를 하고 본격적으로 하숙집 주인을 자처했다. 하지만 이사하기도 전에 집문서는 다른 가족에게 넘겨졌고 집문서를 담보로 대출한 돈을 갚지 못하자 끝내 손응교와 남매는 그 집에서 쫓겨나야 했다. "시시각각으로 다가오는 불운의 신은 심산의 심금을 덮치고 있었다."

독립운동을 기록하고
독립정신을 기리며

그의 일기는 여기서 끝났지만

손응교의 수첩일기는 피난살이를 마치고 서울로 환도한 1953년 즈음에서 끝났다. 그 후에도 심산과 함께 손응교가 겪었던 많은 참담한 이야기들만 해도 여러 권을 썼음직한데 그 부분에 대한 기록은 남아 있지 않다. 1953년부터 1962년 심산이 서거할 때까지 10년은 '분통이 터진다'라는 일기의 마지막 문구에 응축되어 있다. 김창숙과 세 모자가 겪은 탄압과 불행을 집약한 말이기도 하다.

김창숙은 부산에서 큰 부상을 입고 다시 만신창이 몸으로 환도를 했지만 이승만 반독재투쟁에 물러섬이 없었다. 이승만의 독재와 부정부패, 실정을 비판하는 대통령 하야 경고문을 세 번이나 공개적으로 발표한 심산이었다. 1956년에 3대 정부통령선거에도 야권 단일화를 위해 힘썼으며, 국가보안법 개악 저지 투쟁에도 나섰다. 이로 인해 이승만 정권으로부터 성균관대학교 총장 등 모든 공직에서 쫓겨나는 탄압을 받았다.

1957년 겨울 심산은 성주 사도실 마을의 고향집으로 돌아왔다. 하지만 고택마저 무너져 내리고 병든 몸 뉘일 곳조차 없자 청천서원 방 한 켠에서 한시漢詩 한편을 지었다. 말년에 집도 없이 여관방을 전전했던 심산은 죽는 날까지 저 마음을 품고 한 많은 세상을 떴으리라. 그의 곁에서 온갖 수모와 고초를 겪었던 손응교의 삶 또한 이 시에 녹아 있는 듯하다.

조국 광복에 바친 몸
엎어지고 자빠지기
어언 사십 년
뜻한 일 이미
어긋나 실패하고
몹쓸 병만 부질없이
오래 가네.
(…중략…)
아아, 조국의 슬픈 운명이여
모두가 돌아갔네
한 사람 손아귀에.
아아, 겨레의 슬픈 운명이여
전부가 돌아갔네
반역자의 주먹에.

평화는 어느 때나

실현되려는가.

통일은 어느 때에

이루어지려는가.

밝은 하늘 정녕

다시 안 오면

차라리 죽음이여

빨리 오려므나.

− 「통일은 어느 때에」, 『김창숙문존』

상하이 임시정부 청사를 지키다

1990년 손응교는 딸 주와 함께 중국을 방문하였다. 아직 중국과 수교를 체결하기도 전이었다. 중국 상하이의 도시개발로 없어질지 모를 임시정부 청사 보존에 관심이 쏠리던 시기였다. 1988년에 옛 임시정부 청사 소재지가 상하이시 마당로馬當路라는 사실이 최초로 알려졌다. 국내에서 기념관으로 활용하자는 목소리가 나오기 시작했다. 생존독립운동가 조경한 지사를 중심으로 '대한민국 임시정부기념사업회'의 명맥을 이어온 독립운동가 후손들이 중국에 남아있는 임시정부 청사 보존에 적극 나선 것이다.

이들은 중국의 관계자들과 옛 임시정부 청사를 중국 내 항일유적지로 보존할 수 있는 절차를 협의하고, 베이징대학 조선문

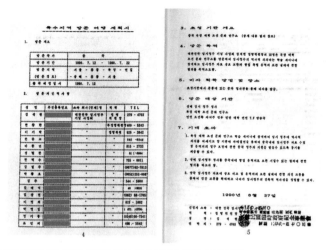

대한민국임시정부기념사업회 중국 방문 일정과 계획, 김주 제공

화연구소 학술세미나를 개최하는 등 임시정부의 역사를 제대로
계승하기 위한 중국 방문을 추진했다. 임시정부기념사업회 김석
원 집행위원장 명의로 국가보훈처에 제출한 '특수지역 방문 여
행 계획서'에 방문자 인적사항, 베이징, 상하이, 옌지延吉 등 방
문 일정과 목적이 상세히 나와 있다.

당시 임시정부기념사업회 조경한 회장은 고령에 건강상 이
유로 중국행에 함께 하진 못했고, 김석원 집행위원장과 집행위
원 자격으로 손응교와 딸 김주 등 19명이 동행했다. 베이징대학
조선문화연구소에서 개최한 학술세미나에서는 김석원 집행위
원장과 문정일 조선족 총회장이 "임시정부의 역사적 의의"에 대
해 발표했다. 아마도 대한민국 임시정부를 주제로 개최한 최초

의 한·중 학술회의가 아닐까 싶다. 특별히 이날 임시정부기념사업회와 베이징대학 조선문화연구소는 손응교에게 "남편이 활약한 임시정부의 학술회의를 기념해" 공동명의로 표창패를 수여했다. 김찬기의 부인으로서 받은 것이었지만 김창숙과 두 아들 모두 중국에서 독립운동에 헌신했을 뿐 아니라 그들의 동반자이자 조력자로서 헌신한 손응교에 대한 표창이기도 했다. 그리고 이들의 발걸음은 백두산 천지로 향했다. 거기서 "조국통일기원대제祖國統一祈願大祭"를 올렸다. 독립운동의 궁극의 도달점은 한반도 통일이라는 지향이 이들의 활동에서 이어지고 있었다.

1980년대부터 1991년까지 대한민국 임시정부와 관련한 기념사업을 펼쳐 온 이들의 발자취는 얇은 인쇄 책자로 남아 있다. 임시정부 마지막 국무위원으로 유일한 생존 독립지사였던 조경한 회장이 1993년 별세한 후 임시정부기념사업회의 흔적도 희미해졌다. 하지만 손응교와 김주 모녀는 이 모임의 명맥을 이어나가기 위해 독립운동가의 후손으로서 역사적 책임을 다했다.

조경한은 손응교의 가족과도 각별한 인연이 있다. 남편 김찬기의 마지막을 곁에서 지켰던 분이다. "딸의 요만한 손이라도 잡아 봤으면 좋겠다"며 가족을 향한 그리움이 간절했던 김찬기의 마지막 유언을 고맙게도 전해 주었다. 아버지 대신 기꺼이 위와 주 남매의 후원자 역할을 자임했고 결혼 주례도 맡는 등 귀한 인연을 이어왔다. 그래서 그분이 나서는 일이면 무엇이든 손응교와 딸 주가 함께 지지하고 실행에 옮겼다.

청천서원을 다시 일으키다

상하이에서 돌아오면서 손응교는 마지막 남은 숙제를 떠올렸다. 김창숙이 평생 소원하던 '청천서원晴川書院'의 복원이었다. 성주의 심산 생가를 지키면서 손응교는 청천서원 복원에 매달렸다. 1990년 11월 3일 드디어 개토제를 지내고 장비 공사를 시작한 것이 1992년 4월 26일에야 마무리되었다.

경상북도 유형문화재로 지정된 청천서당. 문화재청 국가문화유산포털

청천서원은 동강 김우옹 선생을 제사지내던 곳으로 조선 영조 5년 1729년에 지어졌다. 회연서원과 함께 성주지역의 중심 서원이었다. 대원군의 서원 철폐령으로 철거되었던 것을 동강

의 12대 후손이자 김창숙의 부친인 김호림金護林이 종택의 사랑
채를 고쳐 청천서당으로 이름을 바꾸어지었다. 심산은 일본의
침략이 노골화하자 구국운동의 일환으로 교육운동을 펼쳤다.
1909년 단연회斷煙會 기금으로 서당을 수리하여 청천서당을 성
명학교라 부르고 신교육을 시도한 곳이기도 하다.

중국으로 망명하여 임시의정원 활동을 하면서도 베이징에서
젊은 인재들을 모아 영어 교육에 힘썼던 그였다. 지금 일제의
지배를 받지만 독립된 나라를 만들기 위해 내일의 주역을 길러
내는 교육사업에 관심을 기울였던 심산이었으니 고향의 청천서
원을 복원하는 일은 당연한 사명이었을 것이다. 해방 후 백범
김구가 친필로 쓴 현판이 걸려있는 것만 보아도 심산의 복원 의
지를 읽을 수 있다. 성균관 바로세우기에 힘을 쏟았던 심산이
그 뜻마저 제대로 이루지 못하고 세상을 등졌으니 손응교는 문
중을 위한 마지막 소임으로 여겼다.

1992년 문중의 힘을 모아 청천서원은 대가면 칠봉리 산중턱
의 현재 위치에 복원되었다. 청천서원에서 나와 조금 내려가면
청천서당이 나온다. 청천서당은 1991년 경상북도유형문화재 제
261호로 지정되었다. 안채와 사랑채뿐이던 심산의 생가도 대문
채와 판각고까지 복원하여 1991년 경상북도 기념물 제83호로
지정되었다.

우리가 기억해야 할 손응교

  김찬기와 손응교의 딸 김주는 자신의 어머니를 한마디로 '대인'이라고 했다. 어머니가 단지 조력자에 머물지 않고 스스로 당당한 독립운동가가 되었을 인물이라는 것이다. 열일곱 나이에 본의 아니게 맏며느리가 되어 거동 불편한 시아버지의 병간호부터 모든 뒷바라지를 도맡았던 그였다. 어려서부터 영특했던 손응교는 김창숙의 숨은 연락병이었음에 자부심을 가지고 있었다. 서신을 숨기기 위해 자식을 포대기에 안고 국내 뿐 아니라 중국까지 다녀올 정도로 용감한 여성이었다고 딸은 강조했다. 특히 독립운동 연락거점으로 활용하려고 운영한 대구 요미우리서점 명함과 1940년대 김창숙 지사가 독립운동가들과 주고받았던 서신 등은 이를 뒷받침하는 중요한 사료라고 할 수 있다.

  손응교의 『병인년 회고』를 보면 독립운동 가문의 구성원으로서 손응교는 나라의 운명과 가문의 운명을 개인의 운명과 일치시켜 왔다. 독립운동 집안의 부끄럽지 않은 자손으로 살 것을 다짐하는 것으로 그의 정치적 각성은 시작되었다. 독립운동으로 할아버지와 아버지가 겪은 박해와 탄압 속에서 저항의식이 싹텄고, 문암의 자식으로, 심산의 자부로, 찬기의 부인으로서의 소명의식은 독립운동 공동체 일원으로서의 자각과 다름없었다. 부모를 봉양하고 자식을 기르며 가문을 지키는 충효의 법도를 지키는 것 또한 시아버지와 아버지, 외삼촌과 남편의 독립운동을 지탱하는 손응교의 독립운동이었던 것이다.

독립운동가의 가족에게 가난은 숙명이고, 굶주림은 일상이었다. 손응교도 딸 김주도 가난한 삶을 전혀 부끄러워하지 않았다. 변변한 가족사진조차 남기지 못한 그들의 삶은 여느 독립운동가 가족들의 삶과 매한가지였다. 감옥살이를 한 집안 어른들이 너무 많아서 콩밥은 절대로 안 먹는다는 것은 쉽게 믿어지지 않는 가족의 뼈아픈 습관이다.

그들에게는 늘 감시와 회유의 손길이 뻗어 있었다. 반면 그들을 외면하는 주변의 싸늘한 눈길과 부당한 처사는 독립운동가의 가족이 의연히 감당해야 할 운명이었다. 이런 환경이 손응교의 가족을 인고와 외로운 투쟁의 삶으로 내몰기도 했다. 항상 가장 가까운 곳에 변절이 있었고 배신이 있었기 때문에 이 가족들은 침묵하고 살 수밖에 없었다. 그것이 독립운동 가문을 지키고 일구는 길이라고 생각했다.

김주는 아버지의 신념이 묻어나는 자신의 이름 '붉을 주朱'를 자랑스러워했다. 평소 5월 1일이면 "오늘 메이데이구나"라고 하시는, 어릴 때 사회주의자 이관술의 총애를 받았던 어머니도 혁신적인 사상을 가진 여성으로 딸은 평가했다. 두 분의 디엔에이가 자신에게 흐른다는 생각에 자신도 정의로운 삶을 살리라는 의지도 덧붙였다. 세대를 이어 독립 정신은 이 가족에게 이렇게 흘러내리고 있었다.

2018년부터 국가보훈처는 여성 독립운동가를 적극 발굴하기 시작했다. 하지만 총 1만 6천여 명의 전체 독립유공자 가운데 여성은 2022년 3월 현재까지 567명, 3.5퍼센트에 불과하다. 그것도 2018년~2022년까지 269명을 서훈한 결과이다. 독립운동 공적을 인정받은 이의 부인, 어머니 등이 다수 서훈되었다. 주로 해외 독립운동가 가족공동체의 구성원들이다. 앞서 소개한 '민족주의자의 아내' 이은숙도 2018년 건국훈장 '애족장'을 받았다. 그의 공훈록에는 이회영의 공적사항 아래 "남편 이회영과 함께 만주로 이주한 이래 독립운동에 직·간접적으로 투신하여 많은 활동을 하였다"라는 단 한 줄이 적혀 있을 뿐이다. 아쉽지만 '독립운동가 배우자'로서의 삶이 곧 독립운동이었다는 사실을 인정받은 것은 진전된 평가이다.

그런 점에서 손응교의 수첩일기는 국외뿐만 아니라 국내 독립운동까지 지탱한 여성들의 생존투쟁을 폭넓게 이해하도록 한다. 김창숙과 손후익, 김찬기와 손응교로 이어지는 독립운동의 계승이 얼마나 처절한 희생과 많은 헌신으로 이루어진 것인지를 보면 새삼 숙연해진다. 그들의 독립운동은 먼 이국땅에서 들려오는 환상 같은 희망새가 아니었다. 무수한 도전자들이 국내외를 오가며 독립운동의 협력망을 견고하게 만든 결과였다. 혈연·지연·학연 등 전통적 사회관계망과 혼인관계로 연결된 독립운동 가문의 결속력이 세대를 이어 독립운동을 이어나가는 힘이었음을 보여준다.

독립운동의 지속가능성은 이념과 투쟁방법만으로 판가름되

지 않았다. 오히려 가족들이 일제의 탄압으로 구속된 순간 손응교의 독립운동은 시작되었다. 특히 일제가 침략전쟁 말기 총동원체제로 모든 것을 옥죄고, 사상탄압과 회유가 기승을 부릴 때 전향하지 않고 살아내기가 얼마나 어려운 것인지를 손응교의 수첩일기가 생생히 증언하고 있다. 그 가족이 겪은 비참한 일화들을 독립운동의 연장선에서 평가받아야 할 수난사이자 투쟁사이다. 일제 수사기관의 직접적인 탄압과 고문으로 입은 육체적 고통, 주변의 경계와 배신으로 겪은 정신적 고립감, 생계를 책임지고 가족을 부양해야 하는 일상의 무게감은 그를 한없이 나약하게 만들 수도 있었지만 그는 오히려 단단해졌다. 김창숙, 손후익, 정수기 그리고 김환기와 찬기 형제의 독립운동이 결국 그들의 투옥으로 끝이 아니었듯 손응교의 독립운동은 일상에서 치열하게 지속되고 있었다.

그래서 손응교가 남긴 기록이 더욱 소중하다. 무수한 공적 기록에 남은 남성들의 독립운동사에 피를 돌게 하고, 감정을 읽게 하며 숨은 의지를 발견하게 한다. 겨우 두 권의 수첩이지만 지난 한 세기를 살아 온 한 여성의 투지와 의리를 읽기에 충분하다. 곧 온전한 모습으로 그의 일기들이 세상과 만나기를 기대한다.

참고문헌

강윤정, 「독립운동 하는 집에 시집와, 잠 한번 제대로 못 잤어」, 손응교 편, 『구술생애 사를 통해서 본 경북여성의 삶Ⅱ—하고 싶은 말은 태산도 부족이라』, 경북여성정 책개발원, 2014.

강윤정, 「문암 손후익의 가계와 유림단의거」, 『대구사학大邱史學』 제138집, 2020.2.

손응교, 「격동의 세월에 온몸으로 맞섰던 심산 김창숙의 자부 손응교」, 『향토와 문화: 나의 20세기』 15, 1999.12.31.

예지숙, 「여성독립운동 회고록의 현황과 사료적 가치」, 『한국근현대사연구』 제99집 2021년 겨울호.

장세윤, 「중국 동북(만주)·연해주 지역 독립운동 관련 주요 회고록 현황과 사료적 가치」, 『한국근현대사연구』 제99집 2021년 겨울호.

김창숙(金昌淑) 저, 심산사상연구회(心山思想硏究會) 편 『김창숙문존(金昌淑文存)』, 성균관대학교출판부, 1989.

배문석·백승아·원영미·정계향·허영란·황은혜, 『울산여성의 독립운동』, 울산광역시 울산여성가족개발원, 2020.

임경석, 『독립운동열전2—잊힌 인물을 찾아서』, 푸른역사, 2022.

국가보훈처 공훈전자사료관(e-gonghun.mpva.go.kr)

국립중앙도서관 대한민국신문아카이브(nl.go.kr/newspaper)

국사편찬위원회 한국사데이터베이스(db.history.go.kr)

임시정부가 내게 할 일을 주었고,
내가 맡은 일을 했을 뿐이다

– 임시정부의 '안주인' 정정화 –

문미라

'전통적' 여성으로
자라서 혼인하다

명망가 집안에서 출생하다

정정화鄭靜和는 정치.경제 등 각 방면에서 일본의 영향력이 날로 커지던 1900년 서울에서 태어났다. 수원유수水原留守를 역임한 정주영鄭周永과 이인화 사이의 2남 4녀 가운데 셋째 딸이었다. 수원유수는 관내의 민사행정은 물론 군사지휘권까지 총괄하는 관직으로 고관高官이 부임하는 자리였다. 정정화의 할아버지 역시 1896년 아관파천 때 고종과 세자를 호위할 정도로 조정의 신임을 얻었고 이후 공조판서까지 지낸 명망가였다.

정정화의 아버지 정주영은 지극히 보수적인 사람이었다. 여자는 한문을 배워서는 안 된다고 여겨 딸에게 한문을 가르치지 않았고 한글만 겨우 깨우치게 하였다. 당시 서울에는 이미 여학교가 있었고, 개화한 집안에서는 딸을 여학교에 보내기도 하던 상황이었지만 정정화는 그런 배움을 꿈꿀 수 없었다. 그러나 두 살 위인 오빠와 함께 서당에 몰래 드나들던 정정화는 이미 여섯 살에 천자문을 익힌 총명한 소녀였다. 정정화는 서당을 출입했다는 사실이 정주영에게 발각되자 호되게 혼이 났고 그 후부터는 서당 근처에는 얼씬도 하지 못하게 되었다.

정정화는 한일강제병합으로 나라를 잃은 지 두 달 후인 1910년 10월 안동 김씨의 명문가 김가진金嘉鎭의 아들 김의한金毅漢과 결혼하였다. 그의 나의 11살, 조혼早婚의 풍습이 남아 있던 당시로써도 매우 어린 나이였다. 이렇게 일찍 혼인하게 된 것은 정정화의 할아버지가 눈을 감기 전에 손녀가 시집가는 것을 보여드려야 한다는 '전통적'인 이유 때문이었다. 동갑인 남편 김의한과는 오랜 기간 소꿉친구로 지냈다.

시아버지, 동농東農 김가진

시아버지 김가진은 정정화의 인생에 가장 큰 영향을 미친 사람이었다. 1846년생 김가진은 안동 김씨 집안에서 태어났지만 서자였기 때문에 과거 응시가 불가능했다. 그리하여 1877년 서얼들에게 허용된 관직인 규장각 검서관으로 관직 생활을 시작하였다. 그러다 갑신정변 이후 적서차별이 철폐되자 41세가 되던 1886년 문과에 급제하여 주일공사 등을 역임하는 등 비교적 순탄한 관직 생활을 이어갈 수 있었다.

4년 동안의 일본 근무를 마치고 1891년 귀국한 김가진은 안동대도호부사(정3품)를 거쳐 군국기무처 의원을 역임하며 갑오개혁의 주역 중 한 명이 되었다. 1895년 농상공부 대신을 지내며 독립협회 창설을 주도하고 만민공동회 개최에 참여하기도 하였다. 정정화와 남편 김의한이 태어난 1900년에는 중추원 의장인 칙임관 일등에 임명되었다. 나라의 운명은 풍전등화였으나, 김가진 개인으로서는 조선왕조에서 서출로서 일찍이 없던 영달을 한 셈이었다. 1905년 김가진은 을사조약 체결을 반대하다가 충청남도 관찰사로 좌천되었다가 1907년 규장각 대제학을 마지막으로 정계에서 은퇴하였다.

1910년 결국 강제병합이 일어나자 일본은 대한제국 고관들에게 작위를 주었다. 이미 관직을 떠난 지 오래였으나 김가진도 남작 수여 대상이 되었다. 유길준兪吉濬, 민영달閔泳達, 윤용구尹用求 등 일부는 일본이 내린 작위를 거부하였으나 김가진은 그렇지 못했다. 이를 두고 정정화는 "아마도 모든 것을 체념한 상태로 (중략) 작위도 공개적으로 거절하지 못한 것 같다"고 평하였다. 다만 김가진은 생활 형편이 날로 어려워져 집 크기를 줄여 이사를 다녀야 하는 상황에서도 작위에 따라 주어지는 연금은 끝내 받기를 거부하였다.

대한제국 대례복 차림의 김가진

1919년 전국 방방곡곡에서 퍼진 독립의 함성은 "모든 것을 체념한" 채 은거하던 70대 노인을 움직였다. 3·1운동 이후 제2의 만세시위를 기획한 조선민족대동단(朝鮮民族大同團, 이하 대동단)의 총재로 추대되어 활동에 나선 것이다. 대동단은 강제병합 이후 항일운동단체로서는 처음으로 전국적인 조직을 가지고 있었으며 만주에까지 조직을 뻗치고 있었다. 김가진은 대동단 총재직을 수락한 후, 단순히 상징적 위치에 머무른 것이 아니라 단체의 활동에 적극적으로 가담하였다.

국내에서의 활동에 한계를 느낀 대동단 지도부는 본부를 임시정부 소재지 상하이上海로 옮기기로 결정하고 임시정부 내무총장 안창호安昌鎬에게 그 뜻을 전달하였다. 안창호는 임시정부 특파원 이종욱李鍾郁을 국내에 파견하여 김가진의 망명을 실행에 옮겼다. 1919년 10월 10일, 김가진은 아들 김의한과 함께 일산역에서 기차를 탔다. 사람들의 이목을 피하기 위해 서울역이 아닌 일산역을 택한 것이었다. 경의선으로 신의주까지 가서 중국 안동(安東, 지금의 단둥[丹東])으로 넘어가는 경로였다. 김가진은 자신의 탈출과정을 아래와 같은 시로 남겼다.

늙은 몸 아직도 하늘을 꿰뚫는 뜻을 품고 있나니(老身尙有沖霄志)
단숨에 솟아올라 만리길을 날아간다.(一擧雄飛萬里行)

민국의 존망이 달려 있으니 어찌 내 몸을 돌보리(民國存亡敢顧身)

물샐 틈 없는 감시망을 귀신같이 빠져 나왔으니(天羅地網脫如神)

찢긴 갓에 누더기 입고 삼등 칸에 앉은 승객을(誰知三等車中客)

옛 대신인 줄 그 누가 알 깃인가.(破笠麄衣舊大臣)

일흔넷 노구를 이끌고 해외 망명길에 오른 김가진의 희망과 의지가 뚜렷하게 담긴 시다. 감가진 일행은 무사히 압록강을 건너 안동에 도착하였고, 그곳에서 다시 배편으로 상하이로 이동하였다. 임시정부 내무총장 이동녕李東寧이 임시대통령 이승만李承晩에게 보

상하이 망명 후의 김가진

낸 〈내무부 정문呈文 제16호(1920.12.20)〉는 "경성특파원 이종욱은 유력가를 연락한 결과 김가진을 동반하여 원년(1919년_인용자) 10월 29일 상하이에 환착還着"했음을 보고하였다.

74세의 몸으로 20일 가까운 시간을 길에서 보내야 했던 김가진은 상하이에 도착하자마자 병원 신세를 져야 했다. 그럼에도 김가진은 병원에서 세계 각국의 기자들과 회견을 가지며 독립

임시정부가 내게 할 일을 주었고, 내가 맡은 일을 했을 뿐이다 - 임시정부의 '안주인' 정정화 -

의 당위성을 역설하였다. 김가진의 기자회견 기사는 각국에 크게 보도되었다. 일제도 김가진의 망명 사실을 전혀 몰랐다가 신문을 통해 알았을 정도로 김가진의 망명은 성공적이자 일제로서는 커다란 충격이었다. 그때까지 독립운동에 참여한 사람 중 김가진처럼 화려한 관직을 가진 사람이 없었던 데다 일본으로부터 작위까지 받은 고관이 해외로 망명했기 때문이었다.

임시정부로서도 김가진의 망명은 단순히 정치가 한 명이 임시정부를 찾아온 것 이상의 의미였다. 당시 일제는 독립운동에 조선인 '귀족'은 참여하지 않으며 가난하고 힘없는 사람들만이 독립을 주장한다며 국내외의 독립운동을 폄하하고 있었다. 이런 상황에서 김가진은 전 민족의 독립 의지를 세계에 알릴 수 있는 커다란 힘이었다. 임시정부를 비롯한 상하이 교민사회에서는 김가진을 크게 환영하였고, 김가진은 임시정부 고문으로 추대되었다.

상하이에서
새로운 삶을 시작하다

압록강을 건너다

정정화는 시아버지와 남편의 망명을 신문을 보고서야 알게 되었다. 이는 두 가지 사실을 시사한다. 첫째는 김가진과 김의한의 망명이 가족도 몰랐을 정도로 비밀리에 진행되었다는 점이다. 다른 하나는 시아버지와 남편의 상하이행이 정정화에게는 전혀 알려지지 않았다는 것이다. 달리 말하면 남성 가족 구성원의 인생을 송두리째 바꿀 수도 있는 중대한 결단이 여성 가족 구성원과의 그 어떤 논의 없이 결정·추진되었다고도 볼 수 있을 것이다. 이는 김가진과 김의한의 망명, 뒤이은 정정화의 상하이행이 기본적으로 전통적 가부장제의 강고한 질서 속에 이루어졌음을 보여준다.

여하튼 정정화는 김가진·김의한의 망명 소식을 접한 이후부터 "무엇인가 내 길을 찾아야겠다는 마음속 깊은 곳으로부터의 거센 욕구"와 마주하였다. 마침내 1920년 1월 초, 정정화는 친정아버지를 찾아가 자신도 상하이로 가겠다는 결심을 알렸다. "시댁에 남아 있는 것보다는 시아버님 곁에서 시중을 들어드리는 것이 나을 것" 같다는 이유에서였다. 정주영은 상하이에서의 어려운 생활을 걱정했지만 딸을 만류하지 않았다. 그리고는 당시로써는 거금 800원을 내밀며 정정화를 상하이까지 안내해줄 사람을 소개해주었다.

정정화는 친정아버지를 만난 후 한나절 만에 상하이로 떠날 준비를 마치고는 그날 저녁 의주행 기차에 몸을 실었다. 의주에서 중국의 도시 펑톈(奉天, 지금의 선양[瀋陽])으로 가는 기차로 갈아타고 국경을 건넌 정정화는 펑톈에서 샨하이관山海關, 톈진天津, 난

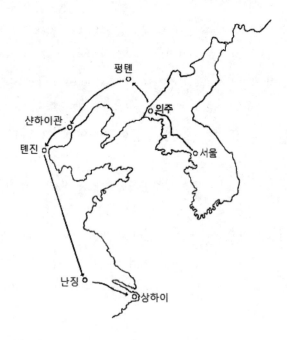

정정화의 탈출 경로

징南京까지 연이어 기차를 갈아타며 꼬박 열흘 이상을 열차 안에서 지냈다. 긴 여정 끝에 상하이에 닿은 것은 1월 중순이었다. 그리고 그곳에서 시아버지와 남편을 만났다.

본인의 상하이행에 대해 정정화는 "이 길은 모진 풍파로부터의 도피도 아니며, 안주도 아니다. 또 다른 비바람을 이번에는 스스로 맞기 위해 떠나는 길"이라고 회상하였다. 스스로 택한 길임을 강조한 것이다. 하지만 그러한 스스로의 선택은 자신이 나서서 무언갈 하기 위한 것이 아니라, 그곳에 가서 시아버지와 남편의 '시중'을 들기 위한 선택이었다. 이 같은 정정화의 모습은 '전통', 구체적으로는 가부장적 질서 안에서 '주체성'을 발휘한 것으로 이해할 수 있을 것이다.

정정화의 눈에 비친 임시정부의 생활상

드디어 상하이에서의 새로운 생활이 시작되었다. 상하이 생활이라는 것은 곧 프랑스 조계 내의 임시정부에서의 생활을 말하는 것이었다. 조계란 주로 개항장에 외국인이 자유로이 거주하도록 설정한 구역이었다. 치외법권을 누릴 수 있었던 조계지에는 일제의 세력이 미치기 어려웠다. 특히 프랑스는 한국의 독립운동에 대해 특별히 동정적이었다. 때문에 임시정부는 프랑스 조계 안에 있었다.

임시정부가 내게 할 일을 주었고, 내가 맡은 일을 했을 뿐이다 - 임시정부의 '안주인' 정정화 -

정정화는 임시정부에서의 생활에 대해 "임시정부 정청政廳에 나가 일선에서 직접 일을 하지는 않더라도 (중략) 그 현장의 일원이" 되었다고 회고하였다. 그가 서울을 떠난 것은 망명이었고, 시아버지의 '시중'은 곧 독립운동이었으며 친정아버지가 전해준 돈은 다름 아닌 독립자금이었다. 그러나 정정화의 눈에 비친 임시정부의 생활은 "거지나 다름없었다." 무언가 긴장되고 활기찬 움직임은 있었으나 임시정부 요인들이 각자 꾸려가는 살림살이라는 것은 그야말로 말이 아니었다. 정정화의 기억 몇 가지를 따라가 보자.

1)-①상해에서 부자 두 분(김가진, 김의한_인용자)의 생활 형편은 그야말로 애옥살이였다. 당시 중국에는 빠우판包飯이라고 해서 하루 세끼를 배달해주고 한 달 계산으로 장기간 식사를 대주는 것이 있었는데 두 분이 달리 손을 쓸 수도 없었기 때문에 그 빠우판으로 끼니를 때우고 있었다.

1)-②상해에서의 생활이라는 것은 그저 하루 먹고 하루 먹고 하면서 간신히 꾸려나가는 게 고작이었다. 식생활이라고 해야 가까스로 주먹덩이 밥을 면할 정도였고, 반찬은 그저 밥 넘어가게끔 최소한의 종류 한두 가지뿐이었다.

2)-①그때 시아버님이 기거하시던 집은 프랑스 조계 내의 구근로具勤路 영경방永慶坊 10호에 있었는데, 큰 길가에서 좁은 골목

을 따라 안으로 쑥 들어간 곳에 있었다. 그 집은 방이 셋에 부엌이 하나 딸려 있고, 집 전체를 월세로 빌려 쓰고 있었는데 방 하나는 다시 세를 놓았다.

2)-②첫아들 후동을 낳고 우리 세 식구는 셋방살이로 여기저기를 전전했으나 일파(김의한의 절친한 친구이자 김구의 측근으로 활동한 독립운동가 엄항섭[嚴恒燮]_인용자)는 조촐하나마 자기 집을 지니고 있었다. 그래서 자기네 건넌방이 비었으니 와서 함께 지내자고 우리 내외에게 여러 차례 권유했었다. 사양하다 못견딘 우리는 일파의 집에 가서 잠깐이나마 같이 살게 되었다.

3)임시정부 측에서는 시아버님을 특별히 대접하여 모두들 정성을 다하긴 했으나 살림이 궁핍하기는 피차일반이었고.

1)-①과 1)-②는 김가진을 비롯한 임시정부 요인들의 식생활을 짐작하게 해준다. 상하이로 건너간 김가진과 김의한은 정정화가 상하이에 도착하기 전까지 식사를 만들어줄 사람 없이 저렴한 중국식 배달음식으로 세 끼니를 모두 해결하고 있었다. 정정화가 상하이에 온 이후에는 배달에 의존하지 않아도 되었지만, 반찬 한두 가지로 끼니를 때울 수밖에 없었다. 반찬은 배추를 "소금에 고춧가루하고 범벅을 해서 절여 놨다가 꺼내 먹는" 수준이었다. 배추로 만든 반찬이 값이 가장 저렴했기 때문이다. 『백범일지』에는 그 배추마저도 구입하지 못해 김구金九의 어머니

곽낙원郭樂園이 "쓰레기통에 버려진 배추 껍데기"를 골라 소금물에 담가두었다가 반찬으로 만든 일화가 등장한다.

2)-①은 거주공간에 대한 기억이다. 김가진 부자는 월세로 집을 얻어 생활하였고, 셋방에 살면서도 남는 방 한 칸은 다시 세를 주어 생계를 유지하는 데 보탰다. 김가진 부자와 같은 건물에 거주했던 김구 역시 영경방에서 생활할 때 "작은 방 하나에 다섯 식구가 살면서, 나머지 방 두 개는 세를" 주었다. 2)-②를 통해 알 수 있듯이 월세도 감당하기 어려운 상황이 되면 더부살'를 선택하였다. 정정화 가족에게 집을 내어준 엄항섭은 중국에서 대학을 졸업하였고 프랑스 조계에 근무하여 다른 임시정부 구성원에 비해서는 살림살이가 풍족하였다. 그리하여 자가自家를 소유할 수 있었고 이곳을 동지들에게 내어주었던 것이다. 이러한 더부살이는 '망명자들의 공동체'였던 임시정부 구성원 간 결속력을 공고히 하는 데 중요한 역할을 하였다.

임시정부 요인들이 거주했던 상하이 영경방의 최근 모습

이렇게 식생활과 주거환경을 포함한 임시정부 요인들의 일상은 어려움의 연속이었다. 3)의 인용문처럼 임시정부에서 "특별히 대접"한 김가진의 생활이 이러했을 정도였으니 다른 사람들은 더 말할 나위가 없었을 것이다. 김가진의 곤궁한 형편은 국내에도 잘 알려져 있었다. 윤치호尹致昊는 자신의 일기에 "김가진이 상하이에서 절망적인 상황에 처해 있다지 않은가"라고 적었다. 그는 훗날 이상재李商在로부터 미국으로 건너가 독립운동에 힘써 달라는 부탁을 받고는 "제2의 김가진이 되란 말인가?"라고 냉소적인 반응을 보이기도 하였다.

생활인으로서의 독립운동가

1920년대 임시정부의 생활난은 생활기반이 없는 국외에서의 독립운동이 얼마나 천고만난天苦萬難의 길이었는가를 잘 보여준다. 독립운동가도 '생활인'이고 그들에게도 먹고 사는 문제가 최우선 과제일 수밖에 없었다. 이것이 해결되어야만 독립을 위한 활동이라는 대의를 이룰 수 있었다. 이에 대해 정정화는 다음과 같이 표현하였다.

대의를 위해 불철주야 뛰어다니는 여러 지사들도 활동을 위해서는 생계가 유지되어야 한다는 사실을 부인하지 못했다. 다만 한 사람 한 사람의 사정에 앞서 전체 민족의 생존권 획득이 우선되어야 했으므로 개개인의 구차한 살림 형편을 크게 내세우지 않았을 뿐이었다. (중략) 무엇보다도 먼저 불을 지피고 물을 끓이고 명색이나마 밥상에 올릴 식량이 있어야 했다. 그러나 일정한 직업이 없고, 땅뙈기 한 뼘도 가지고 있지 못한 상해에서는 겉으로 떠벌리며 푸념하지 않았을 뿐이지 속으로는 애간장을 녹이는 실정이었다. 이름, 명예, 자존, 긍지보다는 우선 급한 것이 생활이었다. 포도청 같은 목구멍이었다. 머리를 내밀고 팔다리라도 내놓을 만한 누더기 한 자락이 더욱 절실히 필요했던 것이다(강조는 인용자, 이하 동일).

더구나 임시정부의 주요 수입원이었던 인구세와 애국금은 해마다 줄어들었다. 1920년대 들어 일제의 추격에 의한 국내조직의 파괴, 해외 각처에 산재한 한인사회와의 장벽, 내부의 분열 등으로 임시정부의 활동이 침체에 빠졌기 때문이었다. 1927년 1,266원이었던 인구세와 애국금은 1930년 321원까지 떨어졌다. 그나마도 45%가 주거비로 지출되는 상태였다. 상하이 한인사회의 지지와 도움이 있었으나 임시정부의 심각한 재정상태를 해결하기에는 역부족이었다. 임시정부를 이탈하거나 상하이를 떠나는 사람들도 늘어났다. 김구는 『백범일지』에 아래와 같이 적었다.

재정으로 말하면 본국 동포들의 비밀 연납捐納과 미주·하와이 한인 동포들의 세금 명복 상납으로 충당했는데, 왜의 강압과 운동의 퇴조로 원년(1919년)보다 2년(1920년)의 숫자가 감소되고 그 후 점점 더 감소되었다. 이에 따라 임시정부의 직무도 정지되고 총장, 차장들 중에서 투항하거나 귀국하는 자가 한둘이 아니었다. 이러한 지경이니 그 아랫사람은 더 말하지 않아도 알 만하며, 그 중요 원인은 경제적 곤란이었다.

이처럼 재정난과 망명 생활이 장기화되자 '직업적' 독립운동가들도 생계유지 수단이 필요해질 수밖에 없었다. 김구나 이동녕 등 임시정부 지도자들도 상하이에 사는 젊은 청년들에게 일정한 수입을 가지고 공부하는 것이 장기적인 독립운동이라고 강조할 정도였다.

당시 상하이에 거주하던 한인의 주요 생계수단은 검표원檢票員이었다. 국제적인 도시로 성장한 상하이에는 프랑스, 영국, 중국 등 다양한 국가가 전차·버스회사를 운영하고 있었다. 검표원은 바로 이 회사 소속으로 무임승차자를 단속하는 일을 하는 것으로 비교적 높은 수입을 거둘 수 있었다. 정정화의 남편 김의한도 1926년 영국인이 경영하는 전차회사에 취직해 생계를 해결하고, 국내의 어머니에게 생활비를 송금할 수 있을 정도의 생활을 할 수 있었다.

임시정부 요인 가운데는 앞서 언급한 엄항섭처럼 프랑스 조계나 중국 정부기관에 근무하며 비교적 여유롭고 안정적인 생활을 영위하는 사람도 있었다. 상하이 전보국에서 근무한 민필

임시정부가 내게 할 일을 주었고, 내가 맡은 일을 했을 뿐이다 - 임시정부의 '안주인' 정정화 -

호(閔弼鎬, 김구의 비서, 한국독립당 선전부장, 임시의정원 의원 등 역임)도 그러했다. 민필호는 일찍이 1911년 가족과 함께 상하이로 이주하여 중국어에 능통했고, 이를 기반으로 중국 공무원이라는 신분을 가질 수 있었다. 이동녕과 이시영李始榮 등 임시정부 지도자들은 여유 있는 생활을 하는 민필호의 집에서 식사를 해결하기도 하였다. 엄항섭은 내무총장 이동녕을 집에서 모시고 지내며 내무부·경무국 경비도 많이 부담하였다. 그런 민필호와 엄항섭 등에게 생계유지 활동과 독립운동은 별개의 것이 아니었다. 밥벌이가 바로 독립운동 그 자체였던 것이다.

김구(맨 왼쪽), 이동녕(왼쪽에서 세 번째)과 엄항섭(맨 오른쪽)

자금 모금을 위한 국내 잠입

임시정부의 생활난을 직접 목격한 정정화는 상하이에 도착한 지 한 달가량 만에 국내에 들어가 돈을 구해오겠다고 결심하였다. 11살에 혼인하여 시댁에서만 지냈던 정정화에게 국내에 간다는 것은 다름 아닌 친정에 간다는 것이었다. 시댁 형편은 손을 내밀기는커녕 오히려 쌀 한 말이라도 보태야 할 지경이었기 때문에 돈을 융통할 곳은 친정밖에 없었다.

정정화는 임시정부 법무총장 신규식申圭植을 찾아가 자신의 결심을 밝혔다. 신규식은 정정화에게 걱정 어린 말을 건넸지만 딱 잘라 말리지는 않았다. 그만큼 임시정부의 사정이 좋지 않았던 탓이다. 어떠한 일이 있어도 귀국하겠다는 정정화의 결의를 알게 된 신규식은 그러면 자신의 지시에 따라 움직일 것을 요청하였다. 정정화의 말에 따르면 "친정에 가서 돈을 좀 얻어 오려던 나의 사사로운 계획은 임시정부 법무총장 신규식의 지시에 따른 공적인 임무로 바뀌게 되었다."

신규식은 정정화의 상하이 출발에서부터 국내 잠입 후 귀환까지의 모든 경로·절차를 임시정부의 지시에 따르도록 하였다. 정정화는 국내에 있는 동안 신규식의 조카인 산부인과 의사 신필호申弼浩의 집에 은신하기로 하였고, 그곳에서 신규식과 김가진이 지정한 몇 군데하고만 연락을 취하도록 지시받았다. 국내에 들어가 접촉해야 할 사람들 앞으로는 김가진이 쓴 편지를 전

임시정부가 내게 할 일을 주었고, 내가 맡은 일을 했을 뿐이다 - 임시정부의 '안주인' 정정화 -

상하이 생활 초기의 정정화와 남편 김의한

달해야 했다.

신규식과 김가진의 철저한 사전 지시를 받은 정정화는 1921년 3월 초순 상하이를 출발하였다. 국내 잠입경로는 연통제聯通制를 따랐다. 연통제는 국내와 연결된 임시정부의 비밀 행정 조직망으로 내무총장의 지휘 감독 아래 국내와의 통신업무 및 자금조달 등을 위해 교통국交通局과 함께 이원화하여 운영되고 있었다. 상하이에서 안동까지는 임시정부 안동 교통국의 기밀기지로 활용된 이륭양행의 선박을 이용하였다. 안동현에서는 임시정부의 연락업무를 위해 그곳에 상주하던 최석순崔錫淳의 도움을 받았다. 그는 일본 형사로 신분을 위장하고 많은 독립운동가들의 왕래를 도왔다. 최석순 덕분에 압록강 철교를 건너 신의주에 도착한 정정화는 거기에서 하룻밤을 묵고 서울로 향했다.

정정화는 서울에 도착하자마자 신필호를 찾아갔다. 그의 거주지는 세브란스 병원 관사였다. 당시 세브란스 병원은 외국인이 경영하고 있었기 때문에 경찰의 출입이 뜸했고 감시도 소홀하여 은신하기 안성맞춤인 장소였다. 정정화는 그곳에서 얼마 떨어져 있지 않은 시댁에는 발걸음도 하지 못하고 신규식과 김가진이 지시한 사람들과만 접촉하기 시작했다. 그러나 김가진이 기대를 걸었던 사람들에게서 거둔 성과는 크지 않았다. 상하이에서 지시받은 대로 친정과도 연락을 취하지 않았기 때문에 생각했던 만큼의 자금은 모을 수 없었다.

20일쯤 서울에 머물던 정정화는 왔던 길을 거슬러 4월 초 상하이로 출발하여 무사히 도착하였다. 비록 가져온 자금은 예상보다 훨씬 적었으나 신규식을 비롯한 인사들은 입에 침이 마르도록 정정화를 칭찬하였다. "여자의 몸으로 혼자 일을 해냈다는 게 보통이 아니라면서 역시 동농(東農, 김가진의 호_인용자)의 자부子婦답다는 것"이었다. 이런 평가는 가부장적 질서에서 자유롭지 않았던 당대의 사회적 분위기를 다시 한 번 보여준다. 임시정부의 '공적인' 절차에 따라 국내에 들어가 자금을 모아온 정정화였지만, 그는 온전한 개인이 아니라 누군가의 며느리로 평가받았던 것이다.

1921년 늦은 봄 정정화는 두 번째로 국내에 밀파되었다. 이 것은 첫 번째와 달리 처음부터 그 출발 동기가 공적인 자금 모집에 있었다. 2차 밀입국 역시 안동과 신의주의 임시정부 비밀 조직망을 통해 이루어졌다. 하지만 정정화의 2차 국내 잠입이 성공적으로 끝난 후 안동과 신의주의 조직이 일본에 발각되고 말았다. 그럼에도 정정화는 나날이 어려워져 가는 임시정부의 상황을 보며 3차 국내 잠입을 결심하였다. 임시정부 요인들은 모두 정정화를 만류하였다. 연통제와 교통국이 와해되어 안전한 왕래를 보장할 수 없었기 때문이었다.

정정화는 포기하지 않았다. 혼자서 귀국 방도를 찾아보다 이욱李昱이라는 사람의 도움을 얻기로 하였다. 1922년 6월 중순 이욱과 함께 상하이에서 배편으로 안동에 도착하였다. 이번에는 인력거를 타고 압록강 철교를 건너기로 했다. 그런데 다리를 거의 다 빠져나갔을 즈음 일본 경찰의 검문을 받고 체포되고 말았

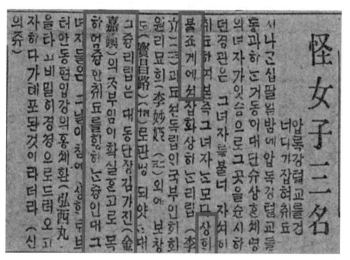

정정화의 체포 소식을 전하는 『매일신보』 1922년 6월 24일자 기사

다. 경찰은 이틀 동안 심문하는 과정에서 그가 김가진의 며느리라는 사실을 알아차렸다. 그의 체포 소식은 『매일신보』에 보도되기도 하였다.

상하이가 살기 힘들어 친정으로 돌아가는 길이라고 둘러댄 정정화는 체포 사흘 후 서울로 압송되었다. 서울역에 닿으니 종로경찰서에서 사람이 나와 기다리고 있었다. 악명 높은 친일파 형사부장 김태식이었다. 그러나 정정화는 종로경찰서에서 간단한 조사만 받고 석방되었고, 곧장 시댁으로 발걸음을 옮겼다. 그곳에는 상하이에서 온 전보 한 장이 정정화를 기다리고 있었다. 김가진이 위독하다는 내용이었다.

임시정부가 내게 할 일을 주었고, 내가 맡은 일을 했을 뿐이다 - 임시정부의 '안주인' 정정화 -

김가진의 죽음과 새로운 생활

얼마 지나지 않아 김가진은 상하이에서 순국하였다. 1922년 7월 4일의 일이었다. 공교롭게도 정정화를 상하이로 이끈 김가진이 그가 상하이를 비울 때 사망한 것이었다. 일흔넷의 고령으로 나라의 주권을 되찾는 일에 투신하고자 이국땅으로 망명한 김가진은 불과 3년 만에 세상을 떠났다. 김의한, 이동녕, 조소앙趙素昻 등이 그의 임종을 지켜보았다. 『동아일보』는 "해외에 있는 독립운동의 수령"으로는 가장 나이가 많은 김가진의 서거를 크게 보도하였다. 김가진의 상하이 망명은 "조선독립을 뜻하는 사람에게 동경을 받았지만 상하이로 건너간 이후의 고생은 거의 극도에 이르러 팔십지년八十之年에 하루 한 끼를 먹지 못하여" 추

『동아일보』 1922년 7월 8일자에 실린 김가진 서거 후의 가족

위와 배고픔에 고통받다 별세했다는 것이었다.

『동아일보』는 7월 7일 김가진 서거 보도에 이어 8일에는 슬픔에 빠진 김가진 일가의 이야기를 사회면 톱으로 사진과 함께 보도했고, 13일에는 상하이에서 김가진의 장례가 성대하게 치러졌다는 기사를 전했다. 7월 23일에는 유림연합회에서 김가진 추도식을 거행할 예정이라는 기사, 많은 사람들이 김가진 가족에게 전해달라고 동아일보사에 부의금을 전했다는 내용의 단신을 실었다. 24일에는 김가진 추도회를 보도했고 8월 4일에는 상하이에서 치러진 장례식 사진 두 장을 크게 싣는 등 한 달 내내 김가진의 사망과 장례기사를 전달하였다.

김가진 장례식 만장(挽章) 행렬

7월 8일 상하이 만국공묘萬國公墓에서 열린 김가진의 장례식은 사실상 '대한민국임시정부장'이었다. 김구, 안창호, 이동녕, 이

임시정부가 내게 할 일을 주었고, 내가 맡은 일을 했을 뿐이다 - 임시정부의 '안주인' 정정화 -

상하이 만국공묘에서 열린 김가진의 안장식

시영, 조소앙, 홍진洪震 등 임시정부 요인들이 장례식을 주관하였다. 당시 상하이 교민은 500명 안팎이었는데 조문한 사람이 270명, 장지에 모인 사람도 백수십 명에 달했다. 교민 절반 이상이 조문한 것이다. 상하이 교민사회 전체가 장례를 치렀다고 해도 과언이 아니었다. 하관식에 앞서 열린 추도식에서는 당시 임시정부 주석 홍진이 개식사를 하였고, 임시정부 초대 국무총리 이동휘李東輝의 부친 이발李發과 안창호가 추도사를 하였다.

정정화는 친정에서 받은 돈을 가지고 서울에 전세를 얻어 문상객을 받았다. 부고 기사를 보고 많은 이들이 조문하였다. 조의금도 제법 들어왔다. 정정화의 눈에는 그 돈 모두가 "운동자금"으로 보였다. 서울에서의 장례를 끝내고 조의금 중 일부를 시댁에 전달한 정정화는 곧바로 상하이로 출발했다. 김가진의 차남 김용한金勇漢과 함께였다. 종로경찰서장이 직접 여권까지 만들어주어 쉽게 상하이에 도착할 수 있었다. 상하이에서 성대하게 장례식이 치러졌지만 정정화가 돌아와서 보니 장례식 비용은 심지어 수의까지 전부 외상이었다. 그만큼 상하이에서의 생활은 비참했다고까지 말할 수 있었다.

엎친 데 덮친 격으로 김가진이 순국한 이듬해인 1923년 이른 봄 정정화의 아버지 정주영도 세상을 뜨고 말았다. 정신적·물질적으로 든든한 버팀목이었던 아버지가 별세했다는 것은 김가진의 사망 때와 마찬가지로 정정화에게 큰 충격으로 다가왔다. 이를 두고 정정화는 "성엄(김의한의 호_인용자)과 내가 아버지라는 크나큰 그늘을 잃었던 것이고, 우리 내외가 중심이 되어 집안 안팎의 공적인 일과 사생활을 꾸려나가야만 했다. 스스로 자립해야 했던 것이다."라고 기록하였다.

경사도 없지 않았다. 1929년 아들 후동(厚東, 후에 자동[滋東]으로 개명)이 태어난 것이었다. 상하이 한인들은 "동농 선생의 손자가 태어났다"며 집으로 찾아오기도 하고 축하의 말을 전하기도 하며 같이 기쁨을 나누었다. 후동은 "임시정부의 대표격 장손"으

김가진 사후(死後) 상하이에서 찍은 정정화, 김의한, 김용한(뒷줄)의 사진

로 요인들의 사랑을 받았다. 후동을 얻었을 때는 김의한이 직장을 가지고 있었으므로 정정화 가족의 형편은 조금 나아져 있었다. 하지만 임시정부 지도자들의 생활은 점점 어려워졌다. 김구와 이동녕은 끼니를 때우기 위해 이 집 저 집을 전전하기도 하였다. 김구는 여기저기 다니다가 배가 출출할 때면, "후동 어머니, 나 밥 좀 해줄라우?"하면서 정정화를 찾아오곤 하였다.

1930년 여름 정정화는 해방 이전 마지막 귀국길에 올랐다. 후동을 할머니와 외할머니에게 보여드리기 위해서였다. 이번에는 6개월을 국내에 머물렀다. 이때 이미 정정화 친정의 가세는 기울대로 기울었고 서울의 인심은 냉랭했다. 한번은 시댁에서 가까운 인사동을 지나다가 정정화의 첫 번째 국내 잠입 때 적극적으로 도와주었던 사람의 집 앞을 지나게 되어 반가운 마음으로 찾아 들어간 적이 있었다. 그런데 그 집주인은 안부를 묻는 정정화를 완전히 모르는 체하였다. 이 일로 정정화는 누구를 위해 독립운동을 하는지, 도대체 독립이란 무엇이며 독립의 주인은 누구인지 등을 깊이 고민하게 되었다. 그리고 1931년 초 다시 상하이로 돌아가면 독립이 되기 전 다시는 귀국하지 않을 것이라고 다짐하였다.

임시정부가 내게 할 일을 주었고, 내가 맡은 일을 했을 뿐이다 - 임시정부의 '안주인' 정정화 -

정정화와 아들 후동

신여성에 대한 정정화의 시선

정정화가 상하이에서 생활하던 동안 그곳에는 여성들이 조직한 독립운동단체도 활동하고 있었다. 1920년대 초 상하이에서 독립운동에 관여했던 여성들은 대개 여학교 출신으로 1919년 3월 이래 국내에서 활동하다 수개월의 옥고를 치르고 상하이로 건너온 사람들이었다. 이들은 대한애국부인회 등의 단체를 중심으로 독립운동을 전개하였다. 대한애국부인회는 임시정부 산하여성단체로 1919년 4월 11일 창립되었다. 정신여학교를 졸업한 후 부산에서 교편을 잡았던 신한청년당新韓靑年黨 간부 김순애金淳愛, 중국 지린성吉林省 허룽현和龍縣 명동촌 명동여학교와 연해주 신한촌新韓村 삼일여학교 교사 출신 오의순吳義順, 이화학당 대학과를 졸업한 이화숙李華淑 등이 주축이 되었다. 대한애국부인회는 여성들의 독립운동을 표명하며 각지에 결성된 애국부인회와의 역량 통합을 시도하였다.

이와 같은 여성 독립운동단체에 대한 정정화의 시선은 아래에서 확인할 수 있다.

상해에는 당시 여성들만의 모임으로 대한부인회 등이 있었으나 나는 그 단체에 관여하지 않았다. 이 모임의 주동 인물들은 대부분 국내에서 이화여전 등을 나온 이른바 신여성으로서 그중 몇몇은 신식교육을 받고 앞서가는 여성입네 하고 눈 밖에 나는

임시정부가 내게 할 일을 주었고, 내가 맡은 일을 했을 뿐이다 - 임시정부의 '안주인' 정정화 -

행동으로 주위 사람들의 눈총을 사기도 했다. 그래서 넓지 않은 상해의 교포사회에서도 호응을 받지 못했다. 나도 그런 단체는 신식 공부한 사람들의 모임으로만 생각하고 가담할 생각조차 하지 않았다. (중략) 상해에 돌아와서 나는 주로 집안 살림만을 돌보았다. 특히 연로하신 시아버님의 건강이 차츰 악화되어 그 뒷바라지를 하는 데 전념하였다.

정정화가 이들을 곱지 않은 시선으로 본 이유는 신여성의 '태도' 때문이었다. 정정화의 아들 김자동의 비판은 더 직접적이다.

어머니가 처음 상해에 망명했을 무렵 상해에는 이미 신여성들이 주도하는 애국부인회 조직의 움직임이 있었다 한다. 신교육을 받지 못한 대부분의 부인들은 그러한 움직임에 관여할 생각을 못했다. 그런 일은 신여성들만이 하는 일로 생각했기 때문이다. 어머니도 예외는 아니었다. 그러나 사실상 그러한 단체는 주로 지식과 미모를 겸비한 신여성들의 탁상공론을 위한 모임에 지나지 않았다. 실제 독립운동에 기여한 일이라고 해봐야 성명서 몇 장 내는 데 지나지 않았다. (중략) 어머니는 중국에서도 충실한 가정주부였다. 며느리의 도리를 다했다.

정정화의 회고와 김자동의 비판은 논리적 타당성 여부를 떠나 1920년대 초반 상하이에서 활동하던 신여성 독립운동가에 대한 반감을 내포하고 있다. 동시에 신여성과 '구여성' 사이의 분열과 차별을 확인하게 해준다. 근대교육 수혜 여부는 여성들의 신분을 판가름하는 척도로 부상하고 있었다.

제도적으로는 신분제가 철폐되었지만 이른바 양반 가문들의 자부심은 사라지지 않았고, 여전히 전통적 가치관을 고수한 양반 집안 여성들의 진로는 진학 대신 결혼으로 결정되었다. 정정화는 그 전형적인 인물이었다. 하지만 '여학생'들이 등장하면서 근대교육의 기회를 확보하지 못한 양반 출신 여성들의 사회적 위상과 상징성은 하락하였다. 소수의 신여성이 나타나는 순간부터 나머지 여성들은 '구여성'이 되고 만 것이다. 신여성은 부러움과 동경, 질시와 비난을 동시에 받았다. 조선사회뿐 아니라 상하이의 독립운동가 진영에서도 환영과 비난을 모두 받았다. 정정화와 김자동의 진술은 이 같은 맥락에서 이해해야 할 것이다.

정정화는 신여성이 될 수 있는 기회를 스스로 거절하기도 하였다. 여성에 대한 교육을 완강히 거부했던 정정화의 아버지 정주영은 임시정부에 적극적으로 참여하는 딸의 안위를 걱정하며 뒤늦게나마 미국과 일본 유학을 여러 차례 권유하였다. 그러나 정정화는 끝내 임시정부를 떠나지 않았다. 그 이유도 다분히 '전통적'인 것이었다.

미국으로 갈 수 없다고 단호하게 내 뜻을 밝힌 이유는 간단하고 분명했다. 나는 한 집안의 며느리로서 시댁 어른을 모셔야만 한

임시정부가 내게 할 일을 주었고, 내가 맡은 일을 했을 뿐이다 - 임시정부의 '안주인' 정정화 -

다고 생각했던 것이다. 그런 일이 한 번 있었던 참에 아버님이 내게 다시 공부할 생각이 없느냐고 재차 권유하신 것인데, 이번엔 일본에라도 유학을 가겠다면 보내주시겠다는 것이었다. 상해 생활이 어떠하다는 것은 손바닥 들여다보듯 뻔한 노릇이었고, 그런 상황에서 목숨을 걸고 국내를 드나드는 딸자식을 조금이라도 안전하게 지내게끔 하려는 부모님의 심정을 모를 내가 아니었다. 더구나 아버님은 딸의 재능이 묻혀버리는 것을 무엇보다 안타깝게 생각하셨다. 아버님의 말씀대로 내가 만약 적국인 일본에 가서 공부를 한다면 상해 살림은 누가 맡아서 할 것인가? 시아버님 조석 시중은 누가 들 것인가?

나아가 정정화는 무학無學인 김구의 어머니 곽낙원을 자신의 롤모델로 생각했다.

위인의 어머니는 더욱 위인다웠다. (중략) 곽여사(곽낙원_인용자)는 쉬운 한글 몇 자와 아라비아 숫자를 읽을 정도로 배운 것이 없는 분이었다. 그러나 많은 교육을 받은 어느 지식인 못지 않게 침착하고 대범하고 경우가 밝은 분이었다. 그분이 갖춘 이런 덕목들은 특히 임정의 살림을 맡고 있는 우리 아녀자들에게 그대로 귀감될 만한 것들이었고, 사실 딱딱하기 그지없는 임정의 하루하루 생활에서는 더더욱 필요한 자세였다.

정정화는 학식보다 헌신과 희생 등을 임시정부 여성들이 갖추어야 할 중요한 덕목으로 꼽았다. 다양한 방식으로 활로를 모색한 신여성 독립운동가들과 달리 근대교육을 받지 못한 독립운동가의 부인과 어머니들, 대표적으로 정정화는 묵묵히 임시정부를 지키는 방식으로 신뢰를 획득하며 자신의 지위를 확보해나갔다. 그것은 가부장제와 결합된 독립운동에서 젠더화된 역할로 사회적 지위를 만들어 나가는 과정이었다. 그 배경에는 혈통과 가족적 유대감을 중시했던 임시정부의 문화가 있었다. 정정화에게 임시정부는 가족과 동의어였다.

임시정부의 피난

피난의 시작, 지싱嘉興

1932년 4월 29일 상하이 홍커우공원虹口公園에서 일어난 윤봉길의거는 한국독립운동의 흐름을 바꾼 쾌거였다. 임시정부와 한국독립운동의 존재에 대한 세계의 이목이 집중되었고, 중국 국민정부의 전폭적인 지원을 받게 되었다. 일반 중국인들의 시선도 달라졌다. 정정화는 "만보산사건 후 우리를 냉대하던 중국인 이웃들은 금방 우리 모두가 의거에 관련되거나 한 것 같이 인사를 하고 고마워했다"고 회상하였다.

하지만 윤봉길의거는 상해에 자리 잡고 있던 임시정부 요인과 그 가족들이 상하이를 떠날 수밖에 없게 한 사건이기도 했다. 프랑스 조계 당국에서는 여러 해 동안 상하이의 한인 독립운동가들을 정치적인 피난민으로 간주하고 보호해주었으나 윤봉길의거로 사정이 달라졌기 때문이다. 당시 상하이는 일본군의 점령 하에 있었다. 프랑스 당국은 일본의 압력을 받지 않을 수 없었고, 임시정부에 즉시 상하이를 탈출하라고 통지하였다. 일본 측은 프랑스 조계에서 대대적인 수색을 벌여 안창호 등 다수의 독립운동가를 체포하고 임시정부 청사를 급습해 문서를 압수하였다. 프랑스 당국의 연락을 받은 김구는 즉시 모든 사람에게 연락하여 피신하도록 하였다. 13년 동안 이어진 임시정부의 상하이 생활이 막을 내린 순간이었다.

윤봉길의거 바로 다음 날인 4월 30일, 정정화 가족은 박찬익朴贊翊의 주선으로 저장성浙江省 지싱현嘉興縣으로 피신하기로 결정하고 짐을 꾸렸다. 바로 그날로 이동녕과 이시영은 상하이를 빠져나가 지싱으로 이동하였다. 5월 1일 정정화를 포함한 임시정부 요인 가족 몇몇도 기차를 타고 지싱으로 향했다. 김의한은 상하이에 남아 있었고 민필호가 정정화 식구를 지싱까지 안내해 주었다. 이렇게 하여 정정화는 10년 이상 있었던 상하이를 떠나 첫 피난처인 지싱에 도착하였다.

피난처 지싱에 모인 임시정부 식구들. 앞쪽 왼쪽 두 번째가 정정화

211
임시정부가 내게 할 일을 주었고, 내가 맡은 일을 했을 뿐이다 - 임시정부의 '안주인' 정정화 -

지싱에서 2년간 임시정부의 중심이 되었던 곳은 메이완제梅灣街에 있는 2층 목조건물이었다. 집은 쑨원孫文의 가까운 동지였던 혁명가 추푸청褚補成과 그의 아들 소유였다. 정정화와 임시정부 구성원 일부가 지싱에 도착한 지 약 2주쯤 지나 김의한과 엄항섭이 김구와 함께 지싱에 왔다. 큰 현상금이 걸려 있던 김구는 따로 떨어져 추푸청의 수양아들 천동성陳桐生의 집에 숨어있기로 했다. 천동성의 집은 남호南湖라는 호수와 연결되어 있어 만일의 경우 배를 타고 피신하기에 적합한 곳이었다. 김구의 침실 바닥에는 비상탈출구가 마련되어 있어 비상시에는 남호 호수로 즉각 빠져나갈 수 있었다. 김구는 빨랫줄에 널어놓은 빨래의 색깔을 보고 안전을 확인한 후 집에 들어왔다고 전해진다.

지싱의 임시정부 요인 피난처 건물은 1995년 지싱시가 전시관으로 개관하였고, 2001년 독립기념관과 지싱시가 공동으로 전시 보수를 진행하여 현재에 이르고 있다. 1층은 총 5개 주제로 구성된 전시실이고 2층에는 임시정부 요인과 가족들의 생활공간을 재현해놓았다. 김구가 몸을 숨긴 건물도 2001년부터 독립기념관과 지싱시가 협력하여 대대적인 보수공사를 진행해 2006년 일반인에게 개방하였다. 1층은 전시관, 2층은 김구의 침실로 꾸몄다.

지싱에서 정정화는 임정의 여러 '어른'들을 모셔야 했기 때문에 정신없는 나날을 보냈다. 정정화는 주로 가족과 떨어져 단신으로 움직이는 이동녕에 대한 뒷바라지를 담당했다. 반면 김의

정정화가 지싱에서 거주하던 건물을 전시관으로 꾸민 모습

지싱 김구 피난처 전경과 전시관 입구. 오른쪽 사진 안쪽의 멀리 보이는 것은 김구의 흉상이다.

한은 특별한 일 없이 어른들만 모시고 살림을 꾸려나가는 일을 탐탁치 않게 여겼다. 상하이에 있을 때 김의한은 나름대로 바쁘게 움직였는데, 지싱에 와서는 살림만 맡고 있는 형편이었기 때문이다. 김의한은 무엇인가 뚜렷하게 할 일이 없을 바에야 "임시정부의 재정을 축내며 살기보다는 중국인 회사에 취직이라도 하는 것이 옳다는 생각"을 하기도 했다.

장시성江西省에서의 생활과 최초의 독립운동단체 가입

그런 김의한과 정정화에게 중국인들과 폭넓게 교제하고 있던 박찬익이 한때 신장성新疆省 성장을 지낸 중국인 린징林競을 소개 하였다. 린징은 김의한을 지방행정기관인 제1구 전원공서專員公署 에 취직시켜 주었다. 그리하여 정정화는 1934년 봄 김의한의 근 무지인 장시성江西省 펑청현豐城縣으로 이주하였다. 펑청은 이름 그대로 풍요한 고장으로 물가가 무척 쌌다고 한다. 김의한은 그 때 월급 20원을 받았는데 그야말로 호강할 수 있는 거금이었다. 정정화의 가족은 펑청에서 1년가량 지내다 전원공서 청사 이동 에 따라 장시성 무닝현武寧縣으로 다시 이주하였다. 무닝현에서는 3년 가까이 생활하였다. 정정화 가족이 장시성을 떠나 후난성湖 南省 창사長沙로 가서 임시정부 일행에 다시 합류한 것은 1938년 2월이었다. 정정화는 이 만 4년 동안을 "비교적 편안한 은거 생 활"이었다고 표현하였다.

이 시기 중 1935년 9월부터 약 반 년간은 김의한만 무닝에 남 고 정정화는 후동을 데리고 난징에서 생활하기도 하였다. 곽낙 원을 '모시기' 위해서였다. 당시 곽낙원은 김구의 아들 신信과 둘 이 난징의 작은 집에 세 들어 살고 있었다. 중국어를 전혀 못 하 는 곽낙원이 어린 손자만을 데리고 지내자니 어려움이 컸다. 이 런 곽낙원을 보좌하고자 정정화는 남편과도 떨어져 난징으로 옮 겨갔던 것이었다. 임시정부 내에서 정정화의 역할이 무엇이었는

1935년 난징에서 찍은 정정화의 가족사진. 왼쪽부터 김의한, 정정화, 아들 후동.

임시정부가 내게 할 일을 주었고, 내가 맡은 일을 했을 뿐이다 - 임시정부의 '안주인' 정정화 -

지를 다시 한 번 알 수 있게 해주는 사례라고 할 수 있다.

정정화가 난징에 있을 때인 1935년 11월 임시정부 여당 격으로 한국국민당韓國國民黨이 창당되었다. 김의한은 한국국민당 발기인에 이름을 올렸고, 정정화도 정식으로 가입하였다. "내가 독립운동단체에 적籍을 두게 된 것은 이것이 처음이었다"는 말처럼 정정화가 공식적으로 처음 가입한 단체였다.

한국국민당 창당의 배경은 이러했다. 일제가 1931년 9월 만주사변과 1932년 1월 상하이사변을 통해 중국 침략을 노골화하자, 중국 내 한인 독립운동세력은 항일투쟁 역량 결집을 위하여 민족통일전선 형성을 추진하였다. 그 결과 1932년 11월 한국독립당韓國獨立黨, 조선혁명당朝鮮革命黨, 한국혁명당韓國革命黨, 의열단義烈團 등의 좌우익 독립운동단체 대표들이 협의하여 한국대일전선통일동맹(韓國對日戰線統一同盟, 이하 통일동맹)을 결성하였다. 통일동맹은 중국지역 한인 독립운동단체의 결합을 위한 협의체로서의 역할을 수행하다 1935년 7월 5일 민족혁명당民族革命黨을 결성함에 따라 발전적으로 해체하였다.

주목할 것은 통일동맹에는 처음부터 임시정부의 김구 계열이 참여하지 않았고, 민족혁명당이 결성될 때도 김구 계열은 신당 조직에 반대했다는 점이다. 민족혁명당의 주도권은 김원봉金元鳳 계열이 차지하게 되었고 이들은 임시정부 폐지론을 주장하였다. 민족혁명당에 김구 계열을 제외한 거의 대부분의 단체가 참여했기 때문에 결과적으로 김구 계열은 독립운동세력 내에서 소수파가 될 수밖에 없었다. 이에 대항하여 임시정부를 옹호·유지하기 위해 창당된 것이 한국국민당이었다. 한국국민당은 반反임시정부 세력에 대항하며 중국 국민정부와의 연대를 배경으로 독자적인 행로를 개척해갔다.

중일전쟁의 발발과 '남목청사건'

1937년 7월 7일 일본은 드디어 중국을 전면 침공하였다. 8년에 걸친 중일전쟁의 시작이었다. 당시 임시정부는 난징에서 동쪽으로 멀지 않은 곳인 장쑤성江蘇省 전장鎭江에 있었다. 이제 일을 할 때가 왔다고 생각한 정정화와 김의한은 즉시 임시정부와 합류하고자 하였으나 섣불리 움직일 수 없었다. 일본군이 파죽지세로 중국 각지를 점령하였기 때문이다. 11월에 이르러 상하이의 중국 방어선이 무너지기 시작하였고, 12월 13일 결국 중국 국민정부의 수도 난징이 함락되었다. 11월 말 임시정부는 전장과 난징을 뒤로하고 후난성의 수도 창사로 이동하였다. 창사 서원북로西園北路의 1층짜리 다세대 주택에 임시정부 청사가 마련되었다. 1938년 2월 초 정정화 가족은 장시성에서의 생활을 정리하고 우한武漢을 거쳐 임시정부가 있는 창사로 이동하였다. 정정화는 1934년 지싱을 떠난 지 4년 만에 이동녕, 이시영, 조완구趙琬九 등 임시정부의 지도자들을 다시 '모시게' 되었다.

임시정부가 내게 할 일을 주었고, 내가 맡은 일을 했을 뿐이다 - 임시정부의 '안주인' 정정화 -

중일전쟁을 독립의 호기로 판단한 임시정부와 중국 내 한인 독립운동세력은 단결을 서둘렀다. 1938년 5월 6일 조선혁명당이 청사로 사용하던 창사의 남목청楠木廳 목조건물에서는 한국국민당, 한국독립당, 조선혁명당 등 우파 3당의 통합문제가 논의되었다. 이 회의 장소에서 충격적인 사건이 발생했다. 조선혁명당 간부 이운한李雲漢이 임시정부 요인들에게 권총을 발사하여 현익철玄益哲이 현장에서 사망하고 김구, 지청천池靑天, 유동열柳東說이 부상을 입은 것이다. 지청천은 부상이 심하지 않아 집에서 치료를 받았지만 김구와 유동열의 부상은 심각한 정도였다. 두 사람 모두 기적적으로 살아났으나 이른바 '남목청사건'(김구 암살 미수사건으로 불리기도 함)은 한인세력 간 갈등의 심각성을 드러냈다.

거듭된 피난

양자강을 따라 서쪽으로 진군을 계속하던 일본군은 창사와 지척의 거리까지 진출하였다. 전황이 급박해지자 임시정부 가족들은 다시 피난길에 올랐다. 목적지는 광둥성廣東省 광저우廣州였다. 광저우에 있는 황푸군관학교黃埔軍官學校과 중산대학中山大學은 중국 국민혁명의 인재를 양성한 곳이었을 뿐 아니라, 중국혁명의 성공을 해방의 지름길로 믿었던 한인 청년들이 지식과 군사훈련을 연마하던 곳이었다.

창사에서 광주로

임시정부 요인과 가족들은 1938년 7월 10일 새벽 창사를 떠나 광저우로 가는 기차에 올랐다. 창사에서 광저우까지는 사흘이 걸렸다. 정정화의 기억으로는 창사의 한인 중 청년 10여 명을 빼놓고는 전부 그 기차를 탔다. 모두 100여 명의 인원이 함께 움직이려니 어려운 점이 한두 가지가 아니었다. 7월 한여름의 찌는 듯한 더위에 좁은 열차 안에서 100여 명이 복작거렸으니 타국에서 피난 가는 임시정부의 참담한 모습이 적나라하게 드러난 셈이었다. 일본군의 공습도 피해야 했다. 정정화와 같은 열차를 탔던 독립운동가 부부 양우조楊宇朝·최선화崔善嬅는 그때의

임시정부가 내게 할 일을 주었고, 내가 맡은 일을 했을 뿐이다 - 임시정부의 '안주인' 정정화 -

공습과 피난길을 이렇게 기록했다.

기차를 타고 가던 중에는 갑작스런 일본기의 공습도 만났다. 공
습이 오자 기차가 멈추었고, 사람들은 기차에서 내려와 주변의
수풀 속에 숨어 적기가 사라지기를 기다렸다. (중략) 바구니 속
아기를 들고 있는 나, 바구니 속에서 답답한 숨을 쉬고 있을 아
기, 어린아이의 손을 잡고 옆에 엎드려 있는 아주머니. 모두 숨
죽이며 숨어있다가 저만치 비행기가 사라지자 다시 기차에 올
랐다. 그러자 기차는 다시 숨을 몰아 달리기 시작했다. 기차는
그렇게 멈췄다 섰다를 반복했다. 그때마다 우리는 수풀 속에서,
시냇가에서, 나무 밑에서 가만히 몸을 눕히고 있었다. 공습이
지나고 나면 흘러가는 물에 세수도 하고 목을 축이기도 했다.
기차가 도중에 도시를 지나게 되면, 우리 한교들은 각 가족당
배급받은 돈을 가지고 나가서 먹을 것을 사왔다. 음식물을 살
돈은 임정의 재정을 맡은 분이 가족 수에 따라 돈을 나눠줬다.
그러면 각자 자신들에게 필요한 음식물을 마련하는 것이다. 임
정은 중일전쟁이 일어난 후, 중국 정부에서 지원비로 나오는 돈
과 하와이를 비롯한 미주 전 지역 재미교포들의 성금으로 꾸려
가고 있었다.

어렵게 광저우로 옮겨간 임시정부는 중국군이 일본군에 계속
밀리자 9월에 다시 광저우에서 서쪽으로 약 25㎞ 떨어지 불샨
佛山으로 출발하였다. 정정화는 불산으로 옮겨가면서부터 자신

이 임시정부의 '안살림'을 맡았다고 기록하였다. 이곳에서는 오래 있을 예정이었으므로 아예 집 한 채를 전세 내어 지내게 되었다. 그 집에는 임시정부 사무실 자리를 잡았고, 딸린 식구가 없는 단신의 국무위원들과 정정화의 가족이 그 집에 짐을 풀었다. 즉, 정정화가 말한 '안살림'이란 단신인 임시정부 요인들의 식사와 뒷바라지를 도맡아 수행하는 것을 의미했다.

그러나 불산에 오래 머무를 것이라는 임시정부의 예상은 빗나갔다. 10월 초 일본군이 광둥성 전역에 걸쳐 진격해 올라오기 시작했기 때문이다. 10월 중순에 접어들자 일본군이 불산 근처까지 진출했다는 말이 돌기 시작하였다. 임시정부 구성원들은 싼수이三水로 가기 위해 장제스蔣介石가 제공한 특별열차에 몸을 실었다. 이 기차를 타고 가는 중에도 일본군의 공습이 있었지만 임시정부 사람들은 사상자 없이 싼수이에 도착할 수 있었다.

싼수이에서 최종 목적지인 광시성廣西省 유저우柳州로 가려면 배편으로 수로를 이용해야 했다. 임시정부 구성원들은 40일이 넘는 기간 동안 배 위에서 생활하는 악전고투 끝에 11월 30일 유저우에 도착하였다. 밥도 배에서 삼시 세끼를 다 해먹을 수밖에 없었다. 식구마다 따로따로 취사를 할 수도 없는 노릇이었다. 밥은 한꺼번에 큰 솥에다 지어 모두에게 나누어 주고 반찬만 제각기 몇몇씩 모여 만들어 먹었다. 양우조·최선화의 일기는 이때의 상황을 다음과 같이 전한다.

배에서의 생활은 단조로웠다. 중국 선원들이 밥은 해줬지만, 반찬은 우리들이 해결해야 했다. 된장, 고추장 같은 짠 반찬을 해서 밥을 먹는 것이 보통이었다. 배가 잠시 정박하기만 하면 육지로 올라가서 반찬거리가 될 만한 것을 구해오는 게 일이었다.

정정화는 이동녕, 이시영, 차리석車利錫, 송병조宋秉祚 등 홀로 지내는 국무위원 전원의 식사를 챙겨야 했기 때문에 배가 정박하면 항상 육지에 내려 시장을 봐왔다. 정정화는 돈이 필요할 때면 임시정부 전체 살림을 맡았던 차리석에게 손을 벌리곤 했는데, 그럴 때마다 지출금액을 장부에 기록할 필요도 없을 만큼 임시정부의 재정은 형편없었다. 가난뿐 아니라 중국의 지방 사투리도 정정화를 괴롭게 하였다. 광둥성과 광시성의 사투리는 마치 외국어 같아서 시장에서 찬거리를 살 때마다 말이 통하지 않아 진땀을 빼곤 했던 것이다.

여하튼 1938년 2월 무닝을 떠난 정정화가 창사에서 임시정부와 합류한 후, 다시 광저우, 불샨, 싼수이를 거쳐 유저우에 도착하기까지는 거의 1년이라는 시간이 걸렸다. 유저우에서 임시정부 구성원은 약 6개월간을 머물렀다. 유저우에서는 한 달에도 몇 번씩 공습이 울렸고, 일본군 비행기의 폭격을 피해 숨 막히는 시간을 보내야 했다. 임시정부는 마냥 유저우에만 체류할 수 없었다.

1939년 4월 6일 임시정부 식구 중 1진 40여 명이 먼저 충칭重慶으로 떠났고 정정화를 포함한 2진 일행은 같은 달 22일 버스를 나누어 타고 유저우를 벗어났다. 이를 두고 정정화는 "한 나라의 망명 임시정부가 불과 반년 전에는 강 위의 배를 임시 청사로 쓰면서 물 위에 떠 있다가 이제는 버스 여섯 대에 나누어 타고 중국 대륙의 시골길을 가게 된 것"이라고 한탄하였다.

임시정부의 이동 경로

정정화가 쓰촨성四川省 치장綦江에 도착한 것은 1939년 4월 30일이었다. 그곳에서 곧장 30여 리를 올라가면 바로 충칭이었다. 차리석이 먼저 치장에 도착하여 시내에서 조금 떨어진 곳에 100여 명이 묵을 수 있는 집 한 채를 얻어놓았다. 시내와 보다 가까운 곳에는 강가에 따로 방 몇 개를 얻어 임시정부 청사와 단신 국무위원들의 숙소로 정했다. 청사는 치장에 있었으나 김구,

임시정부가 내게 할 일을 주었고, 내가 맡은 일을 했을 뿐이다 - 임시정부의 '안주인' 정정화 -

박찬익, 엄항섭 등 중국 당국과 접촉이 잦은 사람들은 충칭에 연락사무실을 두고 그곳에 가 있었다. 청사 양쪽으로도 방 하나씩을 얻어 그 한쪽에 정정화 식구가 자리를 잡았다. 정정화가 불산에서 지금까지 그랬던 것처럼 국무위원들의 식사와 뒷바라지를 하기 위해서였다.

치장에서 임시정부는 훌륭한 지도자 한 명을 잃었다. 1940년 3월 이동녕이 치장의 임시정부 건물 2층 침소에서 별세한 것이다. 이동녕은 정정화 식구와는 가족 같은 사이여서 정정화가 아버지처럼 여겼고, 상하이에서부터 줄곧 20년을 '모셨던' 사람이었다. 칠순이 넘는 나이의 이동녕은 쓰러진 지 열흘 만에 눈을 감고 말았다. 이동녕이 거동을 못 하고 누워있던 열흘 동안 정정화는 그의 곁에 붙어 있었고, 마지막도 함께 하였다.

1940년 3월 17일 치장에서 치러진 이동녕의 장례식. 빨간 원 안이 정정화.

이렇듯 정정화는 피난을 거듭하는 생활 속에서도 가족을 앞세우기보다는 전체의 이익과 대의를 쫓았다. 스스로 임시정부의 '안살림'을 담당했다고 말하는 시기 정정화의 역할은 극대화되었다. 그는 가족이 없던 임시정부 요인들의 뒷바라지를 자처하였다. 그러나 임시정부에서 정정화의 역할은 단순히 뒷바라지에 그친 것이 아니었다. 정정화는 오광선吳光鮮이 김구의 밀명에 따라 베이징北京에서 활동하다 체포되자 부인과 딸들에게 더 신경썼고, 임시정부가 피난을 계속하던 시기 첫아기를 낳아 키우느라 힘들어하던 최선화와 양우조의 딸을 틈틈이 돌봐주기도 했다. 이후의 일이지만, 조성환曹成煥과 이준식李俊植으로부터 한국광복군 업무 수행을 장기간 떠나 있는 동안 처를 부탁한다는 청을 받기도 했다. 정정화는 임시정부의 '안살림'을 맡았을 뿐 아니라 망명자들의 공동체였던 임시정부 대가족 내에서 여성들의 중추였음을 알 수 있다.

당시 정정화가 임시정부에서 맡은 공식적 직책은 없었다. 이러한 상황을 공적 영역에서 여성 배제라고도 볼 수 있다. 하지만 임시정부의 역사에서 그 활동 기반이 되는 정정화의 역할이 없었다면 임시정부 자체가 유지되기 어려웠을 것이다. 따라서 임시정부의 역사에서 정정화가 담당했던 역할은 공과 사의 영역으로 분리될 수 없는 임시정부를 둘러싼 생활사 그 자체였으며 독립운동의 재생산에 기여하는 일이었다고 할 수 있다.

한국독립당의 재창당과 한국혁명여성동맹 창립

이동녕은 임시정부 산하 세 정당이라도 통합할 것을 유언으로 당부하였다. 이동녕이 서거한 지 두 달 후 그의 유언에 따라 한국국민당(위원장 이동녕), 한국독립당(위원장 조소앙), 조선혁명당(위원장 홍진)이 한국독립당(이하 한독당)으로 통합되었다. 중앙 집행위원장으로는 김구가 선출되었다. 이동녕이 맡아온 임시정부 주석직도 당시 부주석으로 임시정부의 주요 업무를 대행해오던 김구가 계승하였다. 한독당의 재창당과 더불어 정정화도 창립 당원이 되었다.

한국혁명여성동맹 창립기념 사진(1940년 6월 17일). 빨간 원 안이 정정화.

한독당 재창립 다음 달인 1940년 6월에는 그 산하단체로 한국혁명여성동맹韓國革命女性同盟이 조직되었다. 이 단체는 정치적 성향을 가진 단체라기보다는 한독당 여성 당원의 친목 단체에 가까운 성격을 띠고 있었다. 주로 임시정부 활동을 후원하는 일을 맡았으며, 한글을 잘 모르던 독립운동가 자녀들에게 한글을 가르치는 등의 교육활동도 하였다. 정정화는 한국혁명여성동맹에서 간사 및 조직부장을 역임하며 '공적인' 영역으로도 진출하였다.

충칭에서의
마지막 5년

"우리 촌村" 토교土橋

1940년 9월 임시정부 청사가 충칭으로 옮겨가면서 임시정부 요인 대부분도 충칭으로 가게 되었고, 치장에는 가족들 일부만이 남게 되었다. 김의한도 충칭으로 자리를 옮겼다. 남편과 임시정부 국무위원들이 거의 다 충칭으로 가게 되자 정정화는 그분들을 '모시는' 일에서 벗어날 수 있었다. 임시정부가 충칭으로 이동한 것은 그곳에 중국 국민정부가 있었기 때문이었다. 이로써 임시정부는 충칭에서 해방 때까지 5년을 활동하게 되었다. 이른바 '충칭시대'가 열린 것이다.

이듬해 1월 정정화도 치장에서 충칭 쪽으로 약 10㎞ 남짓 떨어진 바현巴縣 투원향土文鄉으로 이사하였다. 임시정부 사람들은 이곳을 토교土橋라고 불렀다. 중경과 토교는 마치 서울과 안양 같은 관계였다. 임시정부는 중국진재위원회中國振災委員會로부터 6만 원의 원조를 받아, 토교에 15년 기한으로 땅을 빌렸다. 그리고 이곳에 있는 집을 사들여 1941년 임시정부 가족들을 이주시켰는데 그때 정정화도 그곳으로 옮겨온 것이었다. 가족들의 이주가 완료되며 임시정부의 충칭 이전이 마무리되었다.

토교로 이주한 임시정부 가족은 정정화 식구를 포함하여 열 가구 정도 되었다. 토교에 새로 자리 잡은 임시정부 식구들은 5년 동안 줄곧 거기에 머물렀으며, 간혹 충칭 시내에 가서 몇 달씩 지내기도 했다. 토교에 10여 세대가 보금자리를 꾸민 후 때에 따라 들고나는 세대나 사람들이 있긴 했지만 입주자 대부분은 그대로 남아 있으면서 5년간을 한결같이 한집안 식구처럼 가깝게 지냈다. 정정화는 토교에서의 생활을 다음과 같이 술회하였다.

토교에서의 생활은 피난 다닐 때보다는 어느 정도 안정이 된 셈이었으나 살림살이가 궁핍하고 쪼들리기는 마찬가지였다. 그렇게 궁한 살림을 꾸려나가는 대신 토교에 모인 우리 모두가 너나 할 것 없이 한집안 식구들처럼 지냈고, 각자의 가족끼리도 단란한 가정을 꾸려나갈 수 있었다. 토교가 있는 사천성 남부는 아열대성 기후여서 한겨울이라 해도 영하의 날씨라고는 고작 이틀이나 사흘뿐으로, 영하라고 해봐야 해뜨기 전에 벌써 녹아버릴 정도로 눈이 간간이 흩뿌렸고, 물독의 물에 살얼음이 어는 정도였다.
또 토교의 우리 마을에는 화탄계花灘溪라는 냇물이 흐르고 있었다. 화탄계의 물은 이름만큼이나 맑기가 그지없어 그냥 마실 수도 있었고, 얼마든지 빨래도 하고 미역도 감을 수 있었다. 마을

언저리의 밭에는 야채도 심고 꽃도 심어 가꿀 수 있었다. 나는 그 밭 한구석에다 상추며 호박이며 일년감(토마토) 따위를 심어 보았는데, 제법 잘 자라 우리 식구가 먹기에는 충분할 만큼 매년 수확할 수 있었다. 사천성은 짜차이搾菜라는 채소의 명산지이기도 했으므로 나도 그 짜차이를 직접 심어서 요리를 만들어 보기도 했다. 고구마와 옥수수를 심고 가꿀 때는 바로 고향에 와있는 듯한 기분이기도 했다.

요컨대 토교에 모인 임시정부 가족들은 가난하지만 보통의 일상을 영위할 수 있었다. 배 위에서 40일을 버텨야 했던 피난

1941년 9월 토교에서 열린 차리석 회갑 기념사진. '우리 村'이라는 단어가 선명하다 (노란색 네모 안). 빨간 원 안이 정정화.

시절에 비하면, 목욕도 하고 채소를 심고 수확해 반찬으로 쓰는 안정된 삶이었다. "고향에 와있는 듯한 기분"이라는 표현처럼, 임시정부 구성원들은 토교를 '우리 촌村'이라고 불렀다. 양우조와 최선화 역시 토교의 아름다운 풍경과 평화로운 분위기에 고향에 온 느낌을 받았다고 기록하였다.

토교 '우리 촌(村)' 일대의 2019년 모습. 당시 거주했던 건물은 모두 헐리어 자취를 찾아볼 수 없고(우), 2006년 세워진 '한인 거주 옛터'라는 표지석만이 남아 있다(좌).

토교에서의 식생활은 충칭에서 배급되는 평가미平價米에 의존하였다. 평가미는 일반 쌀에 비해 질이 매우 떨어졌다. 더구나 쌀을 무게로 달아 정량만큼만 배급했기 때문에 일부러 쌀을 빼고 대신 물을 부어 무게를 늘리는 일이 흔했다. 그러니 살짝 발효된 쌀을 먹게 되는 것이었다. 하지만 정정화는 "그나마도 국내에서 우리 동포들이 먹던 보리나 좁쌀보다야 훨씬 고급"이라며 감사해 하였다.

토교에는 학병 출신 광복군 대원이 머물기도 하였다. 잘 알려져 있듯이, 1945년 1월 말 학병으로 일본군에 징집되어 중국 전선에 있던 한인 청년 50여 명이 안후이성安徽省 푸양阜陽에서부터 5천㎞를 걸어 충칭에 도착하였다. 임시정부에서는 이들을 대대적으로 환영하고 광복군으로 편입시켰다. 그렇지만 충칭에는 청년 수십 명을 일시에 수용해서 묵게 할 만한 마땅한 곳이 없었다. 아무리 임시 망명정부라고는 하지만 일본에 선전포고까지 한 임시정부의 실정이 그러했다.

결국 광복군 50여 명은 토교로 오게 되었다. 토교에 수십 명을 수용할 수 있는 번듯한 막사가 있었던 것은 아니지만, 임시로 교회 건물을 쓰기로 하였다. 정정화 등 임시정부 가족들은 부랴부랴 교회 강당을 침실과 식당으로 꾸며 광복군 임시 막사로 활용하게 하였다. 이후에도 토교에 남아 있던 이들은 모두가 정성껏 합심하여 젊은 광복군들이 불편하지 않도록 최선을 다했다.

정정화는 토교에 온 광복군 대원 몇몇과 아주 가까이 지냈다. 그들은 토교에 있는 동안 정정화의 집에서 살다시피 하며 아들 후동의 공부를 도와주기도 하였다. 토교의 광복군 대원 가운데는 장준하張俊河도 있었다. 장준하는 토교의 어린이들을 모아 주일학교를 만들기도 했고, 어린이들에게 여러 가지 좋은 이야기를 들려주었다. 정정화는 그를 "다재다능한 청년"이라고 평가하였다. 장준하 일행은 토교에 머물렀다가 8명 정도만 임시정부 경호 등의 임무를 띠고 충칭에 남기로 하고, 나머지는 모두 시안西安에 있는 광복군 제2지대로 파송되었다.

공습의 도시 충칭

충칭 연화지 청사 입구 및 내부의 최근 모습

토교의 평화로운 분위기와는 달리 충칭에 거주하던 임시정부 가족과 한인들은 불안한 주거환경에 처해 있었다. 공기와 식수도 혼탁하고, 폭격으로 인명이 손상되고 건물은 온전하지 못한 경우가 많았다. 임시정부는 충칭에서 폭격, 화재 등으로 네 차례나 청사를 옮겨야 했다. 1944년 1년에 40만 원의 임대료를 내고 빌려 사용한 연화지蓮花池의 70여 칸 건물이 임시정부의 마지막 청사였다. 임대료는 중국 국민정부의 보조로 충당하였다. 이곳은 청사이면서 단신의 임시정부 요인들이 기숙하는 생활공간이기도 하였다. 연화지 청사는 현재까지 청사의 원형이 유지된 건물로 역사적으로 매우 의미 있는 장소다.

임시정부가 내게 할 일을 주었고, 내가 맡은 일을 했을 뿐이다 - 임시정부의 '안주인' 정정화 -

임시정부는 청사에서 멀지 않은 시내에 요인의 가족을 위해 집을 마련하기도 하였다. 이 집은 16~17개의 방을 만들어 놓고 한 세대에 한 방씩 사용할 수 있게 지은 건물이었다. 그러나 집이 몹시 습하고 햇볕이 잘 들지 않는 낮은 지대에 있어서 음습하고 쥐가 방안에까지 돌아다니는 등 거주환경이 좋지 못했다. 비가 오면 방에 비가 새지 않는 곳이 없을 정도로 열악했다.

한편 이 시기 충칭은 일본군 폭격의 집중 타겟이었다. 시내 도처에 방공호가 있었으나 방공호 수용 능력에는 한계가 있었다. 따라서 시내에 볼 일이 있는 사람에게만 방공호 출입증이 발급되었고, 방공호 출입증이 없는 사람은 일본군의 폭격이 시작되는 매년 봄이면 아예 시외로 소개되었다. 충칭에 머물던 임시정부 요인과 가족들에게도 일본군의 폭격과 대피가 일상이 되었다. 폭격으로 건물이 부서지거나 폭격과 진동으로 약해져 있던 건물이 비가 오면 무너지는 일이 비일비재하였다. 폭격에 부서지고 남은 허물어진 건물은 날씨가 나빠져 광풍이 불면 기와가 다 날아가고 천장에서 모래비가 쏟아지기도 했다. 충칭의 한인들은 성치 않은 건물에 거주하였으나 그나마 건물이 무너지지 않은 것을 다행으로 여겼다.

다만 매년 11월부터 이듬해 2월까지 도시 전체에 짙은 안개가 끼는 날씨 덕분에, 충칭은 겨울이 되면 공습의 위협에서 잠시 벗어날 수 있었다. 폭격으로부터 안전지대였던 토교에 살던 임시정부 가족들은 겨울이 되면 충칭에 와서 살기도 하였다. 아이들의 학교가 방학인 데다 폭격도 잠잠해지기 때문에 업무를 위해 충칭에 있던 남편 혹은 아버지와 함께 지내기 위해서였다. 김의한과 떨어져 살던 정정화도 아들 후동이 겨울방학을 맞게 되면 종종 충칭에서 겨울을 보냈다.

교육활동과 민족의식 고취

토교에서도 정정화는 늘 손에서 일이 떠나지 않았다. 그 중에는 '충칭시기' 이전 임시정부 지도자들의 식사를 마련하고 뒷바라지를 하는 것의 연장선상으로 이해할 수 있는 업무도 있었지만, 이전에는 하지 못했던 새로운 성격의 일도 있었다.

우선 2세들에 대한 교육이 정정화를 포함한 임시정부 소속 여성들의 책임 아래 이루어졌다. 그들은 우선 장소를 마다하지 않고 소학교에 다니는 자녀들을 모아 방학 때마다 우리나라의 역사나 국어, 노래, 춤 등을 가르쳤다. 그 일은 한 해도 거르지 않고 계속되었다. 양우조는 자신의 일기에 토교의 "언덕에 있는 YMCA 회관과 민가에서는 아이들을 모아 한국말과 한국노래를 가르치고 있어, 그 앞을 지날 때면 고향에 온 느낌을 들곤 했다"고 적었다. 임시정부는 여성들이 주축이 된 교육활동에 매월 보조금을 지급하는 등 이를 적극 장려하였다. 미취학 아동을 교육하기 위해 3.1유치원을 설립하기도 하였다. 정정화는 3.1유치원

임시정부가 내게 할 일을 주었고, 내가 맡은 일을 했을 뿐이다 - 임시정부의 '안주인' 정정화 -

교사로도 활동하였다.

3.1유치원 추계 개학 기념사진(1941년 10월 10일). 뒷줄 맨 오른쪽이 정정화.

임시정부 구성원들은 오랜 망명 생활로 2세들이 중국에 동화되어 민족정체성을 상실할 것을 우려하며 우리말, 우리글 등 우리 문화 전수를 위해 노력하였다. 집안에서는 우리말만 쓰도록 하여 민족교육의 기초를 형성할 수 있었다. 남성들이 충칭에서 임시정부의 '공적인' 일로 바쁠 때, 여성들은 집에서 아이를 낳아 양육하며 가정교육을 통해 민족의식을 함양한 2세대를 배출함으로써 독립운동의 재생산을 가능하게 하였다. 중국 땅에서 태어난 2세는 이러한 교육을 통해 한국인으로서의 자부심과 민족의식을 체화하며 부모 세대가 가졌던 고향에 대한 그리움, 조국 독립과 귀국의 염원에 공감했을 것이다.

민족의식을 자각하게 만드는 또 다른 계기는 임시정부 수립 기념일, 국치일, 순국선열 기념일 등의 각종 기념행사였다. 특히 임시정부의 연례행사 가운데 가장 중요하고 성대하게 기념되었던 날은 삼일절과 개천절이었다. 임시정부 요인과 가족들은 삼일절 기념식장에 걸린 태극기, 토교 '우리 촌' 언덕 위 기독교 청년회관 건물에 휘날리던 태극기, 임시정부 청사에 걸려 있었다던 단군과 이순신의 초상, 그리고 삼일절과 개천절 기념식을 통해 독립 의지를 다지고 민족정체성과 민족의식을 공유할 수 있었다.

임시정부가 '충칭시기'에 주관한 삼일절 행사의 참석자는 1941년 300여 명, 1942년 400여 명, 1943년 200여 명에 달했다. 삼일절 기념식에는 외국 공사들과 중한문화협회 인사들이 참여하기도 하였다. 임시정부나 광복군 또는 임시정부 산하단체의 모든 행사에는 "꼭 부인네들의 손길이 닿았"다는 정정화의 기록으로 미루어 보면, 정정화는 이와 같은 민족의식 고취를 위한 기념식 준비와 개최에도 힘을 보탰던 것으로 보인다.

한국애국부인회에서의 활동

'충칭시기' 정정화는 한국애국부인회에 가담하여 훈련부 주임
이라는 임원직을 맡았다. 1935년 한국국민당 당원, 1940년 한국
독립당 당원, 같은 해 한국혁명여성동맹 간사 및 조직부장에 이
은 네 번째 독립운동단체 가입이었다. 한국애국부인회 조직 배
경에는 충칭의 임시정부가 여러 단체를 통합함에 따라 여성단체
의 재조직이 요구되었던 상황이 있었다. 이리하여 충칭 소재지
에 있던 여성들은 당파와 사상을 불문하고 일치단결하여 상하이
임시정부 이후 와해되었던 대한애국부인회 조직을 재건하자는
기치 아래 1943년 한국애국부인회를 조직하였다.

한국애국부인회는 한국혁명여성동맹과 마찬가지로 임시정부
를 지지하고 도울 것을 표명하였지만 그것이 전부는 아니었다.
한국애국부인회가 채택한 7개항의 강령에는 "남녀 평등한 권리
와 지위의 획득과 향유"가 세 차례나 반복되면서 '여권女權'의 개
념이 강조되었다. 임시정부의 영향력 아래 발족한 여성단체의 활
동 목표가 조국의 독립과 민족 해방에서 한 걸음 더 나아가, 되찾
은 조국을 남녀평등의 권리와 여성의 지위가 보장되는 국가로 건
설하기 위한 것으로 발전하였던 것이다. 이밖에도 한국애국부인
회는 국내 각층의 여성, 우방 각국의 여성조직, 재미在美 여성단
체와의 긴밀한 상호관계를 통한 여성의 연대를 표방하였다.

한국애국부인회는 위에서 설명한 2세들에 대한 교육활동에

『신한민보』 1943년 6월 3일자에 실린 한국애국부인회 재건 선언

적극적으로 나서는 외에, 음력 설에 한인들이 모두 모여 많이 먹고 재미있게 지낼 수 있도록 떡을 만들고 청년회와 함께 대과회와 여흥을 주최하였다. 한국애국부인회에서 활동한 최선화는 한인사회의 이런 모임이 망명 생활에 큰 활력소가 된다고 여러 차례 강조하였다. 한국애국부인회는 또 재건 후 처음 맞는 3월 8일 '국제부녀절'을 기념하는 행사를 성대하기 거행하기도 하였다. 이를 통해 한국여성으로서의 정체성을 확인하는 동시에 국제여성과의 연대를 모색하고자 하였다. 최선화가 1943년 2월 재미 한인사회에 편지를 보내 한국애국부인회의 재건을 알리고 해외동포의 성원과 단결을 촉구했던 것도 같은 맥락에서였다. 한국애국부인회는 중국 중앙방송국을 통해 세계에 흩어져 사는 동포 여성과 국내 부녀자들을 대상으로 광파 방송을 하기도 하였다. 또한 한국애국부인회는 1945년 봄 싱가포르 포로수용소에 있던 일본군'위안부' 10여 명이 충칭 임시정부에 인계되자 이들에 대한 교육을 실시하는 등 광범위하게 활동하였다.

이처럼 1940년에 들어 한국혁명여성동맹, 한국애국부인회 등

'공적 영역'으로 진출한 정정화였지만, 그가 주력한 업무 자체가 그 이전과 확연하게 달라졌다고 보기는 어려울 듯하다. 무엇보다 정정화의 회고록 『장강일기』에는 한국애국부인회에서 활동한 내용이 아예 등장하지 않는다. 이는 같은 단체에서 활동한 최선화의 일기에 한국애국부인회의 재건선언문부터 활동 목표와 내용까지 수많은 정보가 담겨 있는 것과 뚜렷이 구별된다. 그리고 정정화는 이 시기 자신의 '공적 영역' 활동에 대해 이렇게 설명하였다.

> 한독당 창립과 더불어 결성된 여성동맹 간사 일을 맡으면서 광복진선계의 여성들 사이에서 내가 차지하는 비중이 커지자 사회활동에도 참여할 수가 있었다. 특히 중경 시내에 있는 임정이나 광복군에서 외국 손님을 접대한다든가 자체 내에 큰일이 있거나 했을 때는 토교에 있는 부인들이 중경으로 가서 일을 돕곤 했는데 그때마다 내가 총 책임을 지고 일을 치러야 했다.

정정화가 "사회활동"이라고 표현한 '공적 영역'에서도 정정화는 손님 접대를 하거나 임시정부·광복군의 큰 행사 때 토교에 사는 여성들과 함께 일을 도왔다. 이는 '공적 영역' 진출 이전 정정화의 일상에서도 흔히 볼 수 있는 풍경이었다. 앞서도 언급하였지만 망명공동체, 생활공동체로서 임시정부에서 정정화는 공과 사로 분리될 수 없는 역할을 지속적으로 담당하였던 것이다. 그리고 그것은 임시정부가 활동을 가장 아래에서 지탱하는 보이지 않는 힘이었다고 할 수 있을 것이다.

해방 이후의
굴곡진 삶

해방된 조국으로

"왜놈이 항복했다!"

그때 중국에 있던 우리들은 그날의 역사적인 사건을 이렇게 표현했다.

우리가 우리 힘으로 그 왜놈과 싸워 승리를 거두고 나서 "우리가 이겼다. 나라를 찾았다"고 외치는 것이 아니었다. 물론 우리가 아무런 노력도 없이 감나무 밑에서 입 벌리고 누워만 있었던 것은 아니지만, 그래도 무언가 개운치 않은 구석이 없었던 것은 아니다. 적어도 내 좁은 소견으로는 그랬다.

정정화에게 해방은 마냥 기쁜 소식이 아니었다. 김구의 생각도 같았다. 김구는 『백범일지』에 "이 소식(일본의 항복_인용자)은 내게 희소식이라기보다는 하늘이 무너지고 땅이 꺼지는 일이었다. 수년 동안 애를 써서 참전을 준비한 것도 모두 허사로 돌아가고 말았다. 지금까지 들인 정성이 아깝고 다가올 일이 걱정되었다"고

임시정부가 내게 할 일을 주었고, 내가 맡은 일을 했을 뿐이다 - 임시정부의 '안주인' 정정화 -

쓰고 있다. 일본과의 직접 전투를 준비하고 있던 임시정부 구성원으로서는 미국의 원자폭탄 투하로 인한 일본의 무조건 항복이 갑작스럽고 허망하게 느껴졌던 것이다. 그래도 독립운동을 위해 25년을 외국에서 생활한 정정화는 설레고 기쁘고 벅차오르는 감정만은 속일 수 없었다.

1945년 8월 15일부터 임시정부는 각오를 새롭게 하고 다시 움직여야 했다. 임시정부에서 처리해야 할 일 중에는 중국에 있는 한인에 대한 선무宣撫활동이 중요한 몫을 차지했다. 타국에서 해방을 맞은 한인들의 어수선한 민심을 수습하는 선무활동을 도외시할 수 없었다. 김의한은 그 선무활동의 책임을 맡아 충칭에서 상하이로 먼저 출발하였다. 충칭에 있던 임시정부 요인들은 11월 5일 충칭을 떠나 11월 하순에야 서울에 발을 디딜 수 있었다. 미군정이 임시정부 요인의 귀국 허용을 계속 미루다 마지 못해 '개인' 자격으로의 귀국을 허락했기 때문이다.

정정화는 이보다 늦은 시기인 1946년 1월 하순 충칭을 떠났다. 버스와 기차, 배를 갈아타고 3천㎞를 달려 2월 19일 상하이에 도착하여 김의한과 재회하였다. 상하이에서는 3개월 가까이를 머물렀다. 상하이에는 김가진의 묘소가 있었으나, 헤어졌던 옛 동지들을 만나 안부를 묻고 귀국 준비를 하느라 한동안은 찾아가지 못하였다. 3월 초순이 되어서야 정정화, 김의한, 후동 세 식구는 김가진의 묘소에 참배할 수 있었다. 정정화는 "고국에 돌아가는 대로 곧 여비를 챙겨 아버님을 다시 뵙고 모시기로 하겠"다고 다짐하였다. 5월 상하이를 떠나기까지 정정화의 식구들은 김가진의 묘소를 다시 찾지 못하였다. 곧 유해를 고국으로 옮길 생각이었으므로 그리 대단하게 여기지 않았던 것이다. 그러나 3월의 참배가 마지막 성묘가 되고 말았다. 이것은 정정화 평생의 한으로 남았다. 뒤에서 살펴보겠지만, 김가진의 유해는 현재까지도 한국으로 돌아오지 못했기 때문이다.

민족분열의 길을 가는 조국에서

1946년 5월 9일, 드디어 조국으로 향하는 배에 올랐다. '전쟁 난민'의 자격이었다. 정정화는 "우리는 난민이었고 거지떼였다. 그렇게 추방당했다. 임시정부고 주석이고 뭐고 전부 개인 자격이었던 판에 우리야 오죽했으랴"라고 체념하였다. 사흘 만에 부산에 도착했지만 콜레라 검역을 이유로 또 다시 사흘을 배 위에서 보냈다. 지루한 3일이 지나고 부산 땅에 발을 내딛은 정정화는 난민수용소로 보내졌다. 방역과 통관 절차 때문이었다. 짐을 한곳에 모아놓고 모두가 일렬로 늘어서서 백신을 맞았고, 미군 병사들이 옷 속에 살충제의 일종인 DDT를 뿌려댔다. 견디기 어려운 시간이었지만 따르지 않을 방법이 없었다. 난민수용소에서 나온 정정화 가족은 곧바로 부산역으로 가 서울행 화물차를 탔다. 부산을 떠난 지 이틀 후인 5월 17일 저녁 8시가 다 돼서야

임시정부가 내게 할 일을 주었고, 내가 맡은 일을 했을 뿐이다 - 임시정부의 '안주인' 정정화 -

서울에 들어왔다. 1931년 마지막으로 국내를 다녀간 지 15년 만이었다.

귀국 후에도 정정화 가족의 살림은 궁색했다. 김의한의 어머니와 동생 등 많은 식구를 부양해야 했으나 고정 수입이라고는 김구가 한 달에 한 번씩 건네주는 돈 만 원이 전부였다. 정정화는 특별한 외부 활동 없이 주부로 살았고 김의한은 한독당에서 계속 활동하면서, 1947년 3월에는 '독립운동사자료수집위원회'를 조직해 그 대표가 되었다. 꼼꼼한 성격의 김의한은 중국에 있는 동안 독립운동 관련 자료를 기록해서 보물처럼 간직하고 있었다.

1948년 2월 6일 김의한은 자신의 생일을 맞아 중국에서 함께 지내던 사람들을 저녁식사에 초대하였다. 그런데 이 사적인 자리에 남한만의 단독정부 수립을 지지하는 사람은 단 한 명도 오지 않았다. 독립이라는 하나의 목표를 가지고 20년 이상의 풍찬노숙風餐露宿 세월을 견뎌온 동지들이, 바로 그 독립된 조국에서 정치적 의견에 따라 분열하고 있었다. 1948년 김의한의 생일파티는 분단을 향해 달려가고 있는 정국 상황을 상징하는 '사건'이라 할 수 있을 것이다. 잘 알려져 있듯이 결국 1948년 남과 북에 각각 정부가 들어섰고 이는 전쟁으로 귀결되었다.

귀국 1년 후인 1947년의 정정화 가족

임시정부가 내게 할 일을 주었고, 내가 맡은 일을 했을 뿐이다 - 임시정부의 '안주인' 정정화 -

김의한의 납북과 '부역죄'

1950년 6월 25일 북한의 남침으로 한국전쟁이 발발하였다. 서울은 3일 만에 함락되었고 정정화 가족은 피난을 가지 못하였다. 9월 어느 날 자동차 한 대가 정정화 집 앞에 섰다. 차에서 내린 건장한 청년은 김의한에게 조소앙의 집에서 모임이 있으니 함께 갈 것을 요구하였다. 김의한은 무거운 발걸음으로 청년을 따라나섰다. 그것이 정정화가 본 김의한의 마지막 모습이었다. 납북된 것이다. 북한은 임시정부 출신 요인 상당수를 납북하였다. 김규식金奎植, 조소앙, 조완구, 유동열, 엄항섭 등이 김의한과 함께 납북되었다.

1951년 1월, 중국군을 등에 업은 북한은 짧은 기간이었지만 다시 한 번 서울을 점령하였다. 이때도 서울에 남아 있던 정정화는 남편의 소식을 들을 수 있으리라는 기대를 품고 서울에 내려와 있던 북한 기관에서 근무하는 사람과 접촉하였다. 전쟁 직전까지 조소앙의 비서로 일했던 김흥곤金興坤이라는 인물이었다. 그도 정정화를 잘 알고 있었다. 김흥곤은 김의한이 평양에서 무사히 지낸다고 간단히 일러주었다. 얼마 후 북한이 서울에서 후퇴할 때 김흥곤도 평양으로 떠났다.

이 일로 정정화는 감옥살이를 하게 되었다. 죄명은 '부역죄'였다. 조사과정에서 정정화에게 손찌검을 하는 사람도 있었다. 정정화는 재판을 받기까지 한 달을 감옥에서 보내야 했다. 재

한국전쟁 중 서울에서 정정화

판에는 정정화와 같은 죄로 기소된 20여 명의 '피고'가 함께 재판정에 섰다. 정정화가 보기에 재판은 "어처구니없이 진행되었다. (중략) '이 사람들은' 식으로 시작되는 검사의 논고에 따르면 1·4후퇴 당시 후퇴하지 않은 것이 유죄였다." '피고' 20명 중 변호사를 선임한 사람은 정정화가 유일했다. 변호사 덕택인지 정정화만 집행유예를 선고받았다.

임시정부가 내게 할 일을 주었고, 내가 맡은 일을 했을 뿐이다 - 임시정부의 '안주인' 정정화 -

정정화에게 투옥과 재판은 너무나 큰 상처였다. 아들 김자동 (후동에서 개명)에 따르면, 정정화는 "그 후부터 중국 시절의 당당하고 패기 넘치던 모습을 전혀 보여주지 않았다." 더구나 이후에도 몇 년간 정정화는 '요시찰인'으로 정부의 감시 대상이 되었다. 1952년 12월 아이젠하워 미국 대통령이 방한하자 예비검속을 당하기도 하였다. 이렇듯 분단과 전쟁 앞에서는 독립운동에 젊은 시절을 다 바친 정정화의 과거도 아무런 힘을 발휘할 수 없었다.

회고록 『장강일기』 집필

전쟁이 끝난 후, 정정화는 조용한 여생을 보냈다. 팔순을 넘긴 1980년대 중반에는 백내장 수술 후 한쪽 눈이 실명된 상태에서 회고록을 집필하기 시작하였다. 김의한이 1919년 국내를 빠져나갈 때부터 1945년까지 꼼꼼하게 기록한 일지와 김자동의 기억이 큰 도움이 되었다. 정정화의 회고록은 1987년 『녹두꽃』이라는 제목으로 출판되었다가 1998년 전면 개정되면서 『장강일기』로 개칭되었다. 정정화는 〈책을 내면서〉에서 다음과 같이 밝혔다.

나는 그렇게 임시정부와 함께, 임시정부의 식구들과 함께 먹고

노년의 정정화와 회고록 『장강일기』 표지

잠자고 같이 일했다. (중략)

내 이야기로 지면을 잡아먹고, 가족에 얽힌 사연으로 이야기의 앞뒤를 끌고 간 것은 그것을 통해 임정의 내부사정이 어떠했으며, 임정의 주인이든 식객이든 그들이 과연 어떠한 생활을 했는지 사실 그대로 보이고 싶은 마음에서다. (중략)

다시 한 번 더 분명히 하거니와 이 글은 무엇보다도 나 개인의 기록을 우선으로 했다. 그리고 임정을 떠난 나 개개인의 기록이라는 것은 아무런 생동감도 없고, 처음부터 성립될 수 없는 것이기에 가능한 대로 내가 알고 있는 임정의 안팎 사정을 모두 끄집어내려고 애썼다.

임시정부가 내게 할 일을 주었고, 내가 맡은 일을 했을 뿐이다 - 임시정부의 '안주인' 정정화 -

이 같은 정정화의 생각과 집필 원칙 덕분에 『장강일기』는 생활사로서의 미시사이면서도 독립운동사, 일제의 중국 침략사, 전쟁사 등의 거시사가 어우러질 수 있었다. 정정화의 회고록은 여성의 관점에서 본 임시정부사이기도 하다. 특히 임시정부의 역사에서 빼놓을 수 없는 디아스포라 공동체로서의 성격, 독립 자금 조달에서 여성의 역할, 독립운동가들 생활을 지탱하는 여성의 역할, 경제·문화·교육공동체의 형성과 여성의 역할을 생생하게 보여주고 있다.

이산되어 있는 가족의 묘소

정정화는 1991년 92세를 일기로 운명하여 대전 현충원 애국지사 묘역에 안장되었다. 김의한은 1964년 북한에서 사망하여 평양의 애국열사릉에 묻힌 것으로 알려져 있다. 김가진의 유해는 여전히 상하이 쑹칭링능원(宋慶齡陵園, 만국공묘에서 개칭)에 있다. 하지만 1960년대 말 문화대혁명 당시 홍위병에 의해 봉분과 비석이 파괴되어 정확한 위치를 알 수 없는 상태라고 전해진다. 정정화는 자신이 사망하기 직전까지 김가진의 묘소를 걱정하며, 유해를 국내로 송환하지 못하고 있는 것을 죄스럽게 생각하였다. 얼마 전(2022년 8월 23일) 타계한 김자동 역시 죽기 전에 꼭 해야 할 일로 김가진의 유해 송환을 꼽았다.

좌측부터 김가진, 김의한, 정정화의 묘비석. 각각 중국, 북한, 남한에 있다. 김가진의 묘비석은 문화대혁명으로 파괴되었다.

김가진은 일본이 준 작위를 거절하지 않았다는 이유로 서훈되지 못하였다. 이것이 유해 송환의 발목을 잡고 있다. 즉, 김가진의 유해 송환이 이루어지지 않고 있는 것은 그가 독립유공자가 아니기 때문이다. 김가진과 나란히 묻힌 신규식 등 여러 임시정부 요인의 유해가 한중수교 이후 국내로 돌아올 수 있었지만, 김가진만은 독립유공자가 아니라는 이유로 허가받지 못했다. 자비로 해결하려 해도 쑹칭링능원이 중국 국가유적지이기 때문에 정부 간 교섭이 아니면 불가능한 형편이다.

상하이에서 독립운동을 함께 한 가족 3명의 묘가 각각 중국, 북한, 남한에 있는 것은 정정화의 슬픈 가족사가 아니라 분단의 비극 그 자체이다. 김가진이 독립운동에 헌신하다 눈을 감은 지도 100년이 지났다. 이제는 비극의 사슬을 하나씩 끊어야 할 때다.

임시정부가 내게 할 일을 주었고, 내가 맡은 일을 했을 뿐이다 - 임시정부의 '안주인' 정정화 -

정정화의 영정사진을 들고 김의한의 묘 옆에 선 김자동의 모습. 그는 2006년 임시정부 요원 후손 방북 성묘단을 이끌고 평양을 방문하였다.

참고문헌

김광재, 『근현대 상해 한인사 연구』, 경인문화사, 2018.

김희곤, 『대한민국임시정부 I −상해시기』, 독립기념관 한국독립운동사연구소, 2008.

도진순 주해, 『백범일지』, 돌베개, 2005.

孫科志, 『上海韓人社會史: 1910−1945』, 한울, 2001.

정정화, 『장강일기』, 학민사, 1998.

양우조 · 최선화 지음, 김현주 정리, 『제시의 일기: 어느 독립운동가 부부의 육아일기』, 우리나비, 2019.

한상도, 『대한민국임시정부 II −장정시기』, 독립기념관 한국독립운동사연구소, 2008.

한시준, 『대한민국임시정부 III −중경시기』, 독립기념관 한국독립운동사연구소, 2009.

김귀옥, 「식민적 디아스포라와 저항하는 여성 −이은숙과 정정화를 중심으로−」, 『통일인문학』 62, 2015.

김성은, 「대한민국임시정부와 여성들의 독립운동: 1932~1945」, 『역사와 경계』 68, 2008.

김성은, 「중경임시정부시기 중경한인교포사회의 생활상」, 『역사와 경계』 79, 2009.

김성은, 「최선화의 중국망명생활과 독립운동 −『제시의 일기』를 중심으로−」, 『숭실사학』 31, 2013.

이준식, 「대한민국임시정부와 여성 독립운동」, 『한국민족운동사연구』 61, 2009.

장영은, 「임시정부의 밀사 −정정화의 독립운동과 자기 서사−」, 『여성문학연구』 48, 2019.

조덕천, 「上海시기(1919~1932) 大韓民國 臨時政府 구성원의 生活史 연구 −衣食住생활을 중심으로−」, 안동대학교 사학과 한국사전공 석사학위논문, 2010.

한시준, 「정정화의 생애와 독립운동」, 『사학지』 47, 2013.

누구의 아내·어머니가 아닌

독립운동가 윤용자와 정현숙 이야기

한승훈

들어가며

여성이 있었다. 집안 소개로 만난 남자와 결혼을 했다. 남자는 가족보다는 민족의 해방이 우선이었다. 해방을 이루기 위해서 집을 떠났다. 남편이 떠난 빈자리는 컸다. 결국 남편을 찾아 떠나기로 했다. 일제가 통치하는 식민지 조선보다는 남편과 함께 있을 수 있는 그 곳이 나을 것이라는 희망이라도 있어서 그랬다.

정든 집을 떠났다. 압록강을 건너고도 한참을 갔을까? 드디어 남편을 만났다. 하지만 만남의 기쁨은 오래가지 않았다. 남편은 일제와 싸워야 했다. 당연히 집안 일은 그녀의 몫이었다. 하루 종일 일해도 끝이 없었다. 피곤이 물밀 듯이 밀려왔다. 그래도 일을 해야 했다. 그녀를 천진난만하게 쳐다보는 아이들이 있었기 때문이다.

어느덧 아이들도 컸다. 엄마 힘들다면서 함께 일하는 아이들이었다. 그런 아이들만 보면 마음이 아팠다. 정들만 하면 거처를 옮겨야 하고, 그러다 보니 남들 자식처럼 교육도 제대로 시키지 못하는 현실이 원망스러울 뿐이었다.

그래도 지치지 않으려고 했다. 목숨 바쳐 독립을 위해 헌신하는 남편과 그의 동료들이 있었기 때문이다. 그래서였을까? 남편과 함께 싸우는 형제같은 이들에게 따뜻한 밥 한공기라도 대접하면 그걸로 뿌듯했다.

일제가 중국을 침략했다. 예상을 못했던 바는 아니지만, 그 여파는 컸다. 일본군을 피해서 내륙 깊숙이 험난한 길을 가야했다. 대한민국 임시정부와 함께 충칭에 정착했다. 다행히 충칭에는 처지가 비슷한 한국 여성들이 있었다. 만주에서부터 함께 한 이웃도 있었고, 상하이, 난징, 혹은 충칭에서 처음 본 이들도 있었다. 그 곳에서도 집안일은 여성들의 차지였지만, 그래도 그들을 만나면 위안이 되었다.

하지만 충칭 역시 안전하지 않았다. 사이렌이 울리면 무조건 방공호로 뛰어야 했다. 일제 비행기가 무차별적으로 폭격을 가했기 때문이다. 일제 비행기가 떠나고 간 자리에는 비명과 오열이 끊이지 않았다. 가족, 친구를 잃은 슬픔이 도시를 무겁게 짓눌렀다. 무섭고도 공포스러운 나날이었다. 일제의 야만스러운 만행을 그냥 두고 볼 수 없었다. 집안일이 산더미같이 쌓여 있었지만, 그래도 무엇이라도 해야 했다.

1940년 6월 17일 충칭에서 함께 지내던 여성들과 단체를 만들었다. 이름은 "한국혁명여성동맹". 한국독립당의 산하단체였다. 임시정부의 독립운동을 음양으로 지원하는 일이 주된 임무였다. 교육도 담당했다. 원래 해오던 일이었다. 그렇지만 이제 독립운동 단체의 정식 단원으로 일했다. 누구의 남편, 누구네 엄마가 아니라 여성동맹 단원으로 말이다.

창립하는 날, 사진을 찍기로 했다. 언젠가 해방된 조국에서 누군가 그 사진을 보았을 때, 당당한 여성독립운동가로 보이고 싶어서 그랬을까? 평소 아껴두었던 옷을 입고, 곱게 화장을 하고, 단정하게 머리도 빗고 그랬다. 사진사가 따로 신호를 주지 않은걸까? 단체사진을 찍는 것이 어색했던 걸까? 사진에는 미소를 띤 얼굴부터 경직된 표정까지 다채로운 모습이 이채로움을 더했지만, 독립을 향한 열정만큼은 똑같아 보였다.

한국혁명여성동맹 창립 기념 촬영 (1940. 6. 17). 첫번째 줄(왼쪽부터): 이헌경, 정정화, 이국영, 김효숙, 방순희, 김정숙, 김병인, 유미영. 두번째 줄(왼쪽부터): 손일민의 부인, 조용제, 오영선, 송정헌, 정현숙(정정산), 오건해, 최동화, 김수현, 노영재, 세번째 줄(왼쪽부터): 윤용자, 이상만의 며느리, 이숙진, 최선화, 오광심, 연미당, 최형록, 이순승

여기서는 사진 속 주인공 중에서 두 명을 이야기하고자 한다.

세 번째 줄 왼쪽에서 첫 번째에 자리한 윤용자와 두 번째 줄 왼쪽에서 다섯 번째에 위치한 정현숙(개명 전 이름은 정정산)이 주인공이다.

윤용자(가운데 여성)

정현숙

사실 두 여성은 만주에서부터 서로 의지하면서 한 가족같이 살았다. 남편에 이어서 딸들이 한국광복군에 입대하는 모습을 지켜보면서 가슴 졸인 하루하루를 보낸 것도 똑같다. 만주에서 충칭까지의 여정도 함께 했다. 이글에서는 어찌 보면 비슷하면서도 약간은 다른 삶을 산 윤용자와 정현숙을 조명하고자 한다. 구체적으로는 식민지 조선에서 만주로 정착하기까지의 여정, 독립운동의 터전을 마련한 과정, 그리고 해방 이후의 후일담을 주로 이야기하고자 한다.

누구의 아내·어머니가 아닌 독립운동가 윤용자와 정현숙 이야기

결혼, 이별, 재회,
그리고 인연의 시작

정현숙, 독립무장투쟁을 꿈꾸었던 오광선과 결혼하다

1913년 말, 결혼이 결정되었다. 그 때 정현숙은 14살이었다. 남편은 3살 많은 오광선, 경기도 용인군 원삼면 죽능리 어현마을에 사는 청년이었다. 남편의 아버지 오인수는 명포수였다. 그러다가 1905년 을사늑약이 체결되자 의병에 합류했다. 1907년 고종황제가 강제로 퇴위하게 되자, 다시금 의병이 되었던 오인수였다.

오인수는 일제에 맞서서 용맹히 싸웠다. 하지만 우세한 병력과 화기로 무장한 일본군과 일진회 출신 토벌대를 상대하기란 쉽지 않았다. 결국 잠시 들렸던 집에서 연행되었다. 토벌대가 오인수를 잡으려 하자, 그의 애견이 토벌대를 물어뜯으면서 주인의 탈출을 도왔다. 결국 오인수는 체포되었고, 주인을 구하려고 했던 애견은 토벌대에 의해서 무참히 희생되었다. 오광선은 가족같은 애견을 묻으면서 눈물을 흘렸다. "평생 이러한 설움을 받아야 하는가?"라면서 아버지가 체포되고 애견이 무참히 죽은 현실에 분노했다.

6년이 지났다. 1913년 오인수가 석방되었다. 형무소에서 나온 오인수는 천지를 호령하는 명사수가 아니었다. "일본 경사들이 말타고 겁주고 다니면 말뚝을 뽑아가지고 순경을 때려잡던" 그가 아니었다. 취조 도중에 자행된 고문과 오랜 감옥생활로 오인수는 심신이 피폐해져 있었다. 그래도 아들 오광선을 결혼시켜야겠다는 결심은 잊지 않았다. 마침 적당한 처자가 나타났다. 시궁산 너머에 위치한 용인군 이동면 화산리에 사는 정정산(정현숙의 아명)이었다.

정현숙은 마을에서 알아주는 부자였다. 오광선과 선을 본 장소는 큰 집이었다. 정현숙은 당연히 오광선 집안이 잘 사는 줄 알았다. 그런데 그게 사실이 아니었다. 정현숙과 오광선의 딸, 오희옥은 어머니 정현숙의 결혼이야기를 다음과 같이 회고하였다.

어머니가 열 네살, 아버지가 열 일곱살 때 결혼하셨어. ……우리 아버지 집이 무척 어려웠지 ……어머니가 시집왔는데, 아이구, 보리쌀도 얻지 못했어. ……이동면(정현숙의 친정)을 쳐다보며 계속 우셔. 우리어머니 친정은 부자야. 그때는 아버지가 큰 집을 빌려서 선을 봤대. 그러니 잘 사는 줄 알았던 거야. 그런데 막상 오니 오막살이야. (박숙현, 『여성독립운동가 오희옥 지사의 마지막 증언』, 북앤스토리, 2019, 60쪽)

오인수, 오광선 부자를 어떻게 비난해야 할지 모르겠다. 오인

수 앞에서 의병이 의롭지 못한 행동을 하셨다고 힐난이라도 해야할 것 같다. 좌우간 정현숙은 오광선과 연을 맺을 수 있었다. 인생에서 가장 아름다워야 할 신혼이었지만, 부잣집 딸 정현숙에게는 고난의 연속이었다. 정현숙은 그때를 다음과 같이 회상하였다.

> 14살 신혼살림때 남의 땅에다 농사를 지어먹고 살았으니 언제나 쪼들릴 수 밖에 없었어요. 시아버님께서 포수 일을 하시면서 간간이 살림을 보태주셨지요. 나는 그때부터 일복을 타고 났다고나할까? 농한기에도 다른 집일을 하면서 살림을 꾸려 갔지요. 워낙 힘이 꿋꿋해서 여자지만 남자 이상의 일을 했거든요. (박숙현, 앞의 책, 50쪽)

남편 오광선이 서울로 떠났다. 상동청년학원에서 공부를 하면서 독립운동을 도모하기 위함이었다. 오광선은 "결연한" 의지를 갖고 상경했겠지만, 정현숙에게는 참으로 야속했으리라. 게다가 조선총독부에서 오인수의 엽총 소지 허가를 취소했다. 사냥으로 집안 경제에 보탬이 되었던 오인수가 사냥을 더이상 할 수 없게 되면서, 정현숙의 부담은 더욱 커져만 갔다. 부인의 어려움을 알았겠지만, 오광선에게는 독립운동이 우선이었다. 1915년 가을 오광선은 중국으로 떠났다. 오광선의 행선지는 독립운동가의 산실이었던 신흥무관학교였다. 오광선이 정처없고,

기약없는 독립운동에 참여하면서, 정현숙 역시 힘겨운 하루하루를 보내야 했다. 그래도 딸 오희옥에게는 아버지의 그런 모습이 멋지게 보였던 것 같다.

할아버지가 형무소 들어간 후 아버지는 소학교만 나오고 한약방에서 고생을 많이 하다가 스무살 때 만주 신흥무관학교에 들어가셨어. 수석으로 졸업하셨지. 아버지는 무관학교에서 훈련받고 교관도 됐어. 밀정에 들키지 않기 위해 아버지를 비롯한 독립운동가들은 성이며 이름을 바꿨어. 우리 아버지도 오성묵에서 오광선이라고 했어. 조선을 빛내다. 해서 광선. (박숙현. 앞의 책, 53쪽)

1919년 정현숙은 20살이 되었다. 어느덧 성인으로 성장한 것이다. 그만큼 몸도 마음도 성숙해졌다. 특히 정현숙은 보통의 여성들보다 키도 크고 건장했다. 부잣집 친정을 그리워했던 14살 소녀는 쌀 한 가마니를 잘 지고 다닐 정도가 되었다. 건장한 성인으로 성장한 정현숙에게 기별이 당도했다. 만주로 넘어오라는 오광선의 연락이었다. 정현숙은 그때를 다음과 같이 회상하였다.

제가 20살이 되던 해 봄에 그이로부터 소식이 왔어요. 압록강 대안에서 2백리 떨어진 합니하의 신흥무관학교에 와 있으니 그

누구의 아내·어머니가 아닌 독립운동가 윤용자와 정현숙 이야기

리로 오라는 것이었지요. 간단한 살림도구를 챙겨 용인역에서 기차를 타고 평양을 지나 명죽리에서 내렸어요. 거기서부터 육로를 한 달 동안이나 걸어 만주로 들어갔지요. (박숙현, 앞의 책, 58쪽)

참으로 야속했지만, 남편이 보고 싶어서 그랬을까? 정현숙은 시부모와 시댁 식구를 이끌고 만주로 가는 긴 여정을 시작했다.

윤용자, 일본군 장교 지청천과 결혼생활을 하다

윤용자는 1890년 서울에서 태어났다. 개방적인 아버지 윤원기 덕분에 공부도 할 수 있었다. 그러다가 집안 어르신의 중매로 결혼을 하였다. 상대는 두 살 많은 지청천이라는 청년이었다. 신혼생활을 했던 곳은 삼청동 시댁이었다. 시댁집은 "제법 규모"가 있었다. 비복婢僕을 두기도 했다. 윤용복은 엄한 시집살이를 해야 했다. "중문 밖에도 별로 나가는 일 없이 안채"에서만 생활했다.

남편 지청천은 여러므로 바빴다. 1908년 대한제국 육군무관학교에 들어갔다. 당시는 일제가 정원을 축소했기에 입학 자체가 매우 어려웠다. 지청천은 어머니를 통해서 엄귀비에 손을 쓴 덕분에 겨우 무관학교 생도가 될 수 있었다. 어렵게 들어간 학교였는데 1909년 8월 통감부는 무관학교를 폐교시켰다. 그 대신 1, 2학년 생도들에게 일본의 군사 교육 기관에서 교육을 받도록 했다. 서울에서 도쿄로 떠나는 날, 윤용자는 남편을 배웅하지 않았다. 엄했던 시집 분위기 때문이었을까? 아마도 장남 지달수가 1909년 8월에 태어난 것을 보면, 산후조리 등으로 밖으로 나가는 것이 어려웠을 수도 있다.

지청천은 육군사관학교의 예비학교인 도쿄의 육군중앙유년학교에 들어갔다. 일본어가 어렵긴 했지만 공부 자체, 특히 군사 교육은 흥미를 자아내기 충분했다. 그런데 다음해인 1910년 8월 한일병합조약이 선포되었다. 그와 동시에 대한제국은 멸망했다. 이제 대한제국은 일본의 식민지가 되었다. 도쿄의 한인 유학생들은 충격에 휩싸였다. 교육을 받아야 할지 말아야 할지 의견이 분분했다. 그때 지청천이 나섰다.

이왕 군사교육을 받으러 온 것이니 배울 것은 끝까지 배운 다음 장차 육군중위가 되는 날 일제히 군복을 벗어던지고 조국광복을 위해 총궐기하자! (이기동, 「이청천 – 일본육사 출신의 항일 무장투쟁 지도자」, 『한국사시민강좌』 47, 2010, 186쪽)

실제 지청천은 그 말을 실천했다. 총궐기는 아니었지만, 항일 무장투쟁에 헌신하였다. 당시 장래가 보장된 장교직을 버린다는 것은 안정된 삶을 포기하는 것과 같았다. 윤용자는 남편의 이같

누구의 아내·어머니가 아닌 독립운동가 윤용자와 정현숙 이야기

은 다짐을 알았을까? 알았으면 말렸을까? 아니면 집안일은 걱정말라면서 남편을 적극적으로 응원했을까? 참으로 어려운 질문임에 분명하다. 그만큼 독립운동을 한다는 것은 힘든 결정이었다. 가족을 비롯해서 본인이 사랑했던 모든 것을 포기해야 했기 때문이다.

윤용자는 아이 둘을 키우면서 서울에 있었다. 지청천은 일본군 장교로서 일본에서 근무하고 있었다. 그러한 삶을 안타까워한 이가 있었다. 윤용자의 어머니였다. 윤용자의 어머니는 사위에게 가족과 함께 지냈으면 한다고 사정을 했다. 장모의 간곡한 부탁이 통했다. 윤용자는 두 아이와 함께 시모노세키로 향하는 배에 오를 수 있었다. 시모노세키 항구에는 지청천이 마중나와 있었다. 부인과 아이들이 시야에 들어왔다. 무척이나 보고 싶었던 가족이었을 텐데, 그보다 민족정신이 한층 더 강해서 그랬을까? 윤용자는 예상하지도 못한 남편의 역정을 듣게 되었다.

아니, 청룡(아들 지달수의 아명)이까지 데려오면 어떻게 하오? 왜땅에 데려다가 왜놈 만들 작정이오? 청룡이는 여기서 바로 서울로 돌려보내야 하오. (지복영, 이준식(정리), 『민들레의 비상: 여성 한국광복군 지복영 회고록』, 민족문제연구소, 2013, 24쪽)

윤용자는 아들을 서울로 보내라는 지청천의 말이 이해가 가지 않았다. 하지만 어쩔수 없었다. 너무나도 강경했기 때문이다.

결국 아들은 인편에 서울로 보내졌다. 윤용자와 딸만 일본에 남았다. 얼마 뒤 윤용자는 지청천의 뜻을 이해하게 되었다. 지청천은 일본군 부대에서 탈출하고자 했다. 일본에서 동기들에게 외친 말을 실천에 옮기기 위함이었다. 그런데 군인은 명령에 복종해야 했다. 원한다고 마음대로 임지를 옮길 수도 없었다. 그래서 지청천이 선택한 방법은 "폐인"이 되는 것이었다. 일부러 미친척 하면서 방탕한 생활을 했다. 구제불능이 된 것처럼 말이다. 그러면서 상부에 식민지 조선으로 보내줄 것을 요청하였다.

결국 지청천은 서울로 돌아갔다. 무장투쟁단체에 합류하기 위한 첫 걸음을 내딘 것이었다. 물론 윤용자도 귀국했다. 그런데 돌아갈 때는 혼자가 아니었다. 배 속에는 새 생명이 있었다. 새 생명의 탄생을 기다리면서 1919년을 맞이하였다.

1919년 식민지 조선은 절망과 희망이 교차했다. 작년에는 독감(일명 스페인 독감)이 한반도를 휩쓸었다. 독감을 치료할 의료진도 너무나 부족했으며, 그나마 있는 의사, 간호사, 약사들도 독감의 마수에서 자유롭지 못했다. 조선총독부 집계에 따르면 약 14만 명이 독감으로 세상을 떠났다.

한반도에는 죽음의 공포만 있지 않았다. 제1차 세계대전이 끝나면서 다양한 전후 대책들이 쏟아져 나왔다. 그 중에 식민지 한국인들에게 희망을 심어준 소식이 있었다. 바로 윌슨의 민족자결주의였다. 1910년 이래로 일제의 식민 지배를 받던 한국인에게는 한 줄기 희망으로 다가왔다. 한국인들은 그 희망을 놓치지 않으려고 했다. 상하이에서는 김규식을 한국 대표로 파리 강화회의에 파견하였다. 국내에서는 전 세계에 한국인의 독립 의지와 열망을 표출하기 위한 만세시위와 조선독립선언서 낭독 준비가 진행되었다.

1919년 3월 1일 한국인들은 서울, 평양 등지에서 조선독립만 세를 일제히 외쳤다. 독립을 향한 열망은 이내 전국으로 확산되 었다. 만세시위는 일제의 식민 통치가 한국인에게 결코 유익하 지 않았다는 사실과 더불어 독립을 열망하는 한국인의 의지를 전 세계에 알리기 충분했다.

조선에 만세시위의 열기가 한창 뜨거울 무렵, 서울에서는 새 생명이 태어났다. 지청천과 윤용자의 셋째인 지복영이 태어난 것이다. 무장투쟁 대열에 합류하기 위해서 때를 지켜보고 있었 던 지청천도 막 태어난 딸을 만났다. 미래의 독립된 나라를 세울 역군이 태어나기를 바래서 였을까? 지복영을 본 지청천은 탄식 을 하면서 다음과 같이 이야기했다.

아! 아깝구나! 사내로 태어났더라면 나라의 일꾼 하나 더 보태 는 것을……. (지복영, 앞의 책, 25쪽)

대한민국 임시정부가 임시헌장에서 남녀평등을 명문화했지 만, 그 때만 하더라도 나라의 중차대한 일은 남자들의 몫으로 인 식하는 경우가 많았다. 그래서 딸이 태어나자 자신도 모르게 안타까움을 표시했던 것이다.

눈에 넣어도 아프지 않을 딸이 태어났지만, 지청천은 오랜 계획을 늦출 수 없었다. 딸을 출산한지 얼마 지나지 않은 윤용자는 남편으로부터 청천벽력과도 같은 이야기를 들었다.

> 언제든지 내가 여러 날 계속 집에 들어오지 않고 갑자기 일본 경찰이나 헌병이 찾아와서 내 행방을 묻거든 그저 모른다고만 하시오. 그리고 그런 일이 보름이나 20일 계속되거든 이미 내가 무사히 탈출한 것으로 알고 안심해도 좋소. (지복영, 앞의 책, 26쪽)

지청천은 홀연히 사라졌다. 그가 사라지자 일본군은 발칵 뒤집혔다. 일본육군사관학교를 졸업하고 장교로 임관했던 인재가 실종된 것이었다. 그러면서 온갖 수모를 받아야 했던 사람은 아직 산후조리를 해야 할 윤용자였다. 일본 군경은 수시로 윤용자를 불러서 남편의 위치를 불라고 취조했다. 윤용자는 지청천이 당부한 대로 "모른다"는 말만 반복하였다. 그러면서 남편이 약속한 대로 "20일"이 지나기만을 학수고대했다. 어느덧 남편이 약속한 시간이 지났다. 지청천은 윤용자에게 다짐한 대로 식민지 조선을 탈출해서 중국으로 망명하는데 성공했다. 그리고 그는 지체없이 신흥무관학교로 갔다. 신흥무관학교는 지청천의 도착을 격하게 환영했다. 일본육군사관학교에서 근대적인 장교 양성교육을 받은 인재가 자진해서 찾아왔기 때문이었다.

윤용자에게 남편의 부재는 컸다. 삼청동의 집은 진작 팔았다. 지청천이 독립운동에 합류하면서, 집안 경제는 온전히 윤용자의 몫이 되었다. 윤용자는 어렸을 때부터 독선생에게 교육을 받을 만큼 아버지의 총애를 받았다. 다만 그 독선생으로부터 유교적 관점에서 부녀자로서 익혀야 할 도(道)를 배웠다. 그 때 배운 바느질 이외에는 경제적 활동을 할 방도가 없었다. 윤용자는 삯바느질을 하면서 세 아이를 키워야 했다. 남편 지청천은 어느덧 무장투쟁 단체의 주요한 인물이 되었지만 남편의 존재는 식민지 조선에서 도움이 되지 않았다. 집안 경제를 책임져 주지 않았을 뿐만 아니라, 사람들도 지청천의 부인과 접촉하기를 꺼려 했기 때문이다. 경제적으로 어려운 여건 속에서 윤용자와 세 아이들은 서울의 셋방을 전전하면서 하루하루를 근근히 버텼다.

윤용자는 은밀하게 가끔 낯선 사람을 만나기도 했다. 지청천이 서울에 잡입시킨 부하들이었다. 남들 모르게 만날 수 밖에 없었다. 만에 하나 지청천의 부하가 서울에 왔다는 소식이 전해지면, 그 일대가 발칵 뒤집혔기 때문이다. 1924년 6월 28일자 『동아일보』에는 다음과 같은 기사가 나올 지경이었다.

"청천 부하 잠입설"
"폭탄과 육혈포를 가지고 상해방면에서 잠입했다고"

시내에는 2, 3일전부터 독립군 수령 이청천의 부하 김철준이라
는 사람이 다수 권총과 폭탄을 가지고 몰래 잠입한 일이 있다하
여 시내 각 경찰서에서는 쥐도 새도 모르는 엄중한 비밀 속에서
각 방면으로 대활동을 개시하였다더라. (『동아일보』 1924. 6. 28)

靑天部下潛入說
폭탄과류혈포를가지고
상해방면서잠입햇다고

내에는 이삼일전에 상해(上포들의후원으로조직된룡정촌
)방면으로부터 독립군수령리녀쳐후단(龍井村少年斥候團
텬(李靑天)의부하 독립군수령리녀쳐후단는 재작이십륙일
(後)이라는사람이 다수한권총 소년쳐후단는 경성에잇는 조신
폭탄을가지고 몰래잠입한일 련맹(朝鮮斥團總聯盟)에가
잇다하야 시내각경찰서에서 하겠다는 신입을 하엿다는
쥐도새도모르는 엄중한비밀 그렇명에서는 각디쳐후단의
에거 각방면으로 대활동을개 맹을 더욱 바란다더라
하엿다더라

『동아일보』 1924. 6. 28

　　실제 윤용자는 서울 잠입에 성공한 지청천의 부하들과 비밀리
에 만났다. 윤용자는 부하들로부터 지청천의 안부를 들을 수 있

었다. 윤용자 역시 부하들에게 서울의 가족 소식을 전했다. 윤용자는 그렇게 남편이 생존해 있음을 확인할 수 있었다.

그런데 문제가 생겼다. 언제부터인가 지청천 부하들은 서울에서 윤용자 가족의 행방을 찾을 수 없었다. 그렇다고 윤용자가 서울을 떠난 것은 아니었다. 셋방살이를 전전하다 보니 어느 순간 연락이 끊겼던 것이다. 윤용자야 유명인사였던 남편의 소식을 간간히 들을 수 있었다. 하지만 지청천은 서울에서 셋방을 전전해야 했던 윤용자와 세 아이의 안부를 들을 방도가 없었다. 그러면서 만주 일대에서는 지청천 부인 윤용자가 사망했다는 뜬소문이 돌기 시작했다. 그리고 그 소문은 언제부턴가 기정사실이 되었다. 이는 후일 지청천·윤용자 가족에게 많은 아픔을 주었던 단초를 제공했다.

1924년 윤용자는 중대 결심을 하였다. 식민지 조선을 떠나기로 한 것이다. 조선총독부는 여행권 제도를 두고 있었다. 식민지 조선의 국경을 벗어나려면 그 여행권이 있어야 했다. 일제 당국이 윤용자에게 여행권을 쉽게 발급해 줄 리가 없었다. 일제 식민 통치에 저항하는 무장투쟁단체를 이끄는 지청천의 부인이었기 때문이다. 윤용자는 기지를 발휘했다. 마침 큰 딸이 진명여고 졸업반이었다. 윤용자는 당국자에게 큰 딸이 서울에 머물러 있음을 알렸다. 서울에서는 더 이상 살 수 없다면서 지인을 통해서 알게 된 봉천의 여관에서 허드렛일을 할 수 있게 해달라고 간청하였다. 이에 일제 당국은 미심쩍어 하면서도 윤용자와 두 아이에게 여행권을 발급하였다. 일제 당국의 의심은 정확했다. 윤용자가 진정 가고자 한 곳은 남편이 머물러 있는 길림시였다. 드디어 윤용자는 두 아이와 함께 남편을 만나기 위한 여정을 시작했다.

기쁨과 슬픔의 엇갈린 재회

정현숙은 간단한 살림도구를 챙겨서 용인역으로 갔다. 시아버지를 비롯한 시댁 식구와 함께한 여정이었기에 외롭지는 않다. 남편을 만난다는 기대도 있었다. 정현숙 일행을 태운 기차가 평양을 지나서 명죽리에 도착했다. 정현숙 일행은 기차에서 내렸다. 그때부터는 도보로 이동해야 했다. 한 달을 걸었을까, 압록강이 나타났다. 저 강만 건너면 남편이 살고 있다는 만주였다. 일단 여관에서 여정을 풀었다. 압록강을 건너는 배를 탈 날만을 기다리고 있었다. 그런데 갑자기 소란스러워졌다. 정현숙은 그 날의 기억을 떠올리면서 다음과 같이 이야기했다.

밖이 소란하기에 내다봤더니 마구 잡아가는 것이었어요. 위험을 무릅쓰고 뒤 창문으로 뛰어내려 축대를 어떻게 기어올랐는지도 모르게 필사적으로 도망쳤지요. 이불이며 옷가지도 모두 놔둔 채 그날 밤으로 압록강을 건넜지요.(박숙현, 앞의 책, 58쪽)

남편을 만날 수 있을 것이라는 확인이 있었기에, 정현숙은 일행들을 독려하면서 걸었다. 합니하에 위치한 신흥무관학교가 최종 목적지였다. 그 곳에만 가면 남편을 만날 수 있다는 기대가 커졌다. 그 과정에서 우여곡절도 있었지만, 결국 하늘은 정현숙을 도왔다. 너무나도 보고 싶었던 남편 오광선과 감격의 재회를 할 수 있었다. 그러면서 정현숙은 다시는 떨어져 지내지 않기로 결심하였다.

윤용자도 서울을 떠났다. 서울에 남아있는 큰 딸이 걱정되기도 했지만 학교를 다니면서 잘 이겨낼 것으로 믿었다. 이제 막 5살이 된 막내딸 복영이가 걱정이었다. 윤용자는 복영이 때문에 몇 번이나 가슴을 철렁 내렸던 일들을 떠올렸다.

지복영은 엉금엉금 기어가서 엄마 옆에 있으려고 했다. 하지만 윤용자는 아이들 끼니 걱정에 차마 삯바느질을 멈추고 막내딸을 안아줄 수 없었다.

어딜? 일감 벌여 놓았는데 이러면 일감 다 못쓰게 되잖아? 저리 가서 혼자 놀아. (지복영, 앞의 책, 28쪽)

엄마의 말투와 표정을 보고 이해를 했는지, 슬그머니 다른 곳으로 가서 놀았던 지복영이었다. 그날도 똑같은 상황이었다. 그런데 지복영이 그만 성냥통을 가지고 놀다가 성냥에 불이 일어난 것이다. 그러면서 따뜻하라고 햇솜을 사서 넣어둔 지복영의 옷에 불이 붙었다. 윤용자가 급하게 불을 껐지만, 지복영은 화상을 입었다. 다행히 세브란스 의료진의 헌신으로 오른쪽 겨드랑이 밑에만 작게 상처가 남았지만, 정말로 위험할 뻔했다. 위험한 일은 또 있었다. 윤용자가 빨래를 삶으려고 양잿물을 사서 두었는데, 그만 지복영이 손가락을 양잿물에 찍어서 맛을 봤던 것이다. 세브란스 병원에 며칠을 입원하는 수고가 있었지만, 다행히 아픈 부위는 잘 나았다.

지복영은 서울에서도 "아버지 오신다아"하고 소리를 지르면서 가족들의 손목을 잡고 마중 나가자고 떼쓰는 아이였다. 지복영도 아빠를 그리워했던 당시 모습을 다음과 같이 전하고 있다.

> 양복 입은 사람 군복 입은 사람… 어쨌든 사진에서 본 아버지의 모습과 무엇 하나만 비슷해도 아버지 오신다고 법석이니까 언제인가 고모님이 오셨다가 이 모습을 보시고, 기가 막혀서 "복건(지복영의 아명) 아! 넌 도대체 아버지가 몇이길래 허구헌 날 아버지 오신다고 소란이냐?"하고 탄식을 하시니까 글쎄 내가 천연덕스럽게 손가락까지 꼽아가며 "응, 나 아버지 많아, 아홉이야 아홉, 참 좋지?" 하여서 고모와 어머니를 울려놓고 말았다고 한다. (지복영, 앞의 책, 31쪽)

만주로의 여정은 힘들고 고되었다. 하지만 아빠를 그렇게 그리워한 막내딸이 아빠 품에 안길 수 있다는 생각만으로 힘이 났을 것이다.

막내딸 지복영이 아직 5살에 불과한데 윤용자가 서울을 떠날 큰 결심을 한 데에는 또 다른 이유가 있었다. "왜땅에 데려다가 왜놈 만들 작정"이라면서 버럭 화냈던 남편과 똑같았다.

어머니는 우리들 삼남매를 기르는데 삯바느질로 생계는 근근이 이어갈 수 있었지만 일본인의 감시와 핍박이 심한 데다가 오빠를 비롯한 언니와 나의 '사람 만들기' 교육을 더욱 절박하게 생각하지 않을 수 없게 되었다. 일본 시모노세키에서 오빠를 두고 왜놈의 교육을 받게 하여 왜놈 만들려고 데리고 왔느냐며 그 길로 돌려보내시던 아버지를 생각하면 하루속히 결단을 내려 만주에 계신 아버지 곁으로 보내야 한다고 마음을 다졌다. (지복영, 앞의 책, 31쪽)

1924년 겨울, 천신만고 끝에 윤용자는 지청천과 만날 수 있었다. 지청천도 서울에서 그렇게 아빠를 찾았다던 지복영과 마주했다.

아버지의 어떤 친구 분이 놀리느라고 "이분이 누구인지 너 아니? 아저씨란다. 아저씨한테 인사해야지. 인사할 줄 아니?" 하였을 때 나는 서슴없이 "아저씨, 안녕하세요?" 하고 고개까지 까딱하면서 인사를 했다. 그랬더니 아버지는 어이없어 하시면

서 "원 사람두. 무슨 장난을 그렇게 하나? 철없는 아이에게" 하
시면서 나를 번쩍 들어 안아주셨는데 그때 웬일인지 아버지의
눈에는 눈물이 그득 고여 있었다. (지복영, 앞의 책, 31쪽)

결연한 모습으로 가족 곁을 떠났던 지청천이 아니었던가? 겉
으로는 아무렇지 않은 척하면서 얼마나 가족을 그리워했을까?
딸을 안은 남편의 모습을 보면서 윤용자는 어떤 감정이 들었을
까?

안타깝게도 윤용자에게는 가족 간의 정을 나눌 여유조차 없
었다. 전혀 예상하지 못했던 상황에 너무나 당혹스러울 뿐이었
다. 그 곳에는 지청천이 재혼한 신주성이라는 이름의 부인이 있
었던 것이다. 사실 거기에는 딱한 사연이 있었다.

앞에서 이야기했듯이 지청천은 서울의 윤용자와 연락할 길을
잃었다. 셋방살이를 하느라 자주 집을 옮겼던 윤용자 가족의 사
정 때문이었다. 그러면서 언젠가부터 청천벽력과 같은 소식이
들렸다. 부인이 사망했다는 이야기를 들었던 것이다. 믿고 싶지
않았던 이야기였지만 도저히 확인할 방도가 없었다. 그러면서
부인의 사망은 사실처럼 굳어져 갔다.

1922~1923년 지청천에게도 커다란 시련이 다가왔다. 그때
지청천은 시베리아의 이르쿠츠크에서 고려혁명군관학교를 세웠
다. 교장으로 있으면서 조국 독립을 위한 간성들을 키우고 있었
다. 그런데 소련 정부가 대한독립군을 공산군으로 편입시키고자

했다. 이에 저항하자 소련 당국은 지청천을 체포해서 사형을 언도하였다. 대한민국 임시정부의 노력으로 지청천은 극적으로 풀려났지만 심신이 피폐해졌다. 이를 안타깝게 본 동료들은 사방으로 지청천을 간호할 사람을 찾았다. 그때 일찍이 남편을 잃고 두 아이를 키우던 신주성이 지청천의 간호를 맡게 되었다. 신주성의 헌신적인 간호 덕분에 지청천은 건강을 되찾을 수 있었다.

지청천의 동지였던 신숙이 재혼을 권유하였다. 신숙은 다음과 같이 지청천을 설득하였다.

> 기왕에 고국에 남아계시던 부인은 돌아가셨다고 하니 어쩌겠소? 만리타국에 항상 쫓기며 사는 우리들로서는 언제 고향에 돌아갈 수 있을지 그것도 기약이 없고 그러니 아무리 우리가 떠돌며 사는 처지라지만 그래도 가정이라도 있으면 어쩌다가도 쉴 수 있는 곳이 되고 더구나 백산(白山 : 지청천의 호)은 부인이 돌아가셨다니 아이들을 누가 돌보든지, 장차 데려다가 길러야 하지 않겠소. 나의 의매는 생활력도 있고 하니 짐이 되어 독립운동에 방해가 되지는 않을거요. 그러니 내 권고를 받아들여 부부의 연을 맺어 살아보구려. 구천九泉의 부인도 반대는 아니 할 것이오. (지복영, 앞의 책, 37~38쪽)

언젠가는 서울에 있는 세 아이들을 만주로 불러들여서 키우려면 어머니가 있어야 했다. 결국 지청천은 신숙을 비롯한 주위의 설득으로 신주성과 재혼을 했다. 그런데 죽었다던 부인이 큰 딸만 서울에 남겨둔 채, 두 아이들과 함께 떡하니 지청천의 앞에 나타난 것이다.

신주성은 그 상황이 억울했다. 그럴만도 했다. 서울의 부인이 사망했다고 다들 말하길래 그 말만 믿고 결혼을 했기 때문이다. 신주성은 "나는 절대로 남의 작은집 노릇은 못하겠으니 본 마누라와는 정식으로 이혼을 하라. 그러면 아이들은 내가 기르겠노라"면서 억울함을 토로했다.

윤용자도 모든 상황이 야속하기만 했다. 항상 순종적인 자세로 남편을 마주했는데 결과가 그러하니 허무하기도 했다. 일단 서럽고 허무한 마음을 다잡았다. 그리고는 지청천과 신주성에게 본인 결심을 이야기했다.

나라 찾는 일 하겠다고 처자식 팽개치다시피 떠나간 남편이라도 오늘날까지 원망 한 번 해본 적이 없다. 자식들 데리고 그동안 겪은 고초가 얼마인데 믿는 나무에 곰이 피어도 유분수지, 어떻게 이런 일이 있을 수 있는가? 세상 일이 너무 야속하고 허무하다. 하지만 기왕지사 일이 이렇게 벌어진 이상 나는 그대의 원대로 자식들 데리고 도로 서울로 갈 것이니 아무 걱정말고 잘 받들고 살라. 그러나 단 한 가지, 나는 자식들을 아비없는 자식으로 만들고 싶지도 않고, 또 의붓어머니 밑에서 눈치보며 비뚤어지게 자라는 자식도 원치 않으니 정식 이혼만은 못해 주겠다.

그러나 방해는 절대하지 않을 것이고 내가 자식들 데리고 서울로 돌아가면 이 만주 너른 땅에 누가 그대를 작은집이라고 하겠는가? 마음 놓고 아이 낳아 잘 기르면서 살라. (지복영, 앞의 책, 34쪽)

윤용자는 서울로 갈 채비를 서둘렀다. 남편을 찾아온 이유도 사라졌으니 거기에 있을 필요도 없어 보였다. 지청천은 답답하기 그지 없었다. 그 누구의 잘못도 아니었기 때문이다. 그래도 지청천은 "잘못을 구태여 따지자면 그야 물론 내가 그 책임"을 져야 한다고 했다. 그리고 거짓없이 대했으며, 변함없은 독립운동에의 의지를 표명하기도 했다.

하지만 두 사람 다 이것만은 알아주어야 한다. 나는 맹세코 일부러 거짓말을 꾸며 한 적도 없고 또 새 가정 꾸며 안락하게 재미나 보자고 이 사람 만난 것도 아니니 앞으로 두고 보면 알겠지만 두 사람 다 고생시킬 것은 뻔한 노릇이니까, 고생하기 싫은 사람은 가도 좋다. 붙잡지는 않겠다. (지복영, 앞의 책, 35쪽)

지청천도 결연한 모습을 보이긴 했다. 하지만 속마음은 그러지 않았다. 윤용자와 아이들을 일제의 탄압이 일상화된 식민지 조선에 돌려보낼 수 없었다. 아이들이 황국신민이 되는 교육을 받도록 내버려둘 수도 없었다. 본인을 간호해 주고 믿어준 신주성도 내칠 수 없었다. 결국 윤용자와 그의 아이들은 만주에 남았다.

새로운 인연의 시작

일단 윤용자는 남편과 신주성이 사는 길림시를 떠나기로 했다. 먼저 와있던 아들이 학업을 이어가던 길림성 액목현에 새 터전을 마련했다. 한국인들이 많이 사는 곳이기에 정착하는데 어려움이 없을 것 같기도 했다. 윤용자는 아이들과 터전을 마련할 건물에 짐을 풀었다.

마침 그 건물에도 한국인 가족이 살고 있었다. 그 가족의 부인과 인사를 나누었다. 그 부인은 당시 일반적인 한국 여성보다 눈에 띄게 컸다. 남편도 항일무장투쟁을 한다고 했다. 게다가 남편들은 서로를 알고 있었다. 그래서 그랬을까? 금방 친해질 수 있었다. 키가 커서 어디서도 잘 보였던 그 여성은 정현숙이었다. 윤용자 가족과 정현숙 가족의 깊은 인연은 그렇게 시작하였다.

독립운동가의 삶,
어머니의 삶

독립운동의 터전을 닦기 위한 분투

윤용자와 정현숙은 서로 의지하며 지냈다. 아이들도 그랬다.
형제와 다름없었다. 그럴만도 했다. 태어났던 그 순간부터 알고
지냈으니 말이다. 당시 6살이었던 지복영은 정현숙의 첫째 딸
오희영이 태어난 순간을 똑똑히 기억하고 있었다.

> 오광선씨 부인은 첫 딸 오희영을 낳았는데 농사일에 바쁘다 보
> 니 산기가 있어도 얼른 쉬지를 못하고 소여물을 주다가 외양간
> 에서 해산을 하고 말았다. 그런데 그 소 외양간에서 낳은 딸이
> 훗날 자라서 나와 형이야 아우야 친하게 되고, 또 1942년에는
> 함께 광복군 동지가 되어 일선 지구 부양(阜陽)까지 가서 초모
> 공작招募工作을 했다. 그래저래 그 집안과는 인연이 깊다. (지복
> 영, 앞의 책, 46쪽)

해방 이후에야 웃으면서 이야기할 수 있겠지만, 참으로 심각
한 순간이었다. 산모와 아이가 위험할 수 있었기 때문이다. 위

험한 순간은 또 있었다. "썩은 좁쌀로 간신히 끼니를 때우며 극심한 양식난으로 굶주림"에 허덕여야 했다. 굶주리는 한국인들을 약탈하는 도적들도 있었다.

도둑들은 불을 지르는 위협을 마지막으로 긴 휘파람을 신호로 하여 모두 뛰어나가 어둠 속으로 사라졌다……. 집안을 두루 살펴보니 알량한 세간은 몽땅 엎어 흩어놓고 뒤져 그 중에서 쓸 만한 것은 다 가져가 버렸다…. 자다가 갑자기 당했기에 날이 밝으면 당장 걸치고 나갈 옷조차 없어서 어머니는 큰 이불을 뜯어 홑이불로 부랴부랴 식구들의 옷을 지어 입혔다. (지복영, 앞의 책, 55쪽)

조선인들은 도적의 표적이 되기도 했다. 갑자기 나타나서 어렵게 일해서 모아둔 식량과 세간살이를 털어갔다. 방화를 하기도 했다. 생명을 빼앗기지 않았다는게 다행이라면 다행일까? 그런데 그 도적 떼보다 무서운 이들이 있었다. 도적 떼를 잡아야 할 관군들이 그러했다.

그런데 일반 주민들은 도적 떼가 클수록 오히려 무서워하지 않고 반대로 도적을 잡으러 다니는 관군을 무서워하고 싫어했다……. 큰 도적일수록 일반인들은 건드리지 않는다……. 규율이 매우 엄했기 때문에 백성들은 도적을 무서워하지 않고 도리어 관군을 꺼린다. 관군은 도적을 잡는다는 핑계로 가끔 마을에 들어와서는 닭 잡아라, 돼지 잡아라, 술 가져오라, 안주 가져오라 하면서 몇 날 며칠을 민가에 드러누워 도적 잡을 생각은 아니하고 아편이나 빨고 일정 기한이 다가오면 아무데서나 운수 나쁜 사람 몇 명 잡아다가 도적이라고 등에 팻말을 붙여 동네를 몇 바퀴 돌리고는 회자수를 시켜 목을 뎅겅뎅겅 잘라 사람들이 들고나는 성문 위에나 길가 큰 나무 가지에 높이 매달아 놓는다……. 만주에서 사는 동안 나도 이렇게 잘린 머리를 한두 번 본 것이 아니었다. 대개는 어머니와 동행하는 길이었는데 어머니는 그때마다 "아이구머니나, 끔찍해라" 하면서 내 눈을 가리고 보지 못하게 하셨다. (지복영, 앞의 책, 84쪽)

관군들은 공권력을 남용했다. 보호해야 할 민인들을 약탈했다. 사지로 몰아넣기도 했다. 합법적(?) 도적이었던 것이다. 마치 조선 말엽에 백성들로부터 고혈을 짜내려 했던 탐관오리와 다름없어 보이기도 했을 것 같다.

한 동네 사는 중국인들은 도적이나 부패한 관군처럼 무섭지는 않았다. 그 대신 한국인들은 중국인들을 두려워했다. 한국인 중에는 중국인 지주의 소작농이 있었다. 한국인 소작농 중에는 가뭄이 들어서, 곡식이 떨어져서, 내야 할 소작료가 없어서 빚을 지는 경우가 있었다. 그러면 중국인 지주가 빚을 갚지 못하는 한국인 소작농의 딸이나 아들을 빼앗아 간다는 소문도 들렸다.

그래도 지복영 주변에는 참으로 좋은 중국인 이웃도 있었다.

> 이웃에 인심 꽤 좋은 애꾸눈 영감(중국인)이 적잖은 땅도 가지
> 고 있고 재산도 가지고 있어서 그 영감과 아들이 가끔 우리 집
> 에 와서는…… 양식이 필요하면 얼마든지 가져다 먹으라고 했
> 지만…… 중국인에게 빚을 갚지 못하는 경우에 강제로 딸이나
> 아들을 빼앗기는 경우가 있다는 것을 들으신 어머니로서는….
> 딸(나의 언니)을 둔 처지에 조심하지 않을 수 없었다…. 일주일
> 동안 굶은 것을 어떻게 눈치를 챘는지…… "샤오로리(小老李)
> 도 좋은 사람, 나도 좋은 사람, 절대로 다른 생각 같은 건 없으
> 니 염려하지 말고 어서 밥 지어서 동생(나를 가리킴)을 먹이라"
> (지복영, 앞의 책, 76쪽)

친절한 중국인이 있었기에, 그나마 위험천만한 만주에서 살 수
있었다. 그럼에도 불구하고 만주는 한국과 모든 환경이 달랐다.
한국인들이 만주에서 정착하기란 쉽지 않았다. 그 중에서도 만주
특유의 풍토병은 한국인들의 생명을 앗아갈 정도로 심각했다. 어
린아이들이 홍역, 천연두, 장티푸스 등의 치명적인 전염병으로
짧은 생을 마감하는 안타까운 사연도 적지 않았다.

요즘처럼 의료기술이 발달하지 않았다. 의술을 접할 기회도
많지 않았다. 턱없이 부족한 의료인력과 병원 속에서 고생은 어
려운 사람들의 몫이었다. 그 어려운 사람들 속에는 한국인 이주

자도 포함되어 있었다. 예를 들어서 한국인들은 당다귀 울음소리 같은 기침이 계속되면 백일해를 의심하고 치료를 받아야 했다. 하지만 의사를 찾아가서 처방을 받기란 쉽지 않았다. 의사보다 찾기 쉬운 당나귀와 입을 맞출 뿐이었다. 당나귀와 입맞추면 낫는다는 미신에 불과한 이야기대로 할 수밖에 없는 것이 한국인들의 현실이었다.

윤용자는 장티푸스를 앓기도 했다. 온 몸이 불덩이처럼 뜨거워졌다. 윤용자는 정신을 잃었다. 헛소리를 하기 일쑤였지만, 그 내용도 그리운 남편과 아들에 관한 것이었다. 그런데 갑자기 두 딸들이 듣기에 무서운 이야기를 하기 시작했다.

"오늘 밤 외할머니께서 날 데리러 가마 가지고 오신다고 했다. 내 새 버선 새 신도 내놓고 새로 지어놓은 옷도 내놓아라. 깨끗하게 입고 가야지. 외할머니가 오시면 즉시 떠나야 하니 미리미리 준비해 놓아야 한다"하고 재촉하시다가 그대로 자리에 쓰러져서 혼수상태에 빠지곤 하셨다. 장질부사(장티푸스)였다. 전쟁의 참화 속에서 이런 전염병까지 돌았다…… 그러나 이 시골에, 더구나 전화가 복병처럼 숨어서 우리를 겁나게 하고 있는 이런 시기에 의사 비슷한 사람도 없었고 병원은 더구나 생각조차 못할 그런 것이었다. 그저 속수무책 하늘의 처분만 기다리는 수밖에 없었다. 동네 사람들이 문병을 왔다가 어머니가 헛소리하시는 모습을 보고 하는 말이, "아이고, 어쩌나, 앓는 양반이 어딜

간다고 새 옷 새 신 찾으신담! 아무래도 저승사자를 기다리시는 모양이오"하는 것이었다. 언니와 나는 이 말에 놀라 그 밤이 어찌 그리 무서웠던지 모른다. 정말 귀신이 있고 또 귀신이 어머니를 데리러 오는 것만 같아 바람소리에도 바스락 소리에도 깜짝깜짝 놀라고 등골이 서늘해졌다. 언니와 나는 어머니의 새 옷 새 신은 커녕 입으시던 헌 옷까지 어머니의 것은 몽땅 보따리에 꼭꼭 싸서 천정 위에 감추었다. 지금 생각하면 참 어리석은 짓이었지만 그 당시에는 꼭 그래야만 소위 저승차사라는 귀신으로부터 어머니를 지킬 수 있다고 생각하여 그리하였다. (지복영, 앞의 책, 130~131쪽)

속수무책이었다. 의료진의 진료조차 불가능한 상황이었다. 저승사자와 어머니의 동행을 막기 위해서 두 딸은 분투를 거듭했다. 다행히 윤용자는 위기를 넘겼다. 두 딸은 윤용자를 지켜냈다. 기적이 일어난 것이다.

한국인들은 서로를 의심하기도 했다. 그럴 수밖에 없었다. 누가 친일을 하는지, 항일을 하는지 식별하기도 쉽지 않았다. 겉으로는 항일 운동가였지만, 속으로는 밀정인 경우도 있었다. 독립운동 과정에서 출신 지역별로 갈등을 빚기도 했다. 그 갈등은 여성들의 삶 마저도 통제하기 일쑤였다.

우리집은 산과 제일 가까운 곳에 자리 잡고 있었기 때문에 먼

동네에서 온 아낙네들은 다리쉬엄도 할 겸 물을 얻어 마시려고 들르는 일이 많았다. 그런데 이상한 것은 그 아낙네들이 우리 집에 와서 하는 첫마디는 으레 "고향이 어드멤네까"라든지 "고향이 어딩기요?"이다. 그때마다 어머니의 대답도 달라졌다. "어서 오세요" 하는 인사말에 이어 "지희들 고향은 원래 평양인데 몇 대째나 서울에 와서 살았기 때문에 이젠 서울 사람 다 됐습니다"라거나 "본 고향은 경상도 안동 땅인데 서울에 오래 살아서…"하고 대답하는 것이었다. 그런 말을 듣고 나서야 그들은 비로소 나물 보따리를 내려놓고 물을 청하여 마시고는 이런 저런 이야기를 하면서 다리쉼을 하고 가곤 했다. 그래서 나는 언젠가 한 번 어머니를 향해 이렇게 말했다. "엄마는 거짓말장이예요? 우리가 어떻게 평안도 사람이 됐다가 또 경상도 사람 됐다가 그럴 수가 있어요?" 그 말을 들으시고 어머니는 한숨을 폭 쉬시고는 이렇게 말씀하시는 것이었다. "나라를 빼앗기고 만리타국에 와서 이런 고생 저런 고생 다 함께 겪으면서 목숨부지하고 경상도면 어떠냐? 마음 편하게 물도 마시고 다리도 쉬어가게 하려고 그랬다. 거짓말도 남에게 해 끼치지 않고 오히려 이利가 될 수 있다면 용서받을 수 있지 않겠느냐?" (지복영, 앞의 책, 96쪽)

다양한 지역에서 한국인이 모이다 보니 여러 갈등도 있었다. 윤용자는 갈등에 편승하기 보다는 거짓으로 피하는 방법을 택했다. 지복영은 그런 윤용자가 이해가지 않았다. 하지만 어머니의 방법은 현명했다. 굳이 갈등을 드러내기 보다는 피함으로써, 하루하루 힘들게 타향살이를 하는 한국인 아낙네들을 편안하게 해주고 싶었던 것이다.

남편은 일본과 싸우느라 집안일을 챙길 겨를도 없었다. 남편들도 집안일을 거들 수 없는 상황을 부인들에게 이야기했다. 양해도 구했다. 그러면서 집안일은 온전히 윤용자와 정현숙의 몫이 되었다. 부인들은 중국인 지주에게 겨우 땅을 빌렸다. 농사를 짓기 위함이었다. 윤용자는 농사 경험이 거의 없었다. 만주에서 농부로서의 삶은 괴롭기 그지 없었다.

> 우리 모녀는 농사를 그르치지 않으려고 밤이면 물꼬를 지키고 앉아 밤을 새우다시피 했다. ……초벌 김매기도 끝나기 전에 앞서 매어 놓은 논에 어느 틈에 독사풀과 피가 자라 올라 다시 손을 대야만 했다. ……세 벌 김을 거푸 매는 동안 내 열 손가락의 손톱은 닳아 못해 나중에 다 빠져버리고 노상 피가 줄줄 흘렀다. ……그 해는 우리만 수확이 좋은 것이 아니라 도처에 풍년이 들어 곡가가 폭락하는 바람에 우리 모녀가 고생한 보람인 그 알곡들이 고스란히 도조 값으로 다 들어가고 말았다. (지복영, 앞의 책, 141~142쪽)

윤용자는 딸의 손을 빌려야 했다. 그렇지 않으면 제대로 농사

누구의 아내·어머니가 아닌 독립운동가 윤용자와 정현숙 이야기

를 지을 수도 없었다. 그렇다 보니 손톱 빠진 딸의 손을 보노라면 마음이 너무나도 아팠다. 흉년이 들면 당연히 힘들었다. 당장 지주에게 내야 할 곡식도 빠듯할 뿐만 아니라, 그로 인해 자식들이 쫄쫄 굶어야 할 생각에 눈앞이 캄캄했다. 그렇다고 풍년이 좋은 것도 아니었다. 곡물값이 떨어질 뿐만 아니라 풍년의 혜택은 온전히 지주에게 돌아갔기 때문이다. 서울에서 사느라고 농사경험이 거의 없었던 윤용자로서는 농부로서의 삶이 참으로 힘들었다.

정현숙도 힘들기는 마찬가지였다. 그나마 정현숙은 용인에서 남편의 부재 속에 농사를 지었던 경험이 있었다. 용인에서는 그 어느 하나 손에 익숙한 것은 없었다. 그만큼 힘들었다. 그런데 용인에서의 경험이 만주에서는 큰 자산이 되었던 것 같다. 비록 임신과 출산, 육아를 병행하느라 용인에서보다 더 힘들었지만, 그래도 견딜만 했다.

밥만 먹으면 빨래하고, 산에 들어가 풀을 베거나 나무를 뽑고 태우는 게 있었어요. 저녁에는 남의 집 일을 해주고 품삯을 받아왔습니다. 이웃의 중국사람들이 퍽 친절해서 빵이나 밀가루 등을 갖다 주기도 했어요. (박숙현, 앞의 책, 68쪽)

할아버지는 중국말을 못해 적응이 힘들었고, 옥고로 인한 병세가 있으셨어. 만주 길림성 액목현이었는데, 그냥 산이 많고 나무가 많으니까 우리 어머니가 나무를 다 자르고선 논밭을 만들었어. (박숙현, 앞의 책, 87쪽)

정현숙은 정말 열심히 일했다. 풀을 베고, 나무를 뽑고 태웠다. 수풀이 우거진 그 곳을 농토로 만들었다. 남자들도 쉽게 할수 없는 일들을 해낸 것이다. 그 뿐만 아니었다. 밤에는 남의 집에 가서 허드렛일을 해야 했다. 그래야 아이들과 가족을 먹여 살릴 수 있었다. 그러면서 정현숙은 나름 성공한 농부가 되어 갔다.

만주에서 제일 부자가 됐어. 하루에 일꾼을 일곱 명씩 둬서 농사를 지었어. 그리고 어머니가 하루에 열 두 가마솥 불을 때서 독립군 뒷바라지를 했어. 우리 어머니 밥을 먹지 않은 독립군은 없다고 할 정도였지. '만주의 어머니'라고들 했어. 그때는 닭도 백 마리 기르고, 돼지도 기르고 했어. (박숙현, 앞의 책, 87쪽)

정현숙은 정말로 대단했다. 어느덧 본인이 관리하는 토지는 늘어갔다. 닭 100여 마리와 돼지들도 키워야 했다. 일꾼들을 거느리고 일을 하지 않고서는, 본인이 관할하는 농토와 농작물을 관리할 수 없었다. 왜 그리 많은 일군이 필요했을까? 바로 독립군들에게 따뜻한 밥과 양질의 음식을 먹이기 위함이었다. 배고픔에 허덕이던 독립군들은 당연하게 정현숙의 집을 방문했다. 그러면 정현숙도 응당 10여 개의 가마솥에 밥을 했다. 독립군들은 한 끼 든든하게 먹을 수 있었고, 독립군들의 배부른 모습에 정현숙도 뿌듯했다. 그런 일상이 반복되면서 정현숙은 어느덧 "만주의 어머니"가 되어 갔다.

정현숙이 부자가 되면서 두 딸도 나름 혜택을 보았다. 풍족한
경제생활을 누릴 수 있었던 것이다.

> 한번은 우리 언니가 고무신을 잃어버려서 어머니가 쫓아냈어.
> 찾아오라고. 아무리 잘 살아도 뭐 잃어버리면 좀 그랬나보지.
> 결국 찾지 못했는데 혼은 안났어. 남들은 스웨터를 못 입었는데
> 우리는 스웨터를 입었어. 어머니가 하얼빈 정미소에 가서 쌀을
> 찧어 오나봐. 그래서 간 김에 스웨터를 사 오셨어. 솜바지에 스
> 웨터를 입었어. 시골에선 그때 스웨터가 드물었지. (박숙현, 앞
> 의 책, 88쪽)

스웨터는 아무나 입을 수 있는 옷이 아니었다. 비싼 옷이었
다. 그런 스웨터를 오희영, 오희옥 자매는 입을 수 있었다. 그
옷을 입고 매서운 삭풍을 견딜 수 있었다. 그건 다 어머니 정현
숙의 노력 덕분이었다. 정현숙은 아이들이 무엇인가를 잃어버리
고 오면 찾으라고 했다. 물건 소중한 것은 알아야 했기에 그랬
다. 그래서 그랬을까? 찾지 못해도 혼을 내지는 않았다.

독립운동가 아내로의 삶

독립운동가의 아내, 자랑스럽기도 했지만 한편으로는 힘들고

고통스러운 역할이기도 했다. 남편은 독립운동을 하느라 가정을 돌보지 않았다. 아니 돌볼 수 없었다. 정현숙도 고통스럽긴 마찬가지였다. 식민지 조선에서부터 남편의 부재를 경험해 왔지만, 그리 쉬운 일상은 아니었다. 가끔 "여보오" 하는 소리가 나면 남몰래 그 곳으로 갔다. 남편 오광선이 잠깐이나마 얼굴이라도 보러 온 것이다. 아이들도 함께 봤으면 좋으련만, 남편을 노리는 자들 때문에 그러지는 못했다.

하루는 지청천이 한국인 청년들로부터 곤욕을 치른 일이 있었다. 그 청년들은 주중청년동맹住中靑年同盟 소속이었다. 그 단체는 사회주의 성향의 청년들로 구성되었다. 그들은 민족주의 성향의 독립운동가들을 공격했고, 그 대상 중 한 명이 지청천이었다.

그 소식을 듣자, 아들 지달수가 아버지를 구하고자 했다. 자식이 아버지를 구해야 함은 당연했다. 하지만 지청천은 둘째 부인과 함께 살고 있었다. 그렇기에 자식들은 아버지의 부재 속에서 아버지에 대한 그리움과 원망이 교차해 있었을 것이다. 그때 윤용자는 지달수를 비롯해서 자식들에게 다음과 같이 신신당부했다.

어쨌든 너의 아버지가 아니시냐? 이날 이때까지 너희들 아버지, 오직 나라와 겨레를 구하시겠다고 노심초사하시고, 가정사까지 다 잊으신 분이다. 너희들은 혹시라도 섭섭한 마음 품었는지 모르지만 이 어미는 그분의 마음을 잘 안다. 나라 찾겠다고 부귀영화 다 버리신 분이신데 무슨 죄로 동포의 손에, 더구나 새파랗게 젊은 사람들 앞에서 곤욕을 치러야 한단 말이냐? 어떻게든 네가 알아서 무사하시도록 힘써라. (지복영, 앞의 책, 105쪽)

남편은 독립운동을 하느라 정신이 없었다. 함께 산 날이 많지 않았다. 게다가 지청천은 둘째 부인과 함께 살았기에 윤용자와 그의 아이들은 남편, 아버지의 부재가 컸다. 그럼에도 불구하고 윤용자는 아이들이 아버지에 대한 믿음을 잃지 않도록 했다. 아버지에 대한 믿음은 다음의 뜻밖의 효과를 가져오기도 했다.

그러던 어느 날이었다. 액목현에서 뵈었던 남자현 여사가 손에 신문 한장을 들고 통곡을 하며 우리 집에 들어서는 것이었다. "사모님, 이를 어쩌면 좋습니까? 이런 원통하고 분한 일이 또 어디 있겠어요? 백산 선생이 글쎄 마적의 손에 돌아가셨답니다" 하는 것이었다. 처음에는 하도 놀라 어이없어 하던 어머니도 울음을 터뜨리고 언니도 따라 울었다. 오씨 댁 식구들도 달려와 함께 울었다. 이때 나는 신문을 빼앗다시피 하여 기사를 읽고 나서 나도 모르게 크게 소리를 질렀다. "울지들 마셔요. 이건 거짓말이예요. 울아버지 절대로 그렇게 돌아가실 분 아니어요." 그러자 어머니는 울음을 뚝 그치시고 놀라운 눈으로 나를 바라보시더니, "저 애 말이 옳아요. 저 애는 아버지 정도 모르고 자란 애여요. 그런데 저 애 입에서 저런 말이 나오다니 놀

랍지 않으세요? 저 애 말마따나 뭘 잘못했다고 비명에 돌아가
시겠어요. 거짓말일 거여요. 믿을 수가 없어요. 또 그걸 믿어서
도 안 되겠어요" 하셨다. 남자현 여사도 울음을 그치고 자기가
적극 나서서 알아보겠노라고 하고 곧 하얼빈으로 떠나갔다. (지
복영, 앞의 책, 137~139쪽)

지복영의 확신대로 지청천은 죽지 않았다. 무사했다. 아버지
의 정을 느끼지 못했지만, 아버지에 대한 믿음이 가득했던 지복
영이었다. 그렇기에 아버지가 살아있다고 믿었고, 윤용자도 딸
의 믿음에 힘입어서 남편의 생존을 애타게 믿고 또 믿었던 것이
다. 그 덕분에 윤용자는 지청천이 살아있다는 이야기를 들을 수
있었다.

1931년 만주사변이 일어났다. 일본은 만주에 괴뢰국인 만주
국을 세웠다. 일본의 영향력 아래 있었던 만주국은 만주의 한인
독립운동 기지를 그대로 두지 않았다. 일본군과 함께 한인 독립
운동세력을 뿌리뽑기 시작했다. 그러면서 만주에 있었던 윤용자
가족과 정현숙 가족은 베이징으로 거처를 옮겨야 했다. 힘든 여
정이었다. 그래도 일본의 마수로부터 벗어나야 했기에 당연히
베이징으로 갔다.

정현숙 가족에게는 베이징에서 3~4년이 꿈과 같았다. 바로
남편 오광선이 집에서 가족과 함께 생활하는 시간이 많았던 때
였기 때문이다. 오희영과 오희옥이 태어날 때마다 일본과 싸우

느라 집을 비워야 했기에 그랬을까? 오광선은 그리 기억력 좋은 아빠는 아니었던 것 같다. 오광선은 딸들의 출생연도를 착각했는지 1925년에 태어난 오희영을 1924년 생으로 호적에 올렸다. 1927년에 태어난 둘째딸 오희옥도 1926년 생으로 호적에 기재했다.

오광선은 아이들의 수학 선생님을 자처하기도 했다. 성냥개비를 이용해서 아이들에게 수의 개념을 가르쳐주는 신개념 수학 선생님이었다.

> 밤만 되면 고양이가 어찌나 많은지 야옹야옹 애들 우는 소리 같아. 밤만 되면 무서웠어. 그때 우리 아버지가 수학을 가르쳐 줬어. 성냥개비를 갖다 놓고선 몇 더하기 몇은 얼마냐 그랬더니 몰라 내가. 1부터 100까지 셀 줄 몰랐나봐. 숫자를 셀 줄 알아야 더하든 말든 하지. 못하면 몽둥이로 때리려 해. 그래서 밤만 되면 아버지와 고양이 때문에 무서웠어. 아버지가 군대 성질이라 무서워. (박숙현, 앞의 책, 107쪽)

오희옥은 '선생님(?)'의 알기 쉬운 수학 교육법을 어색해 했던 것 같다. 아니 숫자도 모르는 딸에게 덧셈을 가르치는 아버지 선생님의 의욕이 넘쳐났던 것 같다. 그래서 오희옥은 아버지의 질문에 답을 할 수 없었고, 오광선은 답을 하지 못하는 딸의 모습에 답답해 하면서 몽둥이를 들려고 했다. 오희옥은 그 장면을 회상하면서 "역시 자기 자식은 자기가 못가르쳐"라고 일갈을 하긴 했다. 그래도 딸은 아버지와 함께 한 아름다운 추억을 회상하는 것을 잊지 않았다.

> 아버지가 시간이 있을 때는 학교에 와서 우리 손목을 잡고 집에 오고 그랬어. 밤이 되면 하모니카로 노래도 부르고, 인절미 같은 맛있는 것도 사오고 인자하셨어. (박숙현, 앞의 책, 109쪽)

정현숙은 그런 남편의 모습을 보면서 무엇을 느꼈을까? 가끔은 아빠와 딸 사이의 긴장된 모습에 걱정도 되긴 했지만, 남편이 집안에 있으면 너무나 행복했을 것 같다. 다정하게 아이들을 돌보는 오광선의 모습에 정현숙은 무척이나 흐뭇했으리라.

하지만 일본은 만주사변에 이어서 1932년에는 상하이 사변을 일으켰다. 한인애국단 소속의 윤봉길은 상하이 홍커우 공원에서 일본 침략자들을 응징하기도 했지만, 일본의 침략 야욕은 해가 갈수록 노골화되었다. 일본의 침략 야욕이 더해가면서, 중국에서 독립운동을 하던 한국인들은 어려운 일상을 보내야 했다. 윤용자와 정현숙에게도 시련이 다가왔다.

윤용자의 시련은 부녀 간의 갈등과 관계가 깊었다. 1935년 지청천은 베이징의 가족을 난징으로 이주시키고자 했다. 베이징이 더 이상 한인들에게 안전한 곳이 되지 못한다는 판단에서였다. 그의 판단은 정확했다. 일본군은 만주국을 기반으로 점차 기반을 대륙으로 확대하고 있었다. 그리고 2년 뒤인 1937년 7월 일본은 중국과의 전면전을 선포하면서 중일전쟁이 발발했다. 아버지 지청천의 판단은 옳았지만, 베이징에서 중학교 입학을 준비하면서 학업에 매진하던 지복영에게는 청천벽력과 같은 소식이었다. 지복영은 이내 지청천에게 편지를 썼다.

> 나도 이제부터는 아버지가 아니 계신 것으로 생각하고 살아갈 것이니 이제 우리는 부녀 된 인연이 끝난 셈입니다……. 글자나마 깨우친 것은 순전히 어머니의 공이요 덕일 뿐. 연필 하나, 공책 하나, 아버지께 신세진 것 없습니다. 두고 보십시오. 아버지의 도움이 없다 해도 나는 기어이 공부를 해서 모든 것을 꿰뚫어 아는 사람이 되어 아버지 앞에 당당히 나설 것입니다. 부디 안녕히! (지복영, 앞의 책, 163쪽)

지복영은 결연한 의지를 보여주었다. 어머니 덕분에 공부를 할 수 있었다면서, 딸의 공부에 무관심한 아버지 지청천을 원망했다. 그리고는 "부디 안녕히"라면서 사실상 부녀 간의 연을 끊자고 했다. 지청천은 딸의 편지를 받고는 목메어 울었다. 그 이전까지는 윤용자 밑에서 바느질을 배워서 조신하게 있다가 시집을 보낼 생각이었지만, 딸의 편지를 받고는 생각이 바뀌었다. 무슨 수를 써서라도 학비를 마련해주고 싶었다. 하지만 일본군의 수중에 가족들이 넘어가는 것을 볼 수도 없었다. 결국 지복영은 오광선의 설득으로 베이징에서 학업을 포기하고 난징으로 이주하였다.

지청천(가운데), 오광선(우측), 신송식(오광선의 큰 사위, 좌측) (출전, 〈오광선3대 독립운동가 집안의 사위 신송식 지사〉, 용인신문_2019. 4. 29)

그런데 윤용자는 난징에서 또 다른 시련과 마주했다. 남편의 둘째 부인 신주성과 함께 살게 된 것이다. 신주성은 윤용자와 그의 자식들에게 원한이 있었다. 그 원한은 오해에서 비롯된 것이었다. 신주성은 윤용자에게 그동안 쌓였던 감정을 쏟아 부었다.

나는 절대로 첩이 아니다. 마누라가 죽었다는 사람에게 시집을 왔는데 어째서 내가 첩일 수 있느냐? 나를 첩이라고 생각하여 그대네 식구들이 나를 두고 거듭 저주를 했기 때문에 생때같은 내 아들—전 남편의 소생. 만주에도 왔다 갔음—이 왜놈의 손에 죽어버렸으니 이런 원통한 일이 어디 또 있겠는가? 내 아들 살려내라. (지복영, 앞의 책, 166쪽)

신주성은 윤용자에게 대들었다. 윤용자로서는 억울하기 그지없었다. 남편이 새 장가간 것도, 남편과 함께 살 수 없었던 것도, 아이들이 아버지의 부재 속에 성장한 것도 억울한데, 남편의 둘째 부인에게 원망 섞인 이야기를 듣는 것 또한 힘이 들었다. 이에 윤용자도 그동안 힘들었던 일을 신주성에게 털어놓았다.

나는 하늘을 두고 맹세하거니와 그대를 미워한 적도 저주한 적도 없다. 지금까지 나는 내 남편한테도 불평 한 마디 해 본 적이 없다. 그저 내 팔자소관으로 돌렸다. 또 나라 잃은 백성이라 당하는 일이거니 하고 자식들 데리고 따로 살다가 그대가 먼저 함께 살아보자고 하기에 함께 사는 것뿐인데 어린 자식들 앞에서 이렇게 사흘이 멀다고 싸운다면 자식들 교육에 영향이 미치지 않겠는가? 그리고 그대도 팔자가 사나워 독립운동을 하시는 정계 아버지를 어쩌다 만나서 나와 다름없이 고생도 하고 작은집이라는 말을 듣게 되었으니 그 억울한 심정 모르는 바 아니나, 그렇다고 나도 내 자식들을 아비 없는 자식 혹은 어미 없는 자식으로 만들기는 싫으니 어쩌겠는가? 그리고 이번에 그대가

졸지에 아들을 잃고 마음 아파하는 것은 이해하고도 남는 일이
지만 아이들 앞에서 저주를 했다느니 어쩌니 하는 그런 말은 함
부로 하지 말라. 우리가 오늘만 살고 내일 당장 죽는 것은 아니
지 않는가? 더구나 자식들의 창창한 앞날을 생각해서라도 참아
야 할 것은 참아야 되지 않겠는가? (지복영, 앞의 책, 166쪽)

자식을 잃은 신주성에게는 윤용자의 말이 귀에 들어오지 않
았다. 계속해서 자식 살려내라면서 울부짖었다. 지청천이 말려
도 소용없었다. 참다 못한 지복영이 한마디했다.

우리 식구가 저주해서 죽었다니 그럼 내가 목숨을 내놓겠소. 지
금 당장 죽이고 싶으면 죽이시오. 왜 불쌍하고 억울한 내 어머
니를 종처럼 부려먹는 것도 모자라서 이렇게 생떼를 쓰며 못살
게 구는 것이요? (지복영, 앞의 책, 166~167쪽)

지복영은 어머니가 당하는 모습을 볼 수 없었다. 급기야 신주
성에게 대들면서 그동안 있었던 일들까지 끄집어 냈다. 함께 살
면 안되는 두 가족이었던 것이다. 그런데 갑자기 윤용자가 지복
영의 빰을 때렸다. 그 이전까지 절대로 혼을 내되 손찌검을 하지
않았던 윤용자였기에 지복영은 엄청난 충격을 받았다. 하지만
윤용자로서도 어쩔 수 없었다.

어미는 이때까지 너를 그렇게 가르치지 않았는데 어디서 배워
먹은 버르장머리냐? 어찌 감히 웃어른한테 대드는 것이냐? 네
동생의 어머니요, 네 아버지의 안사람인데 어찌 감히 아버지 앞
에서 그리고 내 앞에서 그런 당돌한 말을 함부로 하느냐? (지복
영, 앞의 책, 167쪽)

  윤용자는 지복영의 무례함을 꾸짖었다. 어른 앞에서 버릇없
이 말한다면서 지복영을 혼냈다. 하지만 지복영의 말과 윤용자
의 꾸짖음은 모두에게 충격을 주었다. 이내 윤용자와 신주성의
갈등은 수면 아래로 내려갔다. 그 대신에 식음을 전폐하는 지복
영에게 모든 관심을 쏟기 시작했다. 지복영은 결단코 신주성과
그의 가족을 저주한 적이 없다는 사실을 입증하고 싶어 했다.
그래서 지복영이 선택한 바는 단식이었다. 단식을 통한 죽음으
로 어머니를 비롯한 가족들의 결백을 입증하고자 했던 것이다.
  윤용자도 딸 지복영을 설득했지만 소용이 없었다. 결국 술에
취한 지청천이 딸 곁으로 갔다. 딸을 부둥켜 안고 울었다. 그리
고는 미음을 먹여보고자 했지만 지복영은 요지부동이었다. 한참
을 딸을 안고 있던 지청천은 마음속 깊은 이야기를 꺼냈다.

복영아. 내 말 좀 들어봐라. 네가 끝내 이렇게 먹지 않고 죽어
버리면 네 어머니도 죽고 나도 죽는다. 이 모든 일이 다 아비
잘못이다. 제발 용서해라. 아비가 저 러시아 감옥에서 사형선고

를 받고 그때 죽었더라면 이번 일은 없었을 것이다. 그런데 하
늘이 나더러 독립운동을 계속하라는 뜻이었는지, 사형 전날 풀
려났다……그런데 얼마 안 되어 네 어머니가 죽지 않고 살아 있
다는 소식이 다시 전해졌다. 그때 네 작은어머니는 이미 네 동
생 정계를 갖게 된 때였다. 나는 네 어머니가 살아있다는 소식
을 듣고 한편 고맙기도 하고 반갑기도 했지만 한편으로는 걱정
도 되었다. 그때, 네 어머니도 생각날 것이다. 나는 그 어려운
가운데서도 나의 그런 마음을 전하고자 조그마한 금반지 하나
를 구해서 인편으로 네 어머니한테 전한 일이 있다. 그리고 될
수 있는 대로 너희들을 데리고 만주로 들어오라고 하였다……
(지복영, 앞의 책, 168~169쪽)

지청천은 그간 있었던 일들을 지복영에게 이야기했다. 그러
면서 모든 잘못은 본인에게 있다면서 용서와 이해를 구하였다.
아울러 윤용자와 세 아이들을 향한 마음은 변함없으며, 앞으
로도 그럴 것이라는 다짐도 하였다.

정현숙에게도 커다란 시련이 닥쳤다. 1937년 오광선이 일본
관동군의 참모장을 암살하려다가 베이징에서 체포된 것이다. 남
편의 부재 속에 경제적 어려움도 닥쳤다. 남편이 벌어다 주는 돈
이 끊겼던 것이다. 그때부터 정현숙은 다시금 남편의 부재 속에
세 아이를 돌봐야 했고, 각종 일을 도맡아 함으로써 경제적 어려
움을 해결해야 했다.

우리 어머니는 그때 시장에서 병아리를 팔고 있었어. 돈 벌려고. 중국인 산부인과 의사네 애를 업어서 중국 유치원에 데려다 주고 매달 오만 원 받고 했어. 빨래나 허드렛일 도와주기도 하고. 그런데 나랑 동생이 괴롭힘 당한 이야기를 하면 분해가지고 가서 따지고 그랬어. (박숙현, 앞의 책, 123쪽)

제일 서러웠던 건 내 동생 자랄 때 애들이 아버지 없다고 얕보고 무시하고 때리는 거야. 우리 어머니도 무시하고. 언니가 좀 억세. 가만 안둔다고. 죽인다고 쫓아가고 그랬어. 어렸을 때는 동생과 둘이 있는 시간이 많았어. 한번은 청화중학교 때 중국 여자네 아들하고 동생이 싸운 적이 있어. 그놈이 동생에게 모래를 뿌린거야···. 친구 오빠가 와서 나를 말려. 아니 왜 나를 말려. 때린 사람을 말려야지. 억울했어. (박숙현, 앞의 책, 123쪽)

나는 또 물 세 지게씩 졌어. 물도 아버지 있는 사람들은 월급이 나오니까 사먹는데 우리는 돈이 없으니까 내가 하루에 세 지게씩 지고 날랐어. 그게 또 보통 길이 아니야. 좁은 계단을 내려가고 내려가서 저 아래 강물을 퍼서 지고 올라오는 거야. 그렇게 고생했어. 남들은 사먹는데. (박숙현, 앞의 책, 122~123쪽)

남편의 부재는 뼈아팠다. 무엇보다 자라나는 아이들에게 큰 상처를 남겼다. 학교에서나 동네에서나 아버지 없는 자식이라는 놀림을 받아야 했다. 남편의 부재 속에 경제적 어려움도 느껴야 했다. 그렇다고 주위에서 도움을 주지 않은 것은 아니었다.

남경에 있을 때 우리는 아버지가 안계서서 살기가 어려웠어. 안 공근. 그분이 안중근의 형이야. 그 분이 한 달에 한 번씩 생활비를 대주셨어. 우리 어머니가 내 손을 잡고 호텔을 가서 그 분을 만나. 그 분이 그때 생활비를 주는 거야. 몇 달 동안 그걸로 먹었는데 어느 순간부터 소식이 없어. 왜 안오시나 했더니 알고 보니 암살을 당한거야. 상해에서. (박숙현. 앞의 책, 113쪽)

토교에서도 희옥의 어머니 정씨(정현숙)는 홀로 삼남매를 키우느라 늘 궁색한 처지로 형편 필 날이 없었다. 백범은 오광선의 가족들이 그렇게 고생하는 것을 안쓰럽게 생각하여 늘 관심을 가지고 지켜보았다. ……영걸 어머니 정씨는 아무래도 고생이 심했다. 내가 다른 이들보다 특히 영걸 어머니에게 정을 쏟고 희영이나 희옥이에게 좀더 잘해주려 한 것은 이런 이유에서였다. 영걸 어머니는 만주에서 농사를 해본 경험도 있고 몸도 건강해서 내 밭일을 많이 도와주었다. 나는 대신 그 집 삼남매의 옷가지 손질이며 이부자리 만들기 등 주로 바느질 일을 도와주었다. (정정화, 『장강일기』, 학민사, 1998, 185쪽)

정현숙은 김구를 비롯해서 독립운동가들의 도움을 많이 받았다. 정정화를 비롯해서 여성 독립운동가들도 정현숙 및 그의 가족들을 보살폈다. 오희옥은 김구와의 특별한 경험을 다음과 같이 회고하기도 했다.

열여섯 살 쯤부터 막종이에다 서예를 쓰는데 김구 선생님이 들어오셔. 그때 내 이름이 중국이름으로 오지위야. 그래서 빨리 말하면 쥐가 돼. 김구 선생님이 그래. 쥐야 하면 내가 예? 그러면 큰 글씨를 쓸 때는 팔을 들고 써라. 그런 훈시를 받았어. 그래도 아버지가 그리웠던 것은 사실이었다. (박숙현, 앞의 책, 124쪽)

아버지의 부재, 특히 독립운동을 하느라 집을 비우기 일쑤인 아버지에 대한 원망도 없지 않아 있었다. 오희옥은 아버지의 부재가 철천지 한으로 남았음을 다음과 같이 적고 있다.

그래서 철천지한이 뭐냐면, 가족을 이루지 말고 독립운동을 해야 한다는 거야. ……그러니 절대 홀몸으로 독립운동을 해야 해. 자식들만 고생하니…… (박숙현, 앞의 책, 124쪽)

오희옥의 철천지한, 이는 비단 자식들만 느끼는 감정은 아니었을 것이다. 부인 정현숙도 남편이 원망스럽고 야속했을 것이다. 특히나 아이들이 아프기라도 하면 죄책감 속에서 마음이 무거워지면서 남편의 부재를 뼈저리게 느꼈을 것이다. 일제가 한국을 식민지로 만든 현실과 더불어 독립을 위해서 남편이 싸워야 하는 상황이 너무나도 야속했을 것이다.

이역만리에서 독립운동가를 양성한 어머니

아이들은 하루가 다르게 커갔다. 아이들이 커가면서 윤용자
와 정현숙에게는 고민이 생겼다. '아이들을 어떻게 가르칠 것인
가? 공부를 어떻게 시킬 것인가?' 아이들의 양육과 교육도 부인
들의 몫이었기 때문이다. 다행히 한국인들은 만주의 터전에서
학교를 세웠다. 자식 교육을 향한 열정은 식민지 조선에서나 만
주에서나 별반 다르지 않았던 것이다.

자식들이 공부를 잘하면 부모는 힘이 났다. 윤용자도 마찬가
지였다. 딸 지복영은 공부를 잘했고, 윤용자는 그런 딸이 자랑
스러웠다.

> 오늘만은 복영이 좀 업어줘라. 오늘은 정말 더 기특해 보이는구
> 나. 집안일에도 게으름 안부리고 공부도 최우등까지 해서 식구
> 들 모두 기쁘게 했으니. …그렇게 하고 싶은 공부를 한 동안 못
> 했으니 제 속인들 얼마나 탔겠니? 김창도 선생님 말마따라 계
> 집애라도 공부는 제대로 시켰으면 좋으련만. 원 세상이 앞으로
> 어찌 되려는지 (지복영, 앞의 책, 103~104쪽)

농사짓느라 집안일 하느라, 공부할 시간도 없었던 지복영이
었다. 그렇다 보니 윤용자는 딸이 최우등상을 받은 것이 너무나
대견했다. 그래서 큰아들 지달수에게 지복영을 업어주라고 부탁

하기도 했다. 그만큼 신나는 일이었다.

그래도 걱정이 없는 것은 아니었다. 전통적인 남존여비 사상을 극복하고 지복영을 학교에 보내긴 했지만, 앞날이 캄캄하기만 했다. 무엇보다 일제의 감시 속에서 거처를 수시로 옮겨야 했기에 자식 교육을 시키기가 쉽지 않았기 때문이다.

그렇다고 윤용자는 무조건 아이들이 공부만 잘 하는 것을 원하지 않았다. 무엇보다 사람이 되기를 희망했다. 윤용자는 딸 지복영에게 시간만 나면 바느질을 가르쳤다. 바느질은 윤용자가 어릴 적 배웠고, 그 덕분에 서울에서 세 자식을 먹여 살릴 수 있었던 바탕이었다. 윤용자는 그런 바느질이 지복영을 차분하게 만들어 줄 것이라 믿었다. 하지만 지복영은 생각이 달랐다.

하지만 나는 철없이 어머니께 반기를 든 적이 있었다. 나는 장차 (학교) 공부를 많이 해서 많은 지식을 얻으면 사회에 나가 집안일 보다 더 크고 보람있는 일을 할 터이고 또 돈도 잘 벌어서 집안일은 사람을 두고 할 것이라고 했다. 그랬더니 어머니 말씀이 "그래? 두고 보면 알게 되겠지. 옛말에 종을 부리려면 종의 종노릇을 해야 된다고 했다. 주인된 사람이 맹물같이 아무 것도 모르는데 사람을 어떻게 부려? 부릴 수 있을 것 같으냐?" 하셨다. (지복영, 앞의 책, 64쪽)

윤용자는 존경을 받으려면 무엇보다 낮은 곳에서 사람을 섬길

줄 알아야 함을 가르쳤다. 바로 겸손한 삶의 자세를 강조했던 것이다. 지복영이 사람이 되기를 윤용자는 무엇보다 원했던 것이다.

자식들에게 분명하게 가르치고자 하는 바도 있었다. 민족의식이었다. 학교에서도 3·1절이나 8·29일 국치일(한일병합조약 선포일)에는 민족의식을 고양하는 각종 행사를 개최하였다.

1938년 3월 1일 장사에서 거행된 3·1절 기념 공연 후 기념 촬영.

비록 나라는 망했고 타국에서 살아야 했지만, 아이들에게 한국인이라는 정체성을 잃지 않도록 한 것이었다. 한국인의 정체성을 유지하려는 노력은 집에서도 이어졌다. 정현숙은 아이들에게 하나만큼은 분명히 지키도록 했다. 바로 한국어 사용에 관한 것이었다.

어머니는 우리가 밖에서는 중국말을 써도 집안에서는 꼭 우리
말을 쓰도록 교육하셨어. 그래서 중국말도 우리말도 곧잘 하지.
(박숙현, 앞의 책, 98쪽)

중국인들과 만날 기회가 많은 환경이었기에, 한국어보다는 중
국어를 사용할 일이 많았다. 자칫 한국어보다 중국어를 익숙하게
사용할 가능성이 컸다. 정현숙은 아이들이 중국어를 사용하는 것
을 막지는 않았다. 중국어를 사용해야만 살 수 있는 환경이었기
때문이다. 그래도 집안에서만큼은 한국어만을 쓰도록 했다. 한국
어를 통해서 한국인으로 정체성을 잊지 않도록 했던 것이다.

그런데 윤용자 가족은 아예 중국어를 배우지 않았던 적도 있
었다. 지복영의 회고에 따르면 "이웃 아이들이 간단한 중국어라
도 배워서 지껄이는 것조차 싫어해서 중국어도 배우지 아니했
다"라고 말하기도 했다. 아무래도 한국인으로 정체성을 유지하
고 싶은 마음, 언젠가는 광복한 한국으로 돌아가겠다는 의지가
충만해서 그랬을 것 같다.

윤용자와 정현숙은 아이들에게 민족의식을 잃지 않도록 했
다. 그렇다고 아이들이 남편과 마찬가지로 독립운동에 헌신하기
를 적극적으로 원했다고 단정할 수는 없다. 그저 건강하게만 자
라기를 바랬을 것 같다.

하지만 세상은 자식들을 그대로 내버려 두지 않았다. 만보산
사건이 일어났다. 그 사건은 일본이 중국인과 한국인이 공동으

로 반일전선을 구축하는 것을 막기 위해서 양자를 이간질한 데에서 비롯되었다. 그 사건으로 만주의 한국인들은 인적·물적 피해를 입었다. 그 사건이 일어나고 며칠 뒤에 윤용자의 아들 지달수가 집을 떠났다.

어느 날 오후 김을 매다 말고 "따스허에 잠깐 다녀와야겠습니다" 하고 김매던 차림새 그대로 앞산 고개를 넘어갔다. 그런데 잠깐 다녀오겠다던 오빠는 밤이 늦도록 돌아오지 않았다. 아마 어둡고 너무 늦어서 그리 되었겠거니 하고 기다렸으나 이튿날도 또 그 다음날도 돌아오지 않았다. 그제야 어머니는 나를 앞세우고 따스허 오선생 댁을 찾아갔다. 그 댁 식구들의 말이 사흘 전에 와서 자기는 독립군이 되어 일본과 싸우기 위해 아버지가 계신 곳으로 찾아가니 어머니가 찾아오시거든 차마 직접 말씀드리지 못하고 떠난 것은 혹시라도 어머니가 눈물을 흘리시면 모처럼 내린 결심이 허물어질까봐 그런 것이니 부디 용서해 주십사고 전해 달라더란다. 어머니는 그 말을 전해 들으시고 그저 잠잠히 계시더니 한참 만에. "간 곳을 알았으니 이제 됐다. 돌아가자" 하고 일어나셨다. 샤오스허로 넘어오는 길에서도 집에 돌아와서도 어머니는 한숨도 쉬지 않고 울지도 않으셨다. 그저 조용히 오빠 소식을 언니와 형부에게 알려주고 평소처럼 행동하셨다. 그러나 이튿날 아침 우리 모녀가 식탁에 마주 앉아 식사를 시작할 때 어머니는 첫술에 목이 메고 눈물을 글썽이셨다. (지복영, 앞의 책, 129쪽)

자식을 독립운동가로 떠나 보내기는 결코 쉽지 않았다. 윤용
자에게는 고통의 연속이었다. 밥먹을 생각도 잊게 할 정도였다.
남편에 이어서 자식을 생사가 오가는 독립운동의 현장으로 보내
야 하는 어머니의 마음은 너무나도 아프기 그지 없었던 것이다.

그래도 독립운동을 하는 집에서 성장한 아이들은 하루가 다르
게 민족의식이 충만해졌다. 일제의 침략에 맞서서 무엇을 해야
한다는 생각이 강해졌다. 1939년 2월 한국광복진선청년공작대가
결성되었다. 한국광복진선청년공작대는 일제의 대륙 침략을 피
해서 피난을 가던 중에 결성된 단체로, 거기에는 독립운동가 자
식들이 참여하였다. 한참 학교에서 공부해야 할 나이에 그러지
도 못하고 일제의 침략에 맞서야 한다는 현실이 서글프긴 했다.

1939년 4월 4일 한국광복진선청년공작대가 류저우를 떠나기 직전 중국의 각 단체 대
표들과 찍은 기념 사진

그래도 공작대에 모인 아이들은 열심히 했다. 정현숙의 두 딸도 공작대의 일원으로 활동했다. 공작대원들은 종이로 확성기를 만들어서 일본군의 만행을 알렸다. 중일전쟁 중이지만 아직까지 일본군의 만행을 모르는 중국인들도 있었다. 그런 중국인들에게 아이들의 가두선전전은 효과가 있었다. 중국인 아이들과 함께 하는 공연도 있었다. 아이들은 노래도 부르고 무용도 하고 연극도 했다. 아이들은 정말로 열심히 했다. 지복영은 당시 공연을 다음과 같이 회고하였다.

> 많은 별들이 보석처럼 반짝이는 파란 하늘을 배경으로, 하이얀 깃털 옷에 파란 별을 하나씩 머리 위에 얹은 어린이들이 천사처럼 나란히 반달 모양의 은빛 배를 타고 무대 위로 올라 노를 저으며, 맑고 고운 목소리로 반달 노래를 가지런히 부르니 관중들은 모두 매료되어 탄성을 질렀다. (지복영, 앞의 책, 202쪽)

아이들은 최선을 다했다. 최선을 다한만큼 관객들의 환호성도 컸다. 공연의 수익금은 독립운동 자금 등으로 쓰였다. 아이들은 직접 총을 들지는 않았지만, 공연을 통해서 일본군의 만행을 중국인들에게 알렸으며, 한중 합작의 모범적인 사례를 제시하기도 했다. 아이들의 노력은 지원병 모집으로 이어지기도 했다.

광복과 남녀평등을 실현하기 위해서 뛰어든 독립운동

윤용자와 정현숙은 충칭에 자리를 잡았다. 충칭은 중화민국의 임시수도였다. 내륙 깊숙한 곳에 위치한 곳이지만, 결코 안심할 곳은 아니었다. 일본은 공군력을 이용해서 충칭을 무차별적으로 폭격하기 일쑤였기 때문이다.

그래도 무엇인가 해야 했다. 충칭에서는 대한민국 임시정부를 중심으로 민족통일전선을 이루어야 한다는 과제가 있었다. 그 일환으로 독립운동을 위한 강력한 여성 조직이 필요하다는 인식이 대두되기도 했다. 김구를 중심으로 한국독립당이 성립되었다. 이를 계기로 한국독립당 내부에서는 여성 조직의 결성을 앞당기기로 했다. 이에 1940년 6월 한국혁명여성동맹이 창립되었다. 한국혁명여성동맹은 한국의 광복을 위해 투쟁함과 동시에 전 세계 피압박 민족의 여성들과 연대를 통해서 분투하겠다는 뜻을 조직의 대의로 설정하였다. 그 대의는 창립선언문에 구체적으로 나타나 있다.

친애하는 한국 혁명여성 여러분! 지난 30년간 이민족의 착취와 압박, 망국의 비통함이 우리에게 안겨준 고통을 어찌 말로 다 표현할 수 있겠습니까? 망국의 고통이 어찌 남자들만의 몫이겠습니까! 우리 한국여성이 겪은 고통과 아픔이 더욱 심했다는 데 이견을 가진 사람이 있습니까? 구국의 책임이 어찌 남자들만의 묻이겠습니까! 우리 여성의 책임이 더 크고 중하다는 말에 이견을 가진 사람이 있습니까?

우리는 절대 우리 여성의 역량을 가벼이 보아서는 안 됩니다. 전 세계 20억 인구 가운데 절반 이상이 여성입니다. 우리 3천만 한국민족 가운데 절반 이상이 여성 아닙니까? 남녀의 역량을 합하여 각기 맡은 바 직분과 책임을 다할 때 비로소 아름다운 세계, 진선진미의 한국을 건설할 수 있는 것입니다. (창립 선언문)

윤용자와 정현숙은 망국의 고통을 느끼면서 살아왔다. 일본의 침략을 그 누구보다 뼈저리게 느꼈으며, 그 과정에서 남모를 고통도 감수해야 했다. 그러면서 남편과 아들만 독립운동에 참여하는 것이 아니라 여성도 독립운동에 힘을 보태야 한다는 생각을 갖게 되었다.

그렇기에 윤용자와 정현숙은 당당히 한국혁명여성동맹의 일원이 되었다. 한국혁명여성동맹의 창립선언문을 보노라면 여성의 참여를 적극적으로 권유하고 있다. 여성들은 스스로 자신들의 역량을 과소평가해서는 아니된다는 뜻을 분명히 했다. 무엇보다 독립운동의 기틀을 세웠던 이들이 여성 아니었던가? 여성들은 남녀평등의 실현을 독립운동의 참여에서부터 찾았던 것이다.

독립운동에 참여함으로써 남녀평등을 이루려는 여성들의 노력은 비단 한국혁명여성동맹에서만 있지 않았다. 1940년 9월 17일 한국광복군이 창립되었다. 한국광복군의 여성대원으로 참여하게 된 오광심과 지복영도 남녀평등을 실현하기 위해서 여성들의 광복군 참여를 독려하였다.

> 광복군은 남자의 전유물이 아니요, 우리 여성의 광복군도 되오며 우리 여성들이 참가하지 아니하면 마치 사람으로 말하면 절름발이가 되고 수레로 말하면 외바퀴 수레가 되어 필경은 전진하지 못하고 쓰러지게 됩니다. 우리는 우리 혁명을 위하여 또는 광복군의 전도를 위하여 우리 여성 자신의 권리와 임무를 위하여 이 위대한 광복군 사업에 용감히 참가합시다. 그리고 총과 폭탄을 들고 전선에 뛰어 나아가서 우리 여성의 피가 압록 · 두만강 연안에 흘리며 이 선혈 위에 민족의 자유화가 피고 여성의 평등 열매를 맺게 합시다. (오광심, 「한국여성동지들에게 일언을 들림」, 『광복(光復)』, 1(1), 1941)

> 이중 삼중의 압박에 눌리어 신음하던 자매들! 어서 빨리 일어나서 이 민족해방운동의 뜨거운 용로(鎔爐) 속으로 뛰어오라. 과거의 비인간적 생활은 여기서 불살라 버리고 앞날의 참된 삶을 맞이하자. (지복영, 「대시대(大時代)는 왔다. 한국 여동지들아 활약(活躍)하자!」, 『광복(光復)』, 1(1), 1941.)

윤용자와 정현숙은 남녀평등이라는 시대적 과제를 실현하기 위해서 독립운동에 뛰어들었다. 사실 그녀들은 한국혁명여성동맹에 참여하기 이전부터 독립운동에 참여했었다. 정현숙은 만주에서 독립군에게 따뜻한 밥 한끼를 대접하는 일을 계속했다. 윤용자 역시 음양으로 독립운동가들을 지원하면서 어려운 타향살이를 극복해야 했다.

그리고 무엇보다 자식들을 독립운동가로 양성하기도 했다. 물론 자식들을 사지에서 일제에 맞서 싸우게 하고 싶지 않았다. 지복영 형제와 오희옥 형제들이 편한 곳에서 독립운동을 하기를 바랐을 수도 있다. 하지만 그들은 스스로 편한 길을 포기하였다. 지복영와 오희옥의 언니인 오희영은 한국광복군 여성대원으로 초모작전을 지원했다. 초모작전은 일본군의 기밀 탐지, 심리전 수행, 그리고 일본군 내 한국인 청년들을 포섭하고 탈출하도록 지원하는 것을 의미했다. 즉 초모작전에 참여한다는 것은 적 점령지로 가는 것을 의미했다. 생사가 달린 위험천만한 작전이었다.

지복영도 마음은 편하지 않았다. 무엇보다 어머니에게 알리지 않고 적 점령지로 간다는 것이 걱정되었다. 그래도 같은 동네에 살면서 자매같이 지낸 오희영을 보노라면 결코 가만히 있을 수도 없었다. 당시 16살에 불과했던 오희영은 일본군에 잡혀간 오광선을 찾겠다는 신념으로 초모작전을 지원했기 때문이다. 결국 지복영은 아버지이자 총사령관인 지청천에게 편지를 보냈다.

어린 나이에 성패를 예측할 수 없는 그 험한 길을 어떻게 감당할 것인가. 참으로 한국의 딸로, 망국인으로 태어난 것이 너나없이

서럽고 또 서러웠다. 몇 날 밤을 생각한 끝에 나도 자원해서 적
후공작에 나서기로 했다. 곧 아버지께, 아니 총사령께 긴 편지
를 썼다. 나도 적후공작 활동에 참가할 수 있도록 허락해 주십
사고. 며칠 후 항공편으로 답장이 왔다. 허락할 뿐 아니라 대한
의 딸로 장한 결심을 한 데 대해 매우 고맙게 생각하니 기강에
계신 어머니에 대해서는 걱정하지 말고 떠나라는 내용이었다.
(지복영, 앞의 책, 239쪽)

딸을 적진으로 보내야 하는 윤용자와 정현숙의 심정은 어떠
했을까? 그녀들도 독립과 남녀평등을 달성하기 위해서 한국혁
명여성동맹에 참여했다. 하지만 막상 딸들이 위험한 곳에 가야
하는 현실을 받아들이기
란 쉽지 않았을 것이다. 독
립운동을 하는 남편에 이
어서 자식까지 두어야 했
던 윤용자와 정현숙. 그녀
들은 독립운동가이지만 한
편으로는 자식 걱정을 조
금은 덜하는 어머니로서의
삶을 꿈꾸면서 독립을 기
다렸을 것 같기도 하다.

다음 사진은 1941년 신

년을 맞이하여 지복영이 어머니 윤용자에게 보낸 것이었다. 지복영은 "어머니에게 보내드리기 위해서 사진관에 가서 독사진을 찍었는데, 당시 군복을 입고 있어서 거수 경례로 세배를 드렸다"고 회고하였다. 지복영은 "어머님께 죄송스럽고 불효한다는 생각을 떨쳐버릴 수 없었다"면서 안타까운 심정을 전하였다. 특히 지복영은 어머니 윤용자가 "남편 없는 가정에서 고스란히 삼남매의 양육 책임을 짊어지고 온갖 정성을 다하였는데 그 자식들은 이제 성인이 되었다고 효도를 다하기는 커녕 오히려 뿔뿔이 제 갈 길을 가고 있고, 더구나 생사조차 가늠할 수 없는 험지를 넘나드니, 그 마음이 오죽하랴" 라면서 어머니의 애달픈 심정을 대변하기도 했다.

누구의 아내·어머니가 아닌 독립운동가 윤용자와 정현숙 이야기

후일담,
해방 이후 삶

전쟁은 끝났다. 해방이 되었다. 윤용자 가족과 정현숙 가족은 모두 무사했다. 정현숙 가족은 오광선이 만주에서 살아있음을 확인했다. 참으로 다행이었다.

하지만 정현숙 가족을 마음 아프게 한 일이 있었다. 오광선이 만주에 머물면서 재혼을 한 것이었다. 나름 사정이 있었다. 오광선은 목단강 형무소에서 출소한 직후 노모가 있는 만주에서 살고 있었다. 오광선은 고문과 투옥으로 심신이 피폐해진 상태였다. 게다가 일본은 '사상범 예방 구속령'을 통해서 오광선을 억류하고 감시했다. 오광선은 이러한 상황을 벗어나야 했다. 은밀히 한인촌에 은거하는 과정에서 주변의 권유로 재혼을 하게 되었다. 그러면서 해방의 기쁨과는 달리 오광선과 정현숙은 재회의 기쁨을 누릴 수가 없었다. 그저 살아있는 것만으로 다행이었다.

대한민국 정부에서는 독립운동에 헌신한 사람들을 선정해서 훈장을 수여하기로 했다. 이를 위해서 위원회를 구성했는데, 정현숙의 남편 오광선과 사위 신송식이 심사위원으로 선임되었다.

심사위원들은 독립운동에 헌신한 이들을 선별하는 작업을 맡았다. 그리고 그 결과를 발표했다. 1963년 윤용자 집안에서

독립운동 유공자 심사위원 기념 사진 (출전, 〈오광선3대 독립운동가 집안의 사위 신송식지사〉, 용인신문_2019. 4. 29)

는 남편 지청천(건국훈장 대통령장), 아들 지달수(건국훈장 독립장), 딸 지복영(대통령 표장)이 각각 훈장을 받았다. 정현숙 집안에서는 남편 오광선(건국훈장 독립장), 딸 오희영(대통령 표창), 사위 신송식(건국훈장 독립장)이 훈장을 받았다.

그런데 그 누구보다도 독립을 위해서 헌신했던 윤용자와 정현숙은 포상 대상에서 제외되었다. 정현숙 집안에서는 딸 오희옥도 빠졌다. 오광선과 신송식은 정현숙과 오희옥이 독립운동을 했던 사실을 알고 있었다. 하지만 한 집안에서 다 하면 안된다는 생각에 정현숙과 오희옥을 포상대상자 명단에 올리지 않았다. 집안의 체면 때문에 누구보다 독립운동에 열심이었던 정현숙과 오희옥은 그들의 활동을 인정받지 못한 채 긴 세월을 보내야 했다. 이는 윤용자에게도 마찬가지였다.

정현숙은 생전에 자식들에게 "난 훈장 못받느냐?"라는 말을 했다고 한다. 그만큼 한이 맺혔던 것 같다. 오희옥은 어머니와 본인이 훈장을 받기까지의 과정이 결코 쉽지 않았음을 다음과 같이 이야기했다.

> 어머니가 돌아가시기 전 난 훈장 못 받느냐고 하셨어. 어머니는 95년에야 수훈을 받으셨거든. 돌아가신 다음이야. ……처음엔 증거가 없다고 안됐어. 나중에 중국에서 다른 독립운동가들이랑 배급 탄 명단 등이 나와서 됐지. 수훈 받을 때 서류 증빙이 안 돼 대만까지 가서 받아왔어. 처음에 신청했을 때 안됐어. 그래서 그때는 선생도 하고 있을 때라 생각을 안하고 있었어. 그런데 나중에 보니까 다들 해. 그래서 신청해 봤는데 보훈처 안에도 돈 먹는 사람이 있었어. 나중에는 쫓겨나긴 했지만. 그때까지 오년 정도는 안했어. 그때 김신, 김구선생 둘째 아들이 신청했는데 안됐어. 그래서 대만까지 가서 배급 쌀 탔던 걸 서류로 증빙하니까 됐어. 확실히 거기서 있었다는 증명이 된 것이지. (박숙현, 앞의 책, 160쪽)

독립운동을 하기도 힘들었는데, 이를 입증하는 것은 더욱 힘들었다. 정현숙도 그렇거니와 윤용자도 그러했을 것이다. 그나마 아주 작은 증거가 있기에 포상대상이 되었다.

윤용자와 정현숙, 그들은 그 누구보다 격동의 한국 근현대사를 보냈다. 독립운동을 하는 남편의 부재 속에서 양육은 온전히 그녀들의 몫이었다. 게다가 그들은 일제의 눈을 피해서 만주로 가야했으며, 그 곳에서 살만하면 도망치듯 나와야 했다. 끊임없이 생명의 위험과 마주해야 했다. 자식들을 남부럽지 않게 성장시켰으나, 그 자식들이 어미의 품을 떠나서 독립운동의 길을 가야했을 때, 하루하루 가슴을 졸이면서 무사귀환을 기원했다. 그녀들 역시 한국의 독립을 위해서 헌신했다. 한국혁명여성동맹에 참여함으로써 광복과 더불어 여성해방을 꿈꾸기도 했다.

윤용자와 정현숙이 꿈꾸웠던 광복이 다가왔다. 이제는 행복한 나날을 보낼 수 있을 것 같았다. 하지만 세상은 그리 호락하지 않았다. 가족들은 이별해야 했으며, 한국전쟁의 고통과 마주해야 했다. 그러면서 정현숙은 본인보다 딸과 사위를 먼저 떠나보내는 아픔을 겪기도 했다.

윤용자와 정현숙, 그녀들은 한국의 독립에 헌신했다. 하지만 생전에 여러 이유로 대한민국 정부는 윤용자와 정현숙에게 고마움을 표시한 적이 없었다. 그녀들이 세상을 떠난 후에야 훈장을 수여했다. 훈장을 수여한 것도 대단한 일이었지만, 그럼에도 생전에 훈장 수여가 이루어지지 않은 사실은 못내 아쉽다. 그나마 윤용자와 정현숙의 딸이 책을 남김으로써, 그 속에서 그녀들의 삶을 확인할 수 있었다. 그리고 딸들이 남긴 책을 토대로 이 글도 나올 수 있었다. 딸들의 책과 이 글로나마 윤용자와 정현숙의 아쉬움이 조금은 덜어지기를 희망한다. 아울러 그 누구보다 치열하게 한국의 독립을 위해서 헌신했던 윤용자와 정현숙의 삶이 세상에 알려지기를 소망한다.

참고문헌

국사편찬위원회 편, 『대한민국임시정부자료집』 14권 한국광복군 Ⅴ, 국사편찬위원회, 2006.

김명섭, 『(한국사가 기억해야 할) 용인의 근대 역사인물』, 단국대학교 출판부, 2015.

김성은, 「대한민국임시정부와 여성들의 독립운동 : 1932~1945」, 『역사와 경계』 68, 2008.

박숙현, 『(여성독립운동가 오희옥 지사의) 마지막 증언: 용인이 배출한 독립운동 가문의 항일투쟁사』, 북앤스토리, 2019.

이기동, 「이청천 ‒ 일본육사 출신의 항일 무장투쟁 지도자」, 『한국사시민강좌』 47, 2010

심철기·이지원·김정인·한승훈 저, 『항일무장투쟁과 여성독립운동가』, 역사공간, 2020.

이현주, 『(한국광복군 총사령) 지청천』, 역사공간, 2010.

정정화, 『장강일기』, 학민사, 1998.

지복영, 『역사의 수레를 끌고 밀며 : 항일 무장 독립운동과 백산 지청천 장군』, 문학과 지성사, 1995.

지복영·이준식(정리), 『민들레의 비상 : 여성 한국광복군 지복영 회고록』, 민족문제연구소, 2013.

한혜자, 「항전시기 한국청년전지공작대의 항일예술활동」, 『역사연구』 30, 2016.

찾아보기

국외한인사회와 여성독립운동가

제1판 1쇄 발행 2022년 12월 15일

글쓴이 이지원 · 김승은 · 문미라 · 한승훈
기 획 독립기념관 한국독립운동사연구소
            한국역사연구회 · 역사공장
펴낸이 한시준

펴낸곳 선인
            주소: 07912 서울시 양천구 남부순환로48길 1, 1층
            전화: 02-718-6252/6257
            팩스: 02-718-6253
            E-mail: sunin72@chol.com
            등록: 1998년 11월 4일 제5-77호

ISBN 979-11-6068-763-7 03910